我们一起解决问题

初中优质心理课
设计汇编

吕剑晨 ◎ 主　编

张　碧 ◎ 副主编
何佐钦

人民邮电出版社

北　京

图书在版编目（CIP）数据

初中优质心理课设计汇编 / 吕剑晨主编 . -- 北京：
人民邮电出版社，2024. -- ISBN 978-7-115-65198-3

Ⅰ．G444

中国国家版本馆 CIP 数据核字第 2024LJ8045 号

内 容 提 要

随着青春期的到来，初中生在生理方面发生急剧而显著的变化，这给他们的心理带来了巨大的影响，如自我意识增强、情绪波动较大、认知功能快速发展、社交需求增强、探索性行为增多、性心理开始成熟等。家长和教育工作者应理解这些心理特点，并提供适当的支持和引导，帮助初中生顺利地度过这一重要发展阶段。

心理课是学校心理健康教育的主阵地，本书涵盖的心理课主题系统且全面，包括自我认识、情绪调适、人际关系、社会适应、学会学习、生涯规划、生命成长 7 大经典主题，共 35 节优质心理课，以及一线心理课设计经验分享。这些课例大多是获奖或公开展示的优质心理课，在实践中备受好评。书中详细的课例介绍，不仅提供了众多可学习、借鉴的教学范本，更提供了教学脚手架。读者可以从作者的设计思路、教学过程、设计意图、课程迭代、教学反思及最后的专家点评中，了解、学习如何设计、实施和打磨心理课。

本书适合初中心理教师、班主任、其他任课教师及家长阅读。

◆ 主　　编　吕剑晨
　　副 主 编　张　碧　何佐钦
　　责任编辑　黄海娜
　　责任印制　彭志环

◆ 人民邮电出版社出版发行　　北京市丰台区成寿寺路 11 号
　　邮编　100164　电子邮件　315@ptpress.com.cn
　　网址　https://www.ptpress.com.cn
　　固安县铭成印刷有限公司印刷

◆ 开本：787×1092　1/16
　　印张：20　　　　　　　　　　　2024 年 10 月第 1 版
　　字数：350 千字　　　　　　　　2024 年 12 月河北第 3 次印刷

定　价：89.00 元

读者服务热线：（010）81055656　印装质量热线：（010）81055316
反盗版热线：（010）81055315
广告经营许可证：京东市监广登字 20170147 号

编 委 会

主编

● 吕剑晨，香港中文大学教育学硕士，杭州观成教育集团心理辅导站站长。曾获杭州市拱墅区教坛新秀、杭州市心理论文一等奖、杭州市心理微课一等奖，主持杭州市首批心理健康重点研究课题，著有《青春期心理成长知识星球》丛书。

副主编

● 张碧，心理学硕士，北京市朝阳区人朝分实验学校心理教师，北京林业大学心理系特聘"MAP 行业导师"。曾获北京市青年教师教学基本功比赛一等奖、中小学心理健康优秀成果赛一等奖、"扬帆杯"新任教师教学技能比赛一等奖，著有《青春期心理成长知识星球》丛书。

● 何佐钦，福州市晋安榕博小学心理健康教师，香港岭南大学应用心理学硕士，曾获福建省中小学作业设计心理学科优秀作品，福建省《心理健康教育》副主编，著有《青春期心理成长知识星球》丛书。

编委会成员

● 刘亚茵，北京师范大学心理学硕士，北京潞河中学成长指导教研室主任。曾获北京市第三届"京教杯"青年教师基本功大赛一等奖、北京市第一届"成均杯"中小学心理教师基本功大赛特等奖。

● 韩婷，北京师范大学硕士，宁夏回族自治区银川一中心理教师。曾获宁夏回族自治区心理优质课一等奖、空中课堂课例评选一等奖、骨干教师示范课一等奖，参与编写《心理健康教育教学参考（高中）》《成长教育》等图书。

● 张鹏，香港大学教育学硕士，广东省深圳市龙岗区龙城高级中学心理教师。曾获评深圳市龙岗区先进教育工作者、龙岗区青年教师教学能力比赛一等奖、龙岗区青年教师基本功比赛一等奖。

● 周芸婷，华中师范大学心理学硕士，江苏省无锡市梁溪区教师发展中心心理教研员。曾获江苏省心理优质课评比一等奖、无锡市心理学科能手。

● 姚项哲惠，上海师范大学心理学硕士，上海市敬业中学心理教师。曾获上海市心理健康教育活动课一等奖、上海市学校心理健康教育先进个人、黄浦区教育系统百名新秀教师等。

推荐序一

心理学自诞生之日起，就肩负着三项重要使命：其一，使人健康，疗愈人的心理疾病；其二，使人幸福，帮助人生活得更加快乐、有意义；其三，使人卓越，发掘并培养人的潜能与优势。而心理课作为教师培育学生形成健全的人格、提升学生心理健康水平的主阵地，对推动心理学完成这三项使命起着不可替代的重要作用。

苏霍姆林斯基曾说，每个孩子内心的角落都有一根琴弦，一旦拨动这根琴弦，它就会发出声音。而一节节充满生活气息的，有体验、有情感、有智慧的课，都会成为拨动这根琴弦的力量。

因此，心理课的设计与实施需要教育研究人员、一线心理教师的密切关注与深入研究。在研读这套优质心理课设计汇编的过程中，我感受到心理课的发展速度是前所未有的，展现着全新的面貌与活力。期待通过这套书，我们心理教育工作者可以共同探索一节优质的心理课究竟应如何构思与推进，共同为推动学生的心理成长贡献智慧与力量。

心理课的目标

在中小学阶段，心理课以《中小学心理健康教育指导纲要（2012 年修订）》（以下简称《纲要》）为方向。心理教师的使命是将《纲要》的总目标——提高全体学生的心理素质，培养他们积极乐观、健康向上的心理品质，充分开发他们的心理潜能，促进学生身心和谐可持续发展，为他们健康成长和幸福生活奠定基础——落实到每一节课中。

同时，学情作为设定心理课教学目标的关键因素不容忽视。由于地域、学校、学段之间的差异，学生面临的心理挑战各不相同。以学会学习这一主题为例，部分学生可能需要增强学习动力或获取学习方法上的指导，而另一部分学生则可能需要调整面对考试的心态或学会正确面对同伴间的竞争压力。

因此，心理教师在遵循《纲要》总目标的前提下，还需细致分析学生的心理发展阶段和具体需求，以确保教学内容能够精准匹配学生的实际情况，从而确保心理课的针对性和实效性。

心理课的理论

在设计心理课时，心理学理论发挥着至关重要的作用，它们不仅为课程提供了坚实的逻辑支撑，还为构建整个教学架构提供了理论基础。在设计时选择科学性和专业性强的心理学理论至关重要。例如，自我认识主题下的乔哈里窗理论、3I 理论，学会学习主题下的具身认知理论、心流理论等。这些理论来源于心理学家的研究和探索，也经过了多次严谨的实验论证，能够有效帮助学生掌握相应的方法，达到预期的学习效果。

近年来，"心理味"一词被反复提及。心理味指心理课既包含心理学科的专业性，同时还注重心理课堂上的互动、体验与感受，更注重学生的主体性和课堂生成。当一节心理课具备了心理味时，它便超越了传统的单向信息传递的教学模式，进而可以营造出一个充满心理支持与温情的教学环境。为了激发课堂的心理味，心理教师将前沿的心理治疗理论巧妙地融入教学设计与实际教学中，比如人际关系主题下的非暴力沟通技术和身体雕塑技术，社会适应主题下的隐喻方式等。这些新颖而富有吸引力的理论与技术，不仅可以让学生在课堂上产生共鸣，而且为他们完善人格、提升心理健康水平提供实质性的助力。

心理课的内容

《中国学生发展核心素养》（以下简称《素养》）认为，学生的核心素养包括文化基础、自主发展、社会参与三个层次，其中自主发展素养强调个体的自主性，并在文化基础素养和社会参与素养之间搭建了桥梁。这提醒心理教师，中小学心理健康教育课的教学内容应立足学生核心素养，按要点、模块、主题、学段进行教学。例如，中学生智力发展核心素养强调提升元认知核心能力，那么中学心理课就应该紧密围绕元认知能力展开，通过改进学生的计划策略、监督策略和调节策略，加强学生的元认知能力，提升学生的学习效率，帮助学生实现学习目标。

同时，心理教师应当保持敏锐的洞察力，将与时俱进落实到思想和行动上，捕捉时事热点，持续对课程内容进行更新与优化。无论是校园内的事件（如校运会等集体活动、校园欺凌等危机事件），还是社会层面的新闻动态（如人工智能技术、对校园里中小学生手机使用的管控政策等），抑或新兴的文艺作品（如电影、电视剧和小说等），都可以成为心理课讨论的主题或作为课堂上的生动素材。这些元素的融入将使心理课充满活力，从而激发学生的学习兴趣。

这套书为心理教师课堂实操提供了良好的示范。首先，书中所涵盖的心理课主题系统且全面，包括自我认识、情绪调适、人际关系、社会适应、学会学习、生涯规划、生命成长 7 个主题，基本覆盖了《纲要》和《素养》对中小学心理健康课的教学要求。其次，每节课都能做到切口细微、目标精确。以生涯规划主题为例，小学阶段的课程聚焦于自我探索，包括性格、兴趣、优势、目标和能力等；初中阶段的课程聚焦于信息整合，包括如何收集和整合个体内部和外部的信息等；高中阶段的课程聚焦于生涯决策，包括了解并选择升学路径、如何进行职业决策等。书中的课例经编者和作者多次打磨，设计精巧、形式丰富、内容有趣，为我们开展心理课教学提供了新的视角。

总之，这套书凝结了诸多心理教师的智慧结晶，相信这将成为广大心理教师提升教学能力的宝贵资源，为他们在专业道路上不断前行提供有力的支持。

让我们一起以爱为笔、以智慧为墨，帮助每个学生描绘出成长的蓝图！

程忠智
正高级教师、北京市心理学科带头人

推荐序二

心理课很好玩。

"在心理课上，我们可以敞开心扉、畅所欲言""在游戏中获得知识，在欢笑中懂得道理""心理课很少，但上完每一节课我们都有很大的收获""这门课真正走进了我的'心世界'"……心理课，绝对是学生最喜欢的科目之一。

于教师而言，心理课是拥有生命力和治愈力的。和学生们在一起时，我常常忘记年龄、忘记烦恼。当他们或大声或轻声地说"老师，想你一周了""老师，你的喉咙好些了吗""老师，我很喜欢你""老师，以后我也要成为你这样的人"时，我觉得不是我在给他们上课，而是他们在丰富我的生命。

所以，无论是学生还是老师，我们都很享受好玩的心理课。

但是，心理课又很不好玩。

对教师来说，心理课不仅是我们的立身之本，更是基于情感的动态心理档案。当站在讲台上时，我们该如何与学生共度这生命中不可重来的几十分钟，学生们是否愿意投入课堂并表达真实的内心，是否愿意找站在讲台上的我们倾诉，这都取决于我们是否与他们建立了情感联结——"这个人可亲近吗？这个人可信任吗？这个人会让我有安全感吗？"

我时常思考：心理课的灵魂是什么？什么是开放、灵动，又有温度、深度的心理课？怎么让不同学段的学生都有心可动、有情可触、有思可想、有话可说？说实话，上好一节让学生动心、开心、入心的心理课，真不是一件容易的事。

2023 年，某出版社的编辑曾对我说，有老师打电话来询问我们写的《心理课怎么玩》一书有没有配套的详细教案。那时《心理课怎么玩》的重心放在了第一版的教学初设计如何通过反思和打磨进阶到第 N 版的"渔"上，囿于篇幅，"鱼"比较小。当时我就笑说："要不出个详细案例补充集？"没想到，年轻的吕剑晨、张碧、何佐钦等同仁敏锐地捕捉到了广大心理教师的需求和我的遗憾（其实他们并不知道这件事），推出了这套"鱼"与"渔"兼具的实用参考书。

这是一群平均教龄在十年左右的一线心理教师，他们在教学实践中勤于思考、勇于探索、用心提炼，为大家带来了小学、初中、高中三个学段共 105 节优质心理课课例、9 篇心理课设计经验分享。书中选取的课例大部分都是获奖的优质心理课或公开展示的课程，在实践中备受好评。这些详细的课例介绍，不仅提供了一个个可学习、借鉴的教学范本，更提供了教学脚手架。我们可以从作者的设计思路、教学过程、设计意图、课程迭代、教学反思及最后的专家点评中，学习、了解如何设计、实施和打磨一节心理课。作者的思路构想及经验分享，给了我们在教学实践中举一反三、从临摹走向创新的启示，也为我们的课题研究提供了素材和方向的指引。

正因为一个又一个、一群又一群心理教师的用心思考、潜心钻研和无私分享，不好玩的心理课才越来越好玩。

天道酬慧、天道酬勤，平凡而走心的坚持，如见光芒。

周密

正高级教师、上海市黄浦区心理学科带头人

华东师范大学专业学位研究生行业产业导师

自　序

　　"这样设计心理课，内容上会不会超纲？"

　　这是我们在进行某次教研时，一位心理教师提出来的问题，这个问题引发了大家的激烈讨论。事实上，心理课正走在一条"众人拾柴"的路上。从兼职到专职，心理教师的队伍逐渐壮大。从不开设心理课到心理课进课表，大家不断地摸索、推进、创新，使得这堆名为"心育"的篝火烧得越来越旺、越来越温暖。

　　心理课是学校心理健康教育的主阵地，但是心理课到底该怎样上、上什么，依旧存在很多争论。教育部印发的《中小学心理健康教育指导纲要（2012年修订）》（以下简称《纲要》）指出，开展心理健康教育的途径和方法可以多种多样，不同学校应根据自己的实际情况灵活选择、使用。这种"因地制宜"的开放性为心理课的蓬勃发展提供了肥沃的土壤，但也让教师对如何设计心理课感到困惑。单从心理课的课程名称上来看，现在有心理健康课、心理辅导课、心理辅导活动课、心理活动课等多种叫法，而每一种叫法又影响相应的心理课的设计与实施。例如，全国知名心理健康教育专家钟志农老师曾结合团体动力理论，提出心理辅导课的"起承转合"架构，深刻地影响了许多心理课的设计。

　　另外，心理课也从"碎片化"开始走向"线性化"。以前的心理课会基于学校各班级的需求来设计，比如班级学习氛围不好便设计一节考试辅导课，班级有同学闹矛盾便上一节人际关系课，可以说是"东一榔头，西一棒子"。若想让心理课越来越科学、专业，需要更加体系化的心理课整体设计。2019年浙江省教育科学院制定了《浙江省中小学心理健康教育课程标准（试用稿）》，在推动心理课的发展方面迈出了重要一步。浙江省的这个课程标准提出心理课的设计需围绕"一个主旨、一条主线、两大素养、六大板块"展开。其中"一个主旨"指以提高学生心理健康素养为主旨，"一条主线"

指以学生心理发展为主线，"两大素养"指学会学习和健康生活两大素养；"六大板块"指社会适应、学习心理、情绪管理、人际交往、自我意识、生涯规划。该课程标准不仅成为浙江省心理教师设计心理课时的必备工具，也为全国范围的心理教师提供了重要的参考依据。

回顾近几年的优质心理课评比，许多教师开始跳出原有的心理课框架，为心理课设计增添许多新意。在这些设计中，表达性的课程愈发得到教师们的认可。表达性课程的特点是利于学生在课堂上自然生成。在教师的引导和陪伴下，学生能够创造出各种令人惊叹的作品。因此有些地区在组织优质心理课评比时，甚至会把"学生有无自然生成"纳入评价标准中。那么，心理课就应该这样上吗？好像又不尽然。与电子产品经常更新换代一样，心理课似乎也在"赶潮流"。前几年流行在心理课上带学生做游戏，这几年流行让学生看视频、画画、做手工，那以后会流行什么呢？这很难预测。但可以肯定的是，随着越来越多心理学专业的毕业生进入中小学任职专职心理教师，心理课一定会越来越专业、越来越有活力。除了表达性课程外，我们也看到了各种心理学理论、心理科研成果、心理咨询技术与心理课的巧妙结合，这些都离不开每一位"心育"工作者的奇思妙想。

更令人惊喜的是，围绕心理课的讨论从未停止。

心理课要考试吗？

心理课要使用统一的教材吗？

心理课要讲心理学理论吗？

积极心理学如何在心理课中体现？

……

对上述问题，"一千个读者眼中会有一千个哈姆雷特"，但正是因为这种辩论、研讨的过程，心理课才让人如此着迷。例如，心理课是否有"超纲"一说？虽然《纲要》为心理课划定了界限，但也写明了"因地制宜""因人而异"的要求。类似的讨论正在全国各地的心理教研中展开，而这些问题虽只是缩影，但足以让我们看到心理课和学校心理健康教育的深化与发展。

从"如何上心理课"到"如何上好心理课"，心理教师在教学过程中必然会遇到这些问题，但市面上与之相关的书籍并不多，于是这套书应运而生。本套书的主编、副主编和编委会成员皆是在一线任教多年的专职心理教师，他们或是各类优质心理课的获奖者，或是心理教研员，他们竭尽所能地筛选优质的心理课课例，以期让读者有所收获。

本套书包含小学、初中、高中三个学段，总共收录了105节优质心理课，这些课在教学实践中受到诸多好评。在书中，读者会看到各种出彩的表达性心理课，也会看到教育戏剧、空椅、卡牌等技术在心理课中的应用，同时也可以看到融合了"剧本杀"活动等更加新颖、有趣的心理课形式。值得一提的是，遍览三个学段的课例，读者会对"心理课应依据学生心理发展特点设计"这一要求有更直观的认识，也会看到同一个心理学理论在不同学段的心理课中的不同运用方式。

为了使读者更好地将书中的课例迁移到教学中，我们在编排课例时不仅详细展示了一节课的教案，也让执教教师记录了课程迭代的情况及教学反思。在每本书的最后，我们还邀请了部分编委会成员分享了自己的心理课设计经验，介绍了隐喻方式、情境认知理论、大单元架构等内容在心理课中的运用。但是，一节好课是教师和学生相互成就的结果，书中收录的课例并非十全十美，我们也期望读者能够给予我们建议和指正。

在过去的十年里，心理课发生了很大的变化，它变得更专业、更有温度。我常常问自己，十年后的心理课又会是什么样子呢？它会有新一轮约定俗成的上课模式，还是更加百花齐放？非常期待能和读者一起奔赴下一个十年。

愿本套书不负您所期。

吕剑晨

目　录

第一章

自我认识

本章的主要目标是帮助学生全面、客观、深入地认识和理解自己，提升他们的自我认知与自我管理能力。通过探索、反思和评价，学生能明晰自己的优势和劣势，发现自己的独特性，增强自我接纳和自我调节的能力，以更好地应对生活中的压力和挑战，最终帮助学生学会用客观、全面的视角看待自己，成为一个更加自主、自信、有追求的人。

　　关于自我认识，常见的心理主题主要包括自我觉察、个性特质、情感管理、价值观及自我激励等。这些主题旨在引导学生深入了解自己的内心世界，提升自我认知的深度与广度，逐渐明晰自我价值，了解自身的特点与潜能，建立积极的自我形象，从而更加自信地面对生活中的挑战。

　　初中生在认识自我方面开始进入深入探索阶段。随着青春期的到来，他们对自我有更强烈的认知需求，不仅关注自己的外在表现，也审视自己的内心世界，思考自己的兴趣、目标和价值观等。他们对自我形象有了更复杂和多元的理解，开始具备批判性思维，不再盲目接受外界的评价，学会独立探索和评价自己。然而，学业的压力、人际关系的复杂性及未来的不确定性，使他们常对自己的能力产生怀疑，面临自我认同的挑战。

　　《最闪亮的星》将自我价值隐喻为星星，把找到自我价值的过程比作点亮星星的过程，帮助学生逐渐建立多元的价值观并找到自我价值。《打破枷锁——拒绝性别刻板印象》以贴标签、撕标签的形式展现打破性别刻板印象的过程，引导学生打破性别刻板印象的枷锁。《宝藏拍卖会》借助拍卖会这一趣味活动，提高学生对自身存在的不喜欢的特点的接纳程度。《我的未来之树》将不断成长的自我隐喻为树，帮助学生构建并发展"将来的我"的积极意象。《我的乔哈里窗》巧妙运用乔哈里窗框架，整合自我评价与他人评价，帮助学生形成更全面、客观的自我认知。

　　本章的内容极具启发性，上述课例不仅能提升学生自我认知的深度和广度，也为读者提供了实用的参考。当然，我们也期望读者在运用这些教学素材的同时，注重学生的个体差异，关注学生的个性化探索，避免空洞的说教，鼓励学生积极表达自我。相信在教师的帮助下，学生会建立更加积极的自我认同，为未来的成长与发展奠定坚实的基础。

最闪亮的星

浙江省杭州市杭州二中白马湖学校 李亦欣

【驱动问题】

如何培养学生树立多元价值观并找到自身的价值?

【基本信息】

适用学段：初中二年级

准备道具：星星灯、星星卡纸、星星形状的便利贴、A4 卡纸

【设计思路】

自我价值是个体在生活中肯定自己时产生的体验，当人的自我价值感很高时，会表现出自我完善的欲望，表现出向上和向善的本性[1]。为了更好地理解和认识自我价值，美国心理学家麦克利兰提出了冰山模型来描述其构成要素[2]，将自我价值分成基本知识、基本技能、个性特征、价值观、动机等。认识和了解自己的自我价值对个体的成长和发展具有重要意义，也有助于个体更好地应对社会需求和实现自我价值[3]。

进入初中后，学生的自我意识开始不断增强，他们对自己的认知与评价也逐渐形成，开始关注自我价值问题。研究发现，青少年时期的自我价值主要受到同龄人评价和学校表现的影响[4]。因此，本节课从"肯定的话语"切入，帮助学生唤起自我价值体验，并归纳出组成自我价值的六个方面，最后通过为星星代言活动引导学生进行自我价值观辨析，找到自我价值中最重要的部分，获得勇气与信心，活成自己心目中最闪亮的样子。

【教学目标】

1.情感目标：增强实现自我价值的勇气与信心。

2.认知目标：通过来自他人及自己的肯定看见和认识自我的价值。

3.行为目标：学会为实现自我价值付诸行动。

【教学思路】

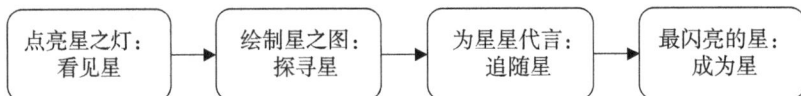

【教学过程】

一、点亮星之灯：看见星（5分钟）

老师：欢迎同学们来到今天的心理课。大家是不是对自己手上的这颗小星星感到好奇？我们先来玩一个小游戏，请同学们仔细听我的描述，如果你觉得自己符合描述，就请你点亮手中的星星。

指令1：男生请亮灯。

指令2：女生请亮灯。

指令3：爱吃西瓜的同学请亮灯。

指令4：爱学习的同学请亮灯。

指令5：爱上心理课的同学请亮灯。

学生根据指令选择亮灯或不亮灯。

老师：很好，看来大家的星星都可以发光，接下来我们换一种方式，如果曾经有人对你说过以下话语，那么就请点亮手中的星星，注意在这个过程中，一旦你的星星亮了，就要一直亮着，直至游戏结束。

指令1：你学习很认真，最近进步很大。

指令2：你的乐观感染了我。

指令3：这件事情你做得很好。

指令4：和你在一起很开心。

指令5：恭喜你，获得了×××。

学生根据指令选择亮灯或不亮灯。

老师：在游戏的过程中，你有什么感受？

学生举手回答。

教师小结：看到同学们手中的星星慢慢地亮起来，老师真的很高兴。我们的教室也因此而闪闪发光，今天这节课老师想和大家聊一聊你们的"星星"，最闪亮的星——自我价值探索。

设计意图：通过简单的亮灯活动，学生对自我价值有初步的体验，为后续环节做铺垫。

二、绘制星之图：探寻星（15分钟）

老师：现在请同学们把星星灯关上并放在一边。每个人都有最闪耀的部分或时候，可能是当我们获得他人肯定时，也可能是在我们完成一件事后对自己的一种肯定。接下来，请同学们以小组为单位，每人拿一张星星形状的便利贴，在上面书写或绘制自己的闪光时刻。大家写完后在小组内交流和讨论，并将自己的便利贴贴在星星卡纸上，形成小组的闪光图。请注意以下两点：

- 每个人至少写下或绘制一个闪光时刻，想不出的可以请组内同学帮忙寻找，限时4分钟；
- 完成的同学可以在组内交流和分享，4分钟后每组推荐一人作为代表上台分享。

学生分组讨论、汇总后派代表上台分享讨论成果。在小组代表分享的过程中，老师可以追问那一刻成为闪光时刻的原因，一边澄清一边在黑板上贴上星星卡纸，一张星星卡纸代表自我价值的一个来源，并在星星卡纸上书写其含义。

教师小结：通过大家的分享，我们可以看到每个人的价值来源都不同，可能是兴趣、成就、人际、性格、努力、能力等。非常感谢同学们的分享，我们看到每个人都有属于自己的星星，闪耀着属于自己的光芒。

设计意图：以小组互相帮助的形式绘制星之图，让学生对自我价值有更直观的感受；通过分享让同学们看到自我价值存在不同的维度。

三、为星星代言：追随星（15分钟）

老师：黑板上的这些星星聚集在一起，汇聚成了6颗更闪亮的星，现在请大家思考一下，你认为哪颗星的光芒最闪亮？

星星1：代表成就的光，是无数人的追求和向往，非常绚烂。

星星2：代表兴趣和热爱的光，兴趣、热爱才是一切能量的源泉。

星星3：代表能力的光，无论是与生俱来的，还是后天习得的，能力都很重要。

星星 4：代表人际的光，多颗星星聚集在一起散发出耀眼的光芒。

星星 5：代表努力的光，能力有限，努力无限，努力的过程自然就会发光。

星星 6：代表性格的光，性格是闪光的底色。

学生举手发言。

老师：接下来，觉得自己符合相应星星的同学成为一组，之后大家在组内讨论，说出你们认为这颗星星最闪亮的原因，为星星代言。

学生选择符合自己情况的星星并在小组内讨论和分享。

老师：在激烈的代言活动中，你的选择是否发生改变？

学生举手回答。

教师小结：看来每颗星星都很重要，哪颗星星最闪亮没有标准答案，我们都在努力成为心目中最亮的那颗星。

设计意图：通过自由选择为星星代言活动，引导学生辨析自我价值中最重要的部分，感受每一个维度的重要性。

四、最闪亮的星：成为星（5分钟）

老师：在我们的校园里、我们的身边，我也看到了我认为最闪耀的一些品质，老师用相机记录下了这些时刻，我们一起来看看吧。

（老师播放幻灯片，内容为学校生活的瞬间，如学校后勤人员辛勤工作、老师为学生呐喊助威、家长接送学生、学生在舞台上表演、学生在教室打扫卫生、学生获奖的时刻等。）

老师：看完视频，你对"最闪亮的星"有什么新的认识和看法吗？

学生举手回答。

教师小结：只要我们想，人人都可以成为最闪亮的星。努力做好自己该做的事情就会成为最闪亮的星，就像大家现在积极地参与课堂活动，在老师眼里，你们就很闪亮。每一颗星星都有自己的闪亮时刻，有的像流星转瞬即逝，但可以迸发出耀眼的光；有的像恒星一直坚守在原地，几十年如一日地散发着光芒。但无论如何，那颗星都是我们的引路标。在这节课的最后，老师请同学们一起伴随着美妙的旋律，拿起桌面上的星星灯，一起点亮心中最亮的那颗星。老师也相信每个同学都能活出自己心目中最闪亮的模样。

设计意图：总结课堂，加深学生对自我价值的认知，认识到每个人都是有价值的。

【课程迭代】

从最开始的构思到最后呈现在本书中的内容，本节课经历了八个版本的修改。2021 年 12 月，笔者偶然间看到了这样一句话"每个人都是一束光，闪耀着 2021，点亮着即将到来的 2022"，于是设计了一节名叫《追光》的心理课，希望帮助学生拥有直面挑战的勇气。然而"光"较为抽象，在课程优化迭代中，笔者将"光"的概念具象为会发光的星星灯。同时，又进一步聚焦了本节课的目标"帮助学生提升自我价值"。为了使本节课区别于"找优点""培养自信心"等课程的内容，笔者与其他同行重新研讨了自我价值的定义，然而"如何引导学生找到自我价值中最重要的部分"一直令我们很苦恼，正在大家一筹莫展之际，有人提出了"辨析"的思路，于是便有了本节课的重点环节"为星星代言"，这个活动为本节课注入了更多的活力。

【教学反思】

青春期的学生逐渐产生自我意识，初中二年级的学生正处于自我意识发展的重要时期，价值观也逐渐从依附他人到独立，与客观存在的优点和缺点相比，对自我价值的探索更能深入学生的内心。在现实生活中，学生常常把自我价值感与某种标准下的成功、他人的期待等外在评价紧密联系在一起，然而自我价值的来源多样，因此帮助学生树立多元的价值观就显得尤为重要。

在实际授课过程中，笔者发现本节课值得称赞的地方有很多。例如，将自我价值比喻成星星，整节课的设计紧紧围绕星星，逻辑清晰，环节流畅；使用的道具星星灯，将找到自我价值形象化为点亮星星的过程，首尾呼应，给学生充分的积极心理暗示；在最后的幻灯片中，教师将日常校园生活中的点滴呈现给大家，让学生进一步感受到每个人都能发光发亮，为学生赋能。

在实际教学中，本节课依旧存在一些需要改进之处。一是需要教师对课堂有很强的驾驭能力，本节课以学生为主体，教师需要将学生的讨论、发言进行归纳总结并升华；二是本节课主要停留在认知层面，如何引导学生对自我价值有更深层次的思考并在课后付诸实践是本节课后续需要思考的问题。

【专家点评】

根据心理学家埃里克森人格发展的八阶段理论，个体在初中阶段所面临的主要矛盾是"自我的矛盾"，主要任务是形成角色同一性，防止角色混乱。因此，本节课的设计符合初中生心理发展的需求，在一定程度上促进了初中生自我统一性的发展，也为他们的人生设计和职业规划奠定了良好的基础。

纵观《最闪亮的星》这节课，从热身、催化、互动到共振的渐进过程，李亦欣老师始终坚持让学生合作解决问题，很好地帮学生体验"集体智慧和认知"。在与他人互动时，学生能自然地理解一些概念，通过在共同参与和讨论中所蕴藏的相同思维架构，产生朋辈间的相互作用，推动学生认识自我。具体来说，本节课有以下几个特点。

1. 重生成，不重预设。李亦欣老师在整个教学过程中，能用心感受课堂的当下，很好地理解和把握心理课"主体性"这一根本特征，激发学生的内在潜力，引导学生深入思考并拥有真实的情感体验。在教学现场和教学过程中，随处可见具有生命活力和生活气息的资源。

2. 重体验，不重认知。李亦欣老师通过简单易行的活动环节，促使学生在团体的助力下审视自己的内心，对自我成长进行反思，思考自我与外界的关系，推动学生更全面地认识自我。在真诚、透明、开放的团体氛围中，学生的个人内部经验和感受成了认知改变、强化及迁移的动力，这是因为李亦欣老师将以人为中心疗法的三个核心——真诚、共情和无条件的积极关注——很好地运用到了团体心理辅导中。

3. 重引导，不重教导。团体心理辅导是一个心理过程而非逻辑过程，虽然这个过程需要认知的参与，需要教师必要的指导和点拨，但李亦欣老师很清楚地认识到，教师的作用是陪伴学生发现自我、发展自我，所以在讨论过程中，她积极地引导学生思考问题和得出结论；即便是师生之间的问答，也是为了让学生得出自己的结论。

（点评嘉宾：陆怡汝，浙江省杭州市滨江区教育研究院中小学心理研究员）

该课曾获浙江省杭州市心理教师技能大赛（初中组）一等奖

【参考文献】

[1] 黄希庭，杨雄. 青年学生自我价值感量表的编制 [J]. 心理科学，1998，（04）：289-292+382.

[2] MCCLELLAND D C. Testing for competence rather than for intelligence [J]. American

Psychologist，1973，28（1）：1-14.

［3］SPENCER L M，SPENCER S M. Competence at work：Models for superior performance［M］. New York：John Wiley & Sons，1993.

［4］李丽霞. 初中生心理控制源、自我价值感、主观幸福感的关系［D］. 桂林：广西师范大学，2018.

【学案纸】

最闪亮的星

姓名：＿＿＿＿＿＿ 班级：＿＿＿＿＿＿ 学号：＿＿＿＿＿＿

我的闪光时刻

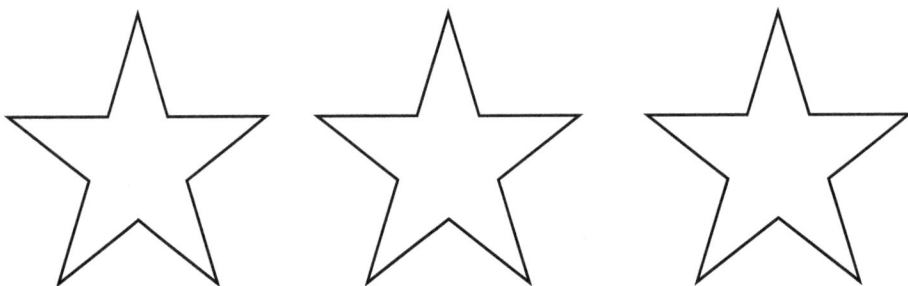

我代言的星星是：

代言理由：

打破枷锁——拒绝性别刻板印象

北京市陈经纶中学分校望京实验学校　宗欣

【驱动问题】

如何引导学生突破性别刻板印象？

【基本信息】

适用学段：初中一年级

准备道具：学案纸、便利贴、海报纸

【设计思路】

青少年阶段是性别角色发展的重要时期，处于这个阶段的学生容易在性别角色发展方面产生冲突和矛盾，对自己的一些心理变化感到迷茫和恐慌。同时，学校、社会、家庭针对性别角色的教育很少，学生性别角色的发展往往处于自发、盲目的状态。

由于受社会环境和传统家庭分工的影响，我们一般都会产生性别刻板印象。性别刻板印象是刻板印象的一种，即人们对两性所持有的一贯、不易改变的看法[1]。性别刻板印象对人们的认知和行为会产生影响，如学业选择、就业选择、自我评价、他人评价和社会评价等[2]。性别刻板印象的影响贯穿人的一生。在青少年时期，打破性别刻板印象能够帮助青少年建立更准确、全面的自我认知，并提升自我期待。王希秀等人在相关探索中指出，双性化的特质更符合当今社会的需要，具有该特质的人较容易在多方面获胜且心理更加健康[3]。因此，帮助学生加强性别角色认识，打破性别刻板印象，有助于提升他们的心理健康水平。

本节课通过性别连连看、视角转换、寻找方法、撕标签等活动，旨在帮助学生认识性别刻板印象及其消极影响，通过学生的讨论和分享总结出打破性别刻板印象的方法，撕掉性别带给自己的标签，促进学生获得全面、完善的发展，提升他们的心理健康水平。

【教学目标】

1. 情感目标：体验打破性别刻板印象后的积极情绪，提升主观能动性。

2. 认知目标：了解性别刻板印象的含义及其影响，找到打破性别刻板印象的方法。

3. 行为目标：将打破性别刻板印象的方法运用到实际生活中。

【教学思路】

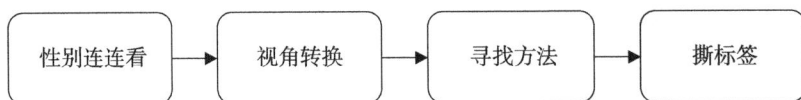

【教学过程】

一、性别连连看（5分钟）

老师：同学们，在日常生活中，当提到性别时我们可能会想到一些相关的词语，如"帅气""美丽""穿裙子"等。下面请同学们根据自己的理解，将一些词语和你认为相对应的性别连在一起[4]（见文末学案纸）。

学生完成连线活动，并举手回答不同性别分别对应的词语。

老师：在大家的分享中，大多数同学将"男生"和"警察""篮球"等词语连在一起，将"女生"和"粉色""护士"等词语连在一起，有没有同学有不同的连线呢？

学生举手回答。

教师小结： 性别与这些词语的对应并不是绝对的，生活中有很多例子可以证明这一点，但是我们很容易用某种固定的眼光看待某些人或事，这种现象被称为刻板印象。刻板印象指人们对人或物持有的一贯、不易改变的看法[5]，如地域刻板印象、性别刻板，今天这节课我们就了解性别刻板印象及其影响。

设计意图： 通过游戏，让学生感受到在日常生活中人们对性别抱有的固有认知和观念，引出"性别刻板印象"的概念，让学生认识到性别刻板印象会带来一些消极影响。

二、视角转换（15 分钟）

老师：在实际生活中，有些人对不同的性别有一些固定的看法。你们对自己的性别有哪些刻板印象呢？在便利贴上写出 1 ~ 3 条，然后将便利贴贴在自己的胸前。

学生开展活动并与他人讨论和分享。

老师：我看到有的同学认为自己是女生，所以理科知识肯定学不好；有的男生认为男子汉大丈夫遇到困难最好自己解决，寻求帮助是脆弱的表现。同学们列举了很多性别刻板印象的例子，那这些刻板印象会给我们带来哪些影响呢？

学生举手回答。

老师：刻板印象能够帮助我们更便捷地识别和区分一些事物，但同时也存在一定的消极影响。例如，我们会因为这些固有的观念，对自己产生一些不正确的认识，影响我们的职业选择等。但是我们给自己贴的这些标签是真的吗？接下来我们分组进行探讨。

活动流程如下。

①男生和女生各为一组并为小组想一个名称，将小组名称写在海报纸上。

②小组成员依次将自己的"性别刻板印象"标签贴在小组的海报纸上。

③各组选出一名代表进行分享，另一组提出反驳，两组轮流进行。

④学生分享收获及感受。

教师小结：通过分享我们可以看出，女生对学习理科具有刻板印象，内心觉得自己天生就学不好数学，所以把注意力转移到了文科的成绩提升上。而男生会敏锐地发现，我们学校有很多数学、物理老师是女性，她们可以学好理科，这说明性别并不会对学习成绩产生影响。性别虽然会导致男生和女生产生一些差异，使男生和女生的优势相对不同，但这种不同不是绝对的。我们要打破性别刻板印象，促使自己多元化地发展。

设计意图：促使学生反思自己有哪些性别刻板印象，并通过互相反驳和举反例的方式帮助学生转换看待问题的视角，使其认识到性别刻板印象并不符合实际情况，帮助学生更加理性、客观地看待自己的性别。

三、寻找方法（15 分钟）

老师：认识到自己的刻板印象并不难，难的是该如何改变这些刻板印象。下面我们看看有什么方法可以帮助我们改变性别刻板印象。

活动规则如下。

①按性别分别，每组选择 1 ~ 2 名学生贴的标签内容进行讨论：有哪些方法可以打破性别刻板印象的枷锁。

②小组经讨论得出结论，并将结论写在海报纸上，然后在全班进行分享。

教师总结并板书

- 寻找例外法：寻找生活中与刻板印象相反的例子（如生活中有很多女警察、男护士、女性拳击冠军等）。

- 成功经验法：寻找自己曾经的成功事例，通过事例增强信心（例如，你一直认为自己在某方面存在不足，但是经过不断努力突破了自我并获得成功）。

- 积极实践法：结合自己总结的性别刻板印象，为自己设定一个相关目标并积极尝试，看看自己是否可以打破刻板印象（例如，认为自己学不好数学的女生，设定一个学习目标和学习计划，将更多精力放在数学上，到期末考试时看数学成绩是否有提升）。

- 自我接纳法：面对目前无法克服的自我刻板印象，要学会自我接纳，认识到不同的性别确实存在一些先天的差异，但是不要以此为借口放弃努力，不断完善自己就好。

教师小结：通过大家的讨论和分享，我们总结出一些打破性别刻板印象的方法。在之后的学习和生活中，大家选择适合自己的方法，帮助自己撕掉这些标签。

设计意图：通过头脑风暴的方式，帮助学生探讨并找到克服和解决性别刻板印象的方法。

四、撕标签（5分钟）

老师：听完大家的分享，我看到了你们能够突破性别给自己带来的限制，更加客观、全面地看待自己。下面就让我们动手撕下这些标签吧！

学生撕掉海报纸上的标签。

教师小结：我们撕掉的不仅仅是标签，也消除了阻碍自己发展的性别刻板印象。有研究表明，同时具有男性和女性心理特征的个体拥有最佳的心理健康水平，也更容易融入社会并取得成就。希望大家不要被性别束缚，勇敢地将贴在自己身上的性别刻板印象标签撕下来，自由自在地做自己。同时，也希望大家对他人多一些理解和包容。当社会环境变得更加开放、包容时，个人也就会更勇敢地打破性别刻板印象的枷锁！

设计意图：通过具有仪式感的撕标签活动，帮助学生消除性别给自己带来的束缚，打破性别刻板印象，体验积极的情绪。同时引导学生学会体谅和理解他人。

【课程迭代】

本节课经过四次大的变动与修改。第一版设计了关于"性别角色"的内容讲解与探讨。在第一次修改中，笔者将讲解性别角色和分类、性别角色的作用环节删除，改为简单的介绍。修改后，本节课的专业知识更加聚焦，更易于学生理解。在第二版中，笔者添加了一些案例以体现"性别不是枷锁，勇敢突破自我才能获得成功"这一主题。第三版把原有的分自然小组讨论和辩驳性别刻板印象的活动改为分男生组、女生组进行讨论。此次修改为了突出性别因素在活动中产生的作用，在辩驳环节，男生组、女生组的互相驳斥也更有针对性。第四版主要对寻找应对性别刻板印象方法的部分进行了修改。在原来的版本中，最后部分是通过案例展示双性化的性别角色更有利于个体的心理健康和更有可能取得一定的成就。在经过参与这节课设计的几位教师的多次讨论后，决定将重点放在如何打破性别刻板印象的枷锁上，因此增加了头脑风暴的活动，旨在促使学生积极主动思考、寻找克服性别刻板印象的方法，更有现实意义，也有更有启发价值。

【教学反思】

本节课不仅是一节思维训练课，也是一节活动体验课。通过活动体验，学生感受到性别刻板印象对自己的影响。笔者建议在初中一年级学生刚入学后开展本节课，原因如下。

初中一年级学生开始初步形成性别角色认同和性别刻板印象，有时候性别刻板印象会导致一些女生畏惧学习数学，认为自己天生就不是学数学的料；也有些男生会认同男生学不好英语很正常、大多数男生的文科成绩都不好等。这些性别刻板印象会让学生在某些学科上降低对自己的要求和期待，进而影响他们的全面发展。甚至有一些男生认为男儿有泪不轻弹，遇到问题不主动寻求帮助等。这些都会对学生的身心健康发展产生影响，因此在入学后就对学生进行性别角色教育，有助于帮助他们正确地认识自己，全面发展自我，提升他们的心理健康水平。

本节课在课程设计上比较有条理、脉络清晰，各个部分的衔接比较连贯，从游戏导入引出主题，到自我反思和学生的互相辩论，体现出了心理课设计的活动性和启发性的特点。最后的头脑风暴活动帮助学生寻找应对性别刻板印象的方法，并通过撕标签的活动，让学生消除性别刻板印象给自己带来的束缚，在行为层面也起到了重要的作用。因此，本节课通过多种形式和途径较好地实现了教学目标。

本节课依旧存在一些不足之处。首先，本节课虽然活动性和趣味性较强，但内容较多，容易影响课堂效果，并且对教师的课堂把控能力有一定的要求，尤其是教师如何引导学生进行深入的分享并给予反馈。其次，如何引导学生分享应对性别刻板印象的方法，并在深入讨论的基础上进行提炼，对教师也是一个考验。因此，在本节课中，教师要重视学生的实际感受和体验，重视发掘学生内心深处的想法。

【专家点评】

本节课的亮点主要体现在以下几个方面。

1. 主题有针对性，辅导理念正确。初中一年级是性别角色发展的重要时期，学生的性别角色认知容易在此阶段出现问题。本节课以性别刻板印象和性别角色为主题，符合初中一年级学生的心理发展特点。另外，本节课对"性别刻板印象"核心概念的界定准确、理解全面，能够对学生进行妥善的引导。

2. 活动设计脉络清晰，各环节衔接流畅。根据初中一年级学生思维活跃的特点，本节课通过游戏进行导入，随后设计了视角转换、头脑风暴两个主题活动，引导学生对性别刻板印象的消极影响、自己的性别刻板印象、性别刻板印象的局限三个问题进行了反思；寻找应对性别刻板印象方法这一活动让学生对自己有更加全面、客观的认识；最后用撕标签这一具有仪式感的活动，让学生愿意打破自身的性别刻板印象。本节课各环节的设计层层递进，一步步推动学生主动改变。

3. 教学方法体现了以学生为中心的思想。本节课采用了学生们很熟悉的连连看游戏和撕标签游戏，让学生们表达自己原有的性别角色经验，并在头脑风暴活动中以小组为单位让学生进行讨论，使每个人都有机会进行充分的表达，最终在自己原有的经验之上主动建构新的心理知识，使性别角色观念真正地发生变化。

（点评嘉宾：牟书，北京联合大学师范学院心理学系副教授）

该课曾获北京市中小学心理健康教育成果课例一等奖

【参考文献】

［1］杜秀芳.性别刻板印象在中小学教育中的表现、影响及矫正［J］.当代教育科学，2004（23）：2.

［2］连淑芳.职业性别刻板印象与自我效能感的关系研究［J］.中国社会科学院研究生院学报，2019（4）：7.

［3］王秀希，王雪，李清华等.大学生性别角色对心理幸福感的影响研究［J］.石家庄学院学报，2021，23（6）：115-119.

［4］王钰璇.玫瑰少年，在我心里——"打破性别角色刻板观念"主题心理辅导活动课［J］.中小学心理健康教育，2023（29）：28-31.

［5］黄永吉.6-9岁儿童的食物性别刻板印象及对人际交往的影响［D］.武汉：武汉体育学院，2023.

【学案纸】

打破枷锁——拒绝性别刻板印象

姓名：_____　班级：_____　学号：_____

性别连连看

男生　　　　　　　　　　　　　女生

警察　阴天　攻击性强　爱哭　雪花　护士　数学成绩好　篮球　粉色　照顾家庭

宝藏拍卖会

广东省深圳市龙岗区深圳大学附属坂田学校　黄菁

【驱动问题】

如何培养学生正确看待自己不喜欢的特点？

【基本信息】

适用学段：初中一年级

准备道具：卡纸、马克笔、学案纸、拍卖铃、拍卖金额条

【设计思路】

自我认识是中小学心理健康教育的重要主题，也是生命教育非常重要的部分。《中小学心理健康教育指导纲要（2012年修订）》明确指出，初中生要加强自我认识，学会客观地评价自己。根据埃里克森人格发展八阶段理论，青少年面临自我同一性和角色混乱的冲突，在这个阶段，教师需要引导学生正确认识自己和接纳自己。

初中一年级的学生大多开始进入青春期，身心开始发生显著变化，自我意识显著发展，他们开始在意他人对自己的看法和评价，并且希望给他人留下良好的印象。因此，这一阶段的学生往往会过于在意甚至放大自身存在的令自己不满意的特点，进而产生自我怀疑、自卑等消极心理，对自己的不满甚至有可能诱发心理问题。

本节课通过拍卖自身特点活动，让学生体验到自己不喜欢的特点通过转化后会表现出积极的一面。引导学生提高对自己的接纳程度，不再为自己不喜欢的特点而烦恼，培养学生乐观向上的心态。为避免产生标签效应和刻板效应，本节课采用"喜欢的特点"和"不喜欢的特点"来代替"优点"和"缺点"。在现实生活中，有些学生自认为不好的特点可以变得有意义，而有些可能是不好的习惯。为帮助学生改变不好的习惯，本节课可以以系列课的形式进行：在第一课时（也就是本课时）引导学生学会将不喜

欢的特点变得有意义，在第二课时引导学生学会应对不喜欢的特点。

【教学目标】

1. 情感目标：从积极的角度看待自身的各种特点，培养乐观向上的态度。

2. 认知目标：了解自己喜欢和不喜欢的自身特点，认识到自己不喜欢的特点的积极一面，提高对不喜欢的特点的接纳程度。

3. 行为目标：尝试将不喜欢的特点变得有意义。

【教学思路】

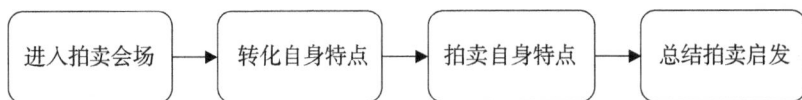

【教学过程】

一、进入拍卖会场（5分钟）

老师：欢迎大家来到宝藏拍卖会现场，我是本次拍卖会的主持人×××老师。我们来看一张图片，如果这是一块普通的石头，请问你们愿意花多少钱买下它？如果经过清洗打磨后，你发现这块石头里有一块宝石，你觉得它会增值吗？为什么？如果最后这块宝石被加工成了工艺品，你觉得它值多少钱？为什么同样一块石头，经过不同的处理其价值会变得不一样？

老师每提出一个问题后，学生举手回答。

老师：我们会发现，图片上的这块石头经过打磨和改造后，变成了价值连城的工艺品。其实，在我们的身上也有这样的宝藏，那便是我们自身的特点，本次拍卖会其实就是一场特点拍卖会。

设计意图：以石头变宝石的例子引入本节课的主题，激发学生的好奇心，渲染课堂活动气氛。

二、转化自身特点（6分钟）

老师：首先请大家用2分钟的时间填一下拍卖单（见文末学案纸），思考一下自己身上的特点中哪些是自己喜欢的，哪些是自己不喜欢的，然后分别挑2个喜欢的特点和不喜欢的特点写下来。喜欢的特点是大家觉得还不错的方面，不喜欢的特点是大家对自己不太满意的方面。例如，我觉得自己做事比较慢，做相同的一件事需要比他人花更多的时间，这是我对自己不太满意的方面。请同学们试着找出自己喜欢和不喜欢的特点吧。

学生填写拍卖单。

老师：每个人身上都有自己不喜欢的特点，但这些特点也可能像我们刚才讲的石头一样，经过打磨后成为宝石。以做事慢这个特点来说，虽然我做事慢，但做事的过程中比较仔细，虽然我做事的效率不高，但出错率很低。接下来，请大家尝试转化自己身上不喜欢的特点，并把转化后的描述写在拍卖单上。时间为 2 分钟。

学生在拍卖单上转化自己不喜欢的特点。

设计意图：学生在拍卖单上探索自己喜欢的特点和不喜欢的特点，老师以自己为例，鼓励学生尝试对不喜欢的特点进行转化。

三、拍卖自身特点（24 分钟）

老师讲解拍卖规则。

①学生分成 5 组，每组本金 50 万元。

②起拍价 10 万元，一次加价不低于 10 万元。

③原价：一个喜欢的特点 15 万元，一个不喜欢的特点 5 万元。

④选择喜欢的特点（15 万元）参与拍卖，若以起拍价 10 万元拍出去，则亏 5 万元；选择不喜欢的特点（5 万元）参与拍卖，若以起拍价 10 万元的价格拍出去，则赚 5 万元。

⑤每组必须拍到一个新特点，拍卖所得金额才生效。

老师：今天拍卖的东西就是我们身上的特点。每组选出 2 个想拍卖的特点写在卡纸上，然后将卡纸贴到黑板上参与拍卖。请注意，如果选择不喜欢的特点参加拍卖，卡纸上所写的是已经转化后的特点的描述。

学生在组内讨论选择拍卖哪个特点，并用马克笔写在卡纸上。

老师：现在正式进入拍卖环节，请各组派一名同学将你们写好的卡纸贴在黑板相应的位置。

各组派一人上台将所拍特点的卡纸贴在黑板上。

老师：所有拍卖的物品都已经呈现在黑板上，现在我们开始拍卖，第一组要拍的特点是×××，想要的小组请喊价，10万元一次，10万元两次……恭喜××小组拍得该特点……

老师在黑板上做记录，如各组拍卖了哪个特点、拍卖金额等。

老师：现在每个特点都拍卖过一次了，拍卖暂时告一段落，我们一起来看看，哪组的特点拍卖成功，以及该特点是什么。

老师：（指着黑板上的某个特点）这个特点原本是喜欢的特点还是不喜欢的特点？如果是不喜欢的特点，你们原本对它的描述是什么？

该组派一个代表回答问题，老师在黑板上做标记，标出哪个特点原本是学生不喜欢的，并根据拍卖结果有选择地提问，问题如下。

问题1：本次拍卖一共拍卖出几个不喜欢的特点？

问题2：为什么这几个特点没有小组想要？

问题3：哪个特点卖出了最高价？为什么你们喜欢这个特点？

问题4：你们为什么要补拍这个特点呢？

问题5：如果你们对这个特点完全没有兴趣，是否真的愿意花钱买下来呢？

问题6：对你们不喜欢的特点，为什么其他小组很想要甚至花高价购买？

学生举手回答。

教师小结：本次拍卖会到这里就结束了，每个小组都拍到了至少一个特点。

设计意图：通过拍卖会让学生体验自己不喜欢的特点经过转化后被他人肯定的过程，并通过提问与学生讨论本次拍卖会中他们的内心想法及感受，引导学生讨论对不同特点的看法，总结转化不喜欢的特点的方式，认真思考本次拍卖会带来的启发。

四、总结拍卖启发（5分钟）

老师：经过本次拍卖会，你有哪些感受或想法？

学生举手分享。

教师小结：你不喜欢的特点也有其积极的一面，你眼里的缺点在他人看来或许是优点。当然，有些同学在转化不喜欢的特点的过程中会觉得有些困难，可能因为有些特点是不好的习惯。在面对这些不好的习惯时，我们该如何做呢？大家在课后可以思考一下这个问题，下节课我们再一起探讨。

【课程迭代】

本节课中最初的设想是以进入游戏页面为引导，让学生设计游戏角色的属性，并领取新手任务：拍卖特点。然而，在经过多次试讲后，笔者发现设定游戏角色的属性过于烦琐，所需时间较长，并且对课程主旨的贡献不大。因此，笔者做出了重大调整，取消了游戏角色属性设置环节，直接开始拍卖，这样学生就有更多时间探索特点并进行拍卖。教师宣布本节课要开展拍卖会后，以石头变宝石的例子启发学生。除了删掉设置游戏角色属性环节外，笔者对拍卖规则也进行了调整，增加了学生选择不喜欢的特点进行拍卖的可能性，以增加课程的趣味性，提升学生的参与度。这种以学生为主体的教学方式将为他们提供更加丰富和深入的学习体验，帮助他们在游戏化的环境中培养创造性思维和解决问题的能力。

【教学反思】

本节课以拍卖会活动贯穿始终，学生比较感兴趣，参与度较高，课堂氛围活跃。拍卖会要拍卖的特点均由学生自己讨论决定，转化结果也由学生独立思考完成，因此本节课的开放程度非常高，在拍卖过程中也容易出现很多意料之外的回答。在转化特点的过程中，有些学生能够很顺利地转化不喜欢的特点，但也有些学生会觉得很困难，需要教师的引导。另外，如果转化结果很牵强，学生也可以放弃转化，选择其他转化成功的特点进行拍卖。

教师在拍卖结束后与学生讨论拍卖的结果，每一个问题都请学生回答，具体问哪些问题由本次拍卖会的具体情况决定。基于学生的回答，在时间允许的情况下教师还可以进一步追问，进行深入讨论。

以下是笔者认为继续优化本节课的三点建议：（1）讲解拍卖规则时尽量简洁，避免讨论时间不够；（2）问学生所获得的启发时，要多与学生讨论，鼓励学生多表达内心的想法；（3）转化环节多关注学生是否能成功转化，若不能，则需要依靠小组的力量帮忙转化。

【专家点评】

悦纳自我是初中生心理健康教育的重点，也是自我探索课程的难点。本节课的设计者以拍卖会的形式，促进学生在课堂中发现自己不喜欢的特点的意义，从而提升学生的自我接纳程度，立意新颖，构思巧妙，对一线心理教师的授课有很强的启发性。本节课有以下几个亮点。

1. 选题精准，切入点妙。本节课的选题精准贴合了初中一年级学生认识自我、接纳自我的心理发展需求，以"我不喜欢的特点"为切入点，非常巧妙地戳中了困扰学生的痛点，引发学生的兴趣和深入的思考。

2. 构思巧妙，趣味性强。本节课以拍卖会为主体活动，增强了趣味性，极大地调动了学生的课堂参与度。活动最终的落脚点并不是买到了什么，而是让学生反思拍卖的过程——不喜欢的特点也有积极的一面——构思非常巧妙。

3. 深度思考，生成性强。课堂上的自我辩论、小组讨论等环节的设置，给学生提供了深度思考"我不喜欢的特点的积极面"的空间，这样的设计让学生对接纳自我的探讨不拘于形式，不流于表面，而是经过深思熟虑之后的自我觉察，这也为课堂的有效生成奠定了基础，让本节课成为生成性强的佳作。

（点评嘉宾：陈静雯，广东省深圳市龙岗区教育科学研究院心理健康教研员）

该课曾获年广东省深圳市青年教师教学能力大赛初中组一等奖

【学案纸】

宝藏拍卖会

姓名：_____　班级：_____　学号：_____

拍卖单

指导语：

欢迎大家来到宝藏拍卖会现场，请按照实际情况填写拍卖单。

喜欢的特点		
1		
2		
不喜欢的特点		
	转化前的描述	转化后的描述
1		
2		

我的未来之树

上海市敬业中学　姚项哲惠

【驱动问题】

如何引导学生明晰"将来的我"并积极发展自我？

【基本信息】

适用学段：初中三年级

准备道具：彩笔、学案纸

【设计思路】

根据埃里克森的人格发展八阶段理论，初中生处于自我同一性发展的重要阶段，对自己是谁、要朝哪个方向发展等问题有着强烈的探索需求。对初中三年级的学生来说，明确的发展方向能够提升他们的学习和成长动力，帮助他们积极地应对学业挑战。然而，现实中不少学生对未来感到迷茫。有的学生不清楚该何去何从，有的学生以他人的期待为发展方向，缺乏学习动力；有的学生感到"现在的我"和期待中"将来的我"之间差距过大，从而丧失信心。如果学生能全面地认识自己，从自身实际出发，将过去、现在与未来联系在一起，以"我是谁""我从哪里来"等问题为基础，思考"我要成为怎样的人"，为自己构建积极的未来愿景，明确发展方向，那么就能帮助自己形成较连续、完整的自我，并激发积极成长的动力，提升希望感和意义感。

本节课将不断成长的自我隐喻为树，在生命树活动的基础上进行设计，通过冥想与绘画相结合的方式，绘制未来之树，让学生探索"将来的我"。通过思考如何长成自己期待的大树，学生可以探索外部支持、内部资源，以激发自我成长的积极行动，不断明晰自我发展的方向。最后，通过与树对话，学生可以进行自我整合、自我赋能，提升其成长的信心与动力。

【教学目标】

1.情感目标：积极地构建"将来的我"，提升成长的信心与动力。

2.认知目标：理解过去、现在与未来的关系及其相互之间的影响，促进自己更全面、深入地认识自我。

3.行为目标：探索发展自我的资源、方法并付诸行动，尝试进行自我整合，激发自我发展的动力。

【教学思路】

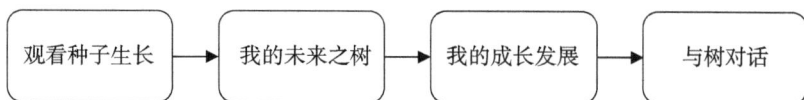

观看种子生长 → 我的未来之树 → 我的成长发展 → 与树对话

【教学过程】

一、观看种子生长（3分钟）

老师播放种子生长的视频片段，请学生思考相关问题并举手回答。

视频简介：一颗种子在土里慢慢地生根、发芽，逐渐长成大树。

问题1：这颗种子会经过哪些生长阶段？

问题2：如果它慢慢长成一棵树，你觉得它会是一棵什么样的树？

教师小结：种子的生长会经历不同的阶段，长成不同的样子，人也是如此。如果我们把自己想象成一颗种子，若干年后，我们会长成什么样呢？

设计意图：通过视频导入，激发学生兴趣，引出本节课的主题。

二、我的未来之树（13分钟）

老师让学生进行冥想，引导学生想象属于自己的未来之树。

指导语：现在，请调整到你觉得舒服的姿势，轻轻地闭上眼睛，尽可能放松，做几次深呼吸。吸气、呼气，吸气、呼气……很好，继续保持呼吸平稳，注意空气进入身体的感觉。现在，请你想象自己是一颗种子，它具体是什么样的？请仔细观察它的大小、形态、质感……它经历了怎样的生长过程？它周围的环境如何？慢慢地，它不断生长，枝干慢慢长高，叶子逐步舒展，它可能会开花、结果，它的花和果具体是什么样的？十年后，它会长成什么样……请仔细观察它，体会你的感受……请大家慢慢地睁开眼睛。

老师：请同学们把脑海中的未来之树绘制出来。

学生根据冥想的内容在学案纸上绘制未来之树。老师邀请学生分享自己的作品，思考并回答以下问题。

问题 1：你的未来之树是什么样的？

问题 2：它生长在怎样的环境中？

问题 3：它有哪些特点？

问题 4：你对自己的未来之树有怎样的期待？

教师小结：同学们的未来之树形态各异，它们代表你们对将来的自己的想象与期许。通过这种形象的方式，大家进一步明确了自己未来的发展方向。那么，一棵大树是如何长成的呢？我们又如何能成长为自己期待的样子呢？让我们继续探索。

设计意图：通过冥想、绘画、讨论、分享等方式，引导学生积极探索"将来的我"。

三、我的成长发展（17分钟）

（一）梳理一路成长

老师请学生思考以下问题，对未来之树进行补充绘制，理解过去、现在与未来的关系。

问题 1：大树是如何长成的？

问题 2：它有哪些生长条件？

问题 3：它自身有哪些力量？

学生根据上述问题进行思考，并对自己的作品进行补充绘制。例如，在树根处补充始终支持自己成长的力量源泉，在树干处补充自己的能力、个性特点等，进一步完善作品。老师邀请学生分享自己的作品，然后思考并回答以下问题。

问题 1：看着完成的作品，你有哪些感受？

问题 2：你对自己有怎样的理解？

问题 3：这些"树"是如何一步步成长起来的？

教师小结：每棵树都扎根于大地，"过去的我"成就了"现在的我"，也是发展"将来的我"的基础。更好地理解三者之间的关系，可以让我们更了解自己，也更明确自己的发展方向。

（二）挖掘成长资源

老师：我们如何才能成长为自己期待的大树呢？成长过程中有哪些资源可以为大树的生长提供支持呢？

学生思考老师的提问，挖掘成长资源，探索可以采取的具体行动等，并把它们画出来。老师邀请学生分享自己的作品，然后思考并回答以下问题。

问题1：大树的成长需要哪些内部或外部资源？

问题2：除了有阳光、露水，也会有风雨，你将如何面对它们？在这个过程中，你需要哪些帮助与支持？

问题3：你还有什么方法能让这棵树茁壮成长？

（三）落实积极行动

老师：同学们找到了丰富的资源。那么，我们应该如何充分地利用它们，并落实到具体的行动上，以使大树茁壮成长呢？请大家在以上活动的基础上，进一步思考我们可以做的帮助自己向未来之树发展的小事。

学生思考本学期自己可以做的一件推动自己向未来之树发展的小事，再进一步细化到本月、本周可以做的小事，并把它们写下来，然后举手分享自己所写的内容。

教师小结： 未来之树的成长不仅需要丰富的资源，也需要积极的行动，就好像我们有水和肥料，但需要定期为树浇水、施肥，而自我浇灌则能唤起树木更强的生命力，向我们想要发展的方向茁壮成长。

设计意图： 通过让学生补充未来之树，进一步理解过去、现在与未来之间的关系，以连续、完整的视角看待自己。通过思考如何长成未来之树，让学生探索发展自我的资源、方法，并积极地付诸行动。

四、与树对话（7分钟）

老师请同学们观察整幅作品，体会自己的感受，并尝试与树对话。然后，老师请学生分享自己与树的对话，思考并回答以下问题。

问题1：看着这棵未来之树，你有什么感受？

问题2：如果树会说话，它可能会对你说些什么？

问题3：你对自己有哪些新的理解和发现？

教师小结：每个人的未来之树都各不相同，它们会随着时间的推移发生变化。但只要我们深入了解自己、努力发展自己、积极挖掘资源，它就会不断成长。愿同学们都能不断走近自己，积极行动，向下扎根，向上而生！

设计意图：通过与未来之树对话，促进学生进行自我整合、自我赋能，提升其成长的信心与动力。

【课程迭代】

本节课将不断成长的自我隐喻为不断生长的树，通过未来之树的意象，探索"将来的我"。在一开始的设计中，课程着重于探索和绘制未来之树，挖掘成长资源，但笔者发现学生对树的想象和理解比较抽象，对成长资源也是泛泛而谈，不利于他们落实具体的积极行动。基于这种情况，笔者对教学设计进行了修改，在绘制完未来之树环节后，设计了比较详细的思考问题，让学生对自己的作品进行补充，这让未来之树有了更扎实的根基，学生也能进一步理解过去、现在与未来之间的关系，更全面、连续地看待自己。在之后的资源和行动探索环节，笔者也将问题设计得更加细致，引导学生回到实际生活，聚焦于行动。这不仅能够促进学生积极行动，也能帮助学生增强自我成长的信心与动力。

【教学反思】

本节课围绕自我认识主题，聚焦于探索如何积极构建并发展"将来的我"这一话题。通过种子、树及其生长的隐喻，学生在活动中体验自我成长。本节课符合初中三年级学生的发展需求，因为初中三年级的学生临近毕业，面临诸多挑战，可能对自我认识不够清晰，对未来的发展感到迷茫。本节课尝试从一个更长远、连续的视角，促进学生认识自我，增强学生的希望感、意义感，激发学生自我发展的动力。

在实际授课过程中，笔者发现学生在课堂上展现出许多创造性的表达。通过树这一形象化的隐喻，学生理解了自我成长是一个持续发展的过程，这也增强了他们对未来的信心。当然，以艺术创作和活动体验为主的课堂也对教师提出了较高的要求。一方面，教师需要把握好课堂节奏与氛围，使学生能沉浸其中。例如，注意冥想指导语的设定、配乐的选择等。另一方面，自我是独特的，也是持续发展的，未来之树的生长时间节点可以根据课程需要进行调整。此外，学生最终呈现的作品并不一定是一棵树的形象，可以是他们想到的任何事物的样貌。

【专家点评】

本节课从发展的角度引导学生探索自我、积极成长，主要有以下几个亮点。

1. 学情分析准确，学生积极参与。本节课的课程设计抓住了初中三年级学生处于学业发展和自我成长的关键期，对人生充满期待但又感到迷茫的特点，通过我的未来之树、我的成长发展、与树对话等环节，引导学生构建"将来的我"的积极意象、发掘自我资源、体会自我成长，不但紧扣学生学情，更丰富了学生的课堂体验，增强了学生的体验感和参与度，使每一名学生都能在课堂中有所感悟。

2. 环节完整清晰，内容富有新意。本节课以树的成长作为隐喻，促使学生认识自我不断发展的特点，引发学生对"将来的我"的深思，帮助学生建立对未来的期待。本节课的内容环环相扣，从想象树的样貌，到思考树的成长，到积极挖掘资源，再到落实"一件小事"，逐步引导学生思考自我、感受自我，加深对将来的我的认识和感悟，并将内容落到实处，真正有助于学生的自我发展。

3. 创新体验设计，赋能长远发展。本节课在学生体验活动的设计中用了很多巧思，在未来之树的发展中穿插了冥想、艺术绘画、积极对话等操作性强、体验感较好的活动形式。这些活动形式能够帮助学生在良好的氛围中积极主动地开展自我探索，真切地感受到自我发展的可能性，并进行积极的自我赋能，树立长远发展的信心。

（点评嘉宾：钱锦，上海市黄浦区心理健康教研员）

该课曾入围上海市黄浦区教育系统百名新秀教师比赛

【学案纸】

我的未来之树

姓名：_____　　班级：_____　　学号：_____

如果你是一颗种子，请想象它在若干年后会长成什么样子，并把它绘制出来。

我可以_____让自己积极向未来之树发展。具体来说，这个月我可以

_____。这周我可

以_____

_____

我的乔哈里窗

北京市朝阳区人朝分实验学校　张碧

【驱动问题】

如何培养学生进行自我认识的整合？

【基本信息】

适用学段：初中一年级

准备道具：学案纸、彩色便利贴、帽子

【设计思路】

《中小学心理健康教育指导纲要（2012 年修订）》和《北京市中学心理健康教育工作纲要（2014 年）》均强调，要帮助学生加强自我认识，客观地评价自己。《中国学生发展核心素养》中的健康生活维度提到，学生在自我管理方面能正确认识与评估自我[1]。

从初中生的心理特点来看，青春期是自我意识发展的第二个飞跃期，生理、心理的同时发展使初中生的自我探索意识更加强烈，他们会更加关注自我。初中一年级正处于埃里克森的人格发展八阶段中自我同一性和角色混乱阶段，此时学生最迫切的任务是进行自我认同。只有认清自己、接纳自己，发展出健康的自我概念，学生才有能力认识他人、肯定他人，并与他人建立良好的人际关系。

笔者进行了相关调查。在"教师随机访谈"中，有 77.55% 的被采访教师指出，部分学生对自我能力、兴趣等缺乏正确认知，如不知道自己喜欢和擅长什么、不知道如何努力等。"已有知识与能力储备统计"调查结果显示，学生对已学心理课的重点内容，如名字（64.19%）、闪光点（90.15%）、不足及应对方法（75.45%）等掌握良好，再加上他们初步适应了初中生活，同学之间也相互熟悉起来，对抽象概念的理解能力有了进一步的提升，这都有利于他们理解自我。联合班主任进行的"自我评价"开放式问卷调查（共发放402份，均有效，调查内容包括对学习表现及学习态度、人际交往能力、目标设定、优点及缺点等方面的自我评价）的结果显示，初中一年级学生在自我认识方面存在两个突出问题：自我评价角度不够全面，有些学生不能对自我认识的不同方面进行整合。

结合以上学情，本节课采用乔哈里窗理论，融合威廉·詹姆斯认识自我的方法和叙事疗法中问题外化的方法，从自我认识的内容及方法入手，利用乔哈里窗帮助学生整合对自我的认识，帮助其更全面地认识自己。学生在整合自我认识的过程中也能发掘自身的心理潜能，从而形成乐观的心理品质。

【教学目标】

1.情感目标：更加自信地认识自我，增强对自我的接纳程度。

2.认知目标：掌握认识自我的内容（生理我、心理我、社会我）和方法（自我评价和他人评价）；通过乔哈里窗学会对自我认识的各个方面进行整合，进而对自我有更客观、全面的认识。

3.行为目标：在以后的学习和生活中能利用乔哈里窗不断地认识和完善自己。

【教学思路】

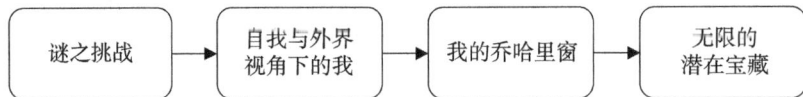

谜之挑战 → 自我与外界视角下的我 → 我的乔哈里窗 → 无限的潜在宝藏

【教学过程】

一、谜之挑战（7分钟）

老师介绍挑战规则。

①志愿者上台，面向同学，头戴帽子，帽子上写有一个人的名字。除志愿者外，在场其余人均知道帽子上的名字。

②志愿者采用封闭式句式提问，如"请问，我是……吗？"全班同学一起大声回答是或不是。直到志愿者猜出帽子上的人名。例如，我是男生吗（生理特点）？我是

足球爱好者吗（心理特点）？我是班长吗（社会关系）？

挑战结束后，老师请学生思考并回答以下问题。

问题1：你在提问时运用了什么策略（如从不同的角度缩小范围）？

问题2：我们还可以从哪些方面认识自己？

老师：在刚才的挑战中，我们采用了"我是谁"的提问方式，其实"我是谁"这个问题会伴随我们一生，对这个问题的回应心理学上称为"自我概念"。心理学家威廉·詹姆斯将认识自我分为三个方面：生理我、心理我、社会我（老师分别解释含义，并对热身游戏中提到的自我特点进行归类和总结）。

教师小结：古希腊德尔菲神庙门楣上镌刻着这样一个神谕："人啊，认识你自己！"古希腊人将"认识自己"看作人类最高的智慧。本节课我们的主题就是认识自己。

设计意图：活跃课堂气氛，引发学生的参与兴趣，引入主题；引导学生掌握认识自我的内容（生理我、心理我、社会我）。

二、自我与外界视角下的我（13分钟）

老师：你觉得你了解自己吗？你平时都用哪些方式了解自己？可能是最简单的照镜子。今天，我们将通过不同的镜子更全面地认识自己！

（一）我眼中的自己

老师：认识自己的第一面镜子——我眼中的自己。请你根据自己的实际情况，在学案纸（见文末）上填写"我是_____的人"（至少写15个，请学生写在便利贴上并贴在横线处），从生理我、心理我、社会我三个维度进行自我评价。（提示：学生想到什么就写什么，写得越多越好，写的内容完全取决于他们的主观感受，限时3分钟，音乐停止即代表时间到。）

学生举手分享自己写的内容。

教师小结：每个人的生理我、心理我、社会我都不尽相同，并且都是独一无二、弥足珍贵的。从认识自我的三个维度多方面、全方位地认识自己。这是我们认识自己的第一面镜子。

（二）他人眼中的我

老师：除了自我评价，他人评价也是我们认识自我的一面镜子。请大家以4～5

人为一组，组内设置一名计时员，组员轮流展示自我评价，其他组员就该组员写的内容进行交流并在其学案纸上的"他人评价"一列中，如果赞成其自我评价就打"√"，不赞成打"×"，不清楚打"？"，然后将不赞成的原因写下来。当然，也欢迎同学在学案纸上对该组员的特点进行补充。补充的特点要全面、具体，限时5分钟，音乐停止即代表时间到。

学生分组完成学案纸，思考并回答以下问题。

问题1：你认为"√""×""？"这三个符号分别代表什么意思？它们分别带给你什么感受？

问题2：你如何看待同学为你补充的特点？

教师小结：他人评价有一些是我们不知道或不认同的，我们既要重视他人对我们的态度与评价，也要客观冷静地分析，不盲从。用理性的眼光看待他人的评价，有助于我们形成对自己更客观、完整、清晰的认识。这是认识自我的第二面镜子。

设计意图：引导学生了解认识自我的方法（自我评价和他人评价），并运用叙事疗法中问题外化的方法（即分离问题与自我，专注于个人特质，使用"我是＿＿＿的人"这一句型来明确自己的特点）[2]，进行自我评价和他人评价，从生理我、心理我、社会我三个方面客观地认识自我。

三、我的乔哈里窗（15分钟）

老师：通过自我评价和他人评价两面镜子，我们对自己有了大致的了解。接下来，我们试着将不同的镜子整合成一扇专属于自己的窗户——乔哈里窗，透过这扇窗户更全面地了解自己。

老师介绍乔哈里窗坐标及四个区域的含义。

乔哈里窗是心理学家乔瑟夫·勒夫特和哈里·英格拉姆提出的认识自我的一种模式[3]。你可以把乔哈里窗想象成一扇正方形的大窗户。这扇窗户分为四个区域：公开我、盲目我、隐秘我、未知我，每个区域的我们都不尽相同。

- 公开我：是他人知道、自己也知道的特点，即打"√"的评价，如身高、长相等。对公开我的认知取决于自我心灵开放的程度、人际交往的广度、他人的关注度等。
- 盲目我：是他人知道、自己不知道的特点，即打"？"的评价。例如，你的一些不经意的小动作或行为习惯，自己没有觉察，除非他人告诉你。

- 隐秘我：是自己知道、他人不知道的特点，即打"×"的评价。例如，因童年往事、痛苦经历或不愿意、不能让他人知道的事情。
- 未知我：是他人不知道、自己也不知道的特点，指一些潜在能力或特性。

学生完成学案纸上的"我的乔哈里窗"。将打"√""×""？"的评价对应的"我是＿＿＿＿的人"的便利贴撕下来，并贴到乔哈里窗对应的区域中，形成专属于你的"乔哈里窗"。老师邀请学生分享自己的乔哈里窗，思考并回答以下问题。

问题 1：你的乔哈里窗有什么特点？

问题 2：乔哈里窗让你产生了哪些新的认识？

问题 3：如何应对不同的"我"？

教师小结：虽然每个人的乔哈里窗的总面积固定，但四个区域不会刚好平分，每个区域的面积是变动的。同时，一个区域面积的变化也会影响其他区域的面积。在成长的过程中，我们需要缩小盲目我，避免当局者迷、旁观者清；缩小隐秘我，因为过度的隐藏可能让他人难以理解和亲近我们，也会更容易陷入孤独。当这两个区域的面积缩小时，公开我的面积则会随之扩大，这将有利于我们和他人开展良好的交流。同时，我们也需要通过不断努力，发掘更多的未知我，发现自己的巨大潜力。

设计意图：通过乔哈里窗学会对自我认识的各个方面进行整合，对自我有更客观、更全面的认识。

四、无限的潜在宝藏（5 分钟）

老师：在本节课的最后，我们通过一个小活动来发掘未知我的潜能。请大家预估自己在 30 秒内鼓掌的次数，并和实际情况进行对比。对比完后，你有什么发现？

学生预估自己在 30 秒内鼓掌的次数，然后在 30 秒内边鼓掌边计算次数，并举手回答老师的问题。

教师小结：很多同学的实际鼓掌次数比预估的次数更多。由此可见，我们有时会低估自己，意识不到自己其实有很大的潜能或有很多优点。事实上，我们可以做得比想象中的更好！

教师总结：今天这节课，我们通过不同的镜子探索和认识自我，形成了专属于自己的乔哈里窗。我们的成长过程其实就是不断认识自我、超越自我的过程。当然，认识自我是一个动态变化的过程。随着年龄的增长、生活阅历的增加，我们会不断地探索自己、发现自己、发展自己。希望今天这节课能帮助大家开启自我探索的大门，让大家有更多的勇气和能力认识并接纳自我，逐步丰富自己的乔哈里窗。最后，祝福同学们用心倾听，敢于面对；欣赏优点，正视不足；接纳自己，完善自己，遇见更全面的自己！

设计意图：总结升华，鼓励学生学以致用。

【课程迭代】

在设计方面，本节课最困难的部分是整合自我评价、他人评价、自我认识三个传统活动，以及如何让它们衔接更流畅。该课程先后经过四次迭代，在活动形式上进行了修改，使这三个活动更加新颖、易操作、连贯性更强。

第一版：自我评价和他人评价活动均采用填写"我是＿＿＿＿的人""你是＿＿＿＿的人"的方式，在此基础上对比自我评价和他人评价的内容，进行自我认识的整合。在实际操作中笔者发现这种形式很费时，并且学生单纯地对比自我评价和他人评价的内容，无法对自己的特点有全面的认识。

第二版：自我评价和他人评价的方式不变，在自我认识整合的基础上，由"对比自我评价和他人评价内容"改为"引入乔哈里窗将自我评价和他人评价整合起来"，这样便于学生理解，学生能够更直观地知道自己的乔哈里窗中不同区域的特点。在实际操作中笔者发现，在这三个环节中均采用书写的方式，内容重复且耗时。

第三版：自我评价方式和乔哈里窗整合的方式不变，他人评价由填写"你是＿＿＿＿的人"改为采用打"√""×""?"的方式。在此基础上，耗时问题解决了，但笔者发现，将评价关键词写在乔哈里窗中相当于重复操作，既耗时也容易引起学生的反感。

第四版：他人评价方式和乔哈里窗整合的方式不变。在自我评价过程中，将"我是＿＿＿＿的人"中的学生填写的内容写在便利贴上并贴在横线处，在后续的乔哈里窗整合环节，学生只需要将便利贴撕下来贴到乔哈里窗对应的区域。这一形式实操性强，更容易激发学生的参与感。

除此之外，学情的调查分析、提问的设置、道具的设计、板书的设计等都经过反复琢磨与推敲。在课程版本不断迭代的过程中，学生参与感及课堂效果都得到很大提升。

【教学反思】

在整体设计方面，本节课着重进行自我认识的整合，教学目标准确、具体、可检测。在教学内容方面，对自我评价、他人评价、自我认识整合三个传统活动进行了修改，使这三个活动更加新颖、易操作。在活动设计方面，环环相扣，并且教学过程紧紧围绕核心问题，是一个循序渐进的过程。同时，整节课融入了威廉·詹姆斯认识自我理论、叙事疗法中问题外化理论、乔哈里窗理论，使本节课有丰富的心理学理论基础。

此外，本节课也存在需进一步探讨的地方。首先，他人评价的形式应选择个体书写还是团体合作。个体书写更具个性化和深入性，而团体书写更具合作性与互动性，两者各有优势，最后笔者选择将两种方式结合起来使用。其次，本节课的生成部分需耐心等待学生的呈现，在自我评价低的学生进行分享时，教师一定要注意营造安全的氛围，强调鼓励和尊重，给予学生及时、有效、积极的反馈。课后，教师也可以留意学生的学案纸，对自我评价和他人评价环节评价低的学生进行追踪或个体辅导。

【专家点评】

认识自我是中学阶段学生的一个重要课题，尤其对刚刚进入青春期的初中一年级学生来说，如何在新的环境中自处，以及如何与新环境相处，都与他们是否能准确地认识自我具有非常密切的联系。

以往我们看到的很多关于认识自我的课程也会提到这一点，但是很少会有人像张碧老师这样把课前工作做得这么细致，如针对学生的自我认识情况展开调查。张碧老师的课前调查不是泛泛而谈，而是从学生和班主任两个视角近距离观察初中一年级学生的特点。

本节课采用了大单元整体教学的思维模式，而不是随便找一个主题进行探究。例如，在本节课之前，教师帮助学生在自我认识领域进行内容铺垫，让课与课之间的衔接自然流畅，且有理有据。另外，本节课单元整合的角度新颖，课程主题不突兀，与前、后课程衔接自然，形成了一个科学完整的大单元课程设计。

通过前期的梳理工作，张碧老师发现学生们在自我认识方面存在两个主要问题：自我评价角度不够全面，有些学生不能对自我认识的不同方面进行整合。而张碧老师的这节课紧紧围绕这两个问题展开，非常明确、具体，且有理有据。整节课各个环节的设计紧紧围绕教学目标，且衔接流畅，给人一种水到渠成、浑然天成的感觉。

如果给这节课提一个小小的建议，我建议在活动设计中考虑将"他人眼中的我"这个部分换成另一张学案纸（仅要求学生在生理、心理和社会三个方面给自己书写几个关键词进行评价），让学生既可以保护自己的隐私，也可以让他人放心大胆地写下对该学生的评价。

（点评嘉宾：周利娜，中学高级教师，山东省兼职教研员）

该课曾获北京市朝阳区"扬帆杯"新任教师技能大赛一等奖

【参考文献】

［1］核心素养研究课题组.中国学生发展核心素养［J］.中国教育学刊，2016，（10）：1-3.

［2］怀特.叙事疗法实践地图［M］.李明，党静雯，曹杏娥，译.重庆：重庆大学出版社，2011.

［3］齐忠玉.乔哈里窗沟通法：深层沟通的心理学途径［M］.中国电力出版社，2010.

【学案纸】

我的乔哈里窗

姓名：＿＿＿＿＿＿　班级：＿＿＿＿＿＿　学号：＿＿＿＿＿＿

自我与外界视角下的我

自我评价	他人评价	不赞成的原因
1. 我是＿＿＿＿＿＿＿＿＿＿的人		
2. 我是＿＿＿＿＿＿＿＿＿＿的人		
3. 我是＿＿＿＿＿＿＿＿＿＿的人		
4. 我是＿＿＿＿＿＿＿＿＿＿的人		
5. 我是＿＿＿＿＿＿＿＿＿＿的人		
6. 我是＿＿＿＿＿＿＿＿＿＿的人		
7. 我是＿＿＿＿＿＿＿＿＿＿的人		
8. 我是＿＿＿＿＿＿＿＿＿＿的人		
9. 我是＿＿＿＿＿＿＿＿＿＿的人		
10. 我是＿＿＿＿＿＿＿＿＿＿的人		
11. 我是＿＿＿＿＿＿＿＿＿＿的人		
12. 我是＿＿＿＿＿＿＿＿＿＿的人		
13. 我是＿＿＿＿＿＿＿＿＿＿的人		
14. 我是＿＿＿＿＿＿＿＿＿＿的人		
15. 我是＿＿＿＿＿＿＿＿＿＿的人		

补充

我的特点还有：＿＿＿＿＿＿＿＿＿＿＿＿＿＿＿＿＿＿＿＿＿＿＿＿＿

＿＿＿＿＿＿＿＿＿＿＿＿＿＿＿＿＿＿＿＿＿＿＿＿＿＿＿＿＿＿＿

＿＿＿＿＿＿＿＿＿＿＿＿＿＿＿＿＿＿＿＿＿＿＿＿＿＿＿＿＿＿＿

我觉得你的特点还有：＿＿＿＿＿＿＿＿＿＿＿＿＿＿＿＿＿＿＿＿＿

＿＿＿＿＿＿＿＿＿＿＿＿＿＿＿＿＿＿＿＿＿＿＿＿＿＿＿＿＿＿＿

＿＿＿＿＿＿＿＿＿＿＿＿＿＿＿＿＿＿＿＿＿＿＿＿＿＿＿＿＿＿＿

我的乔哈里窗

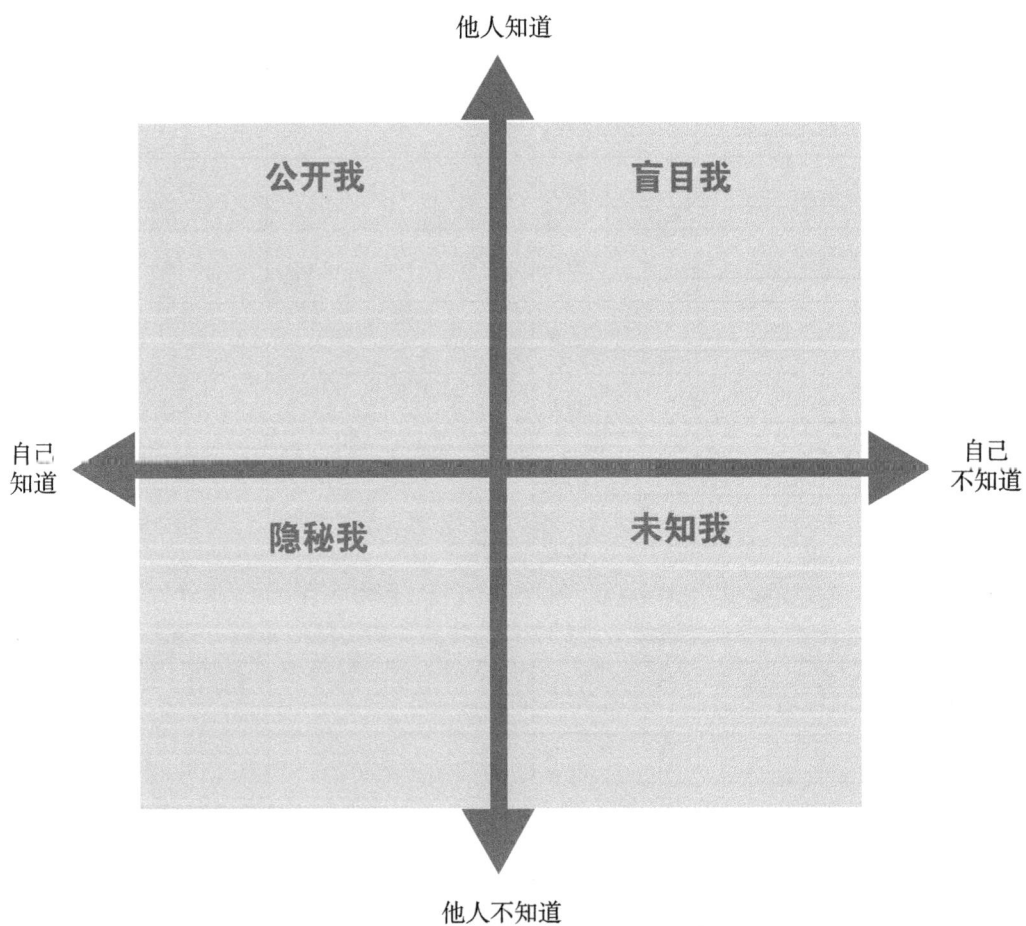

他人知道

| 公开我 | 盲目我 |

自己
知道

自己
不知道

| 隐秘我 | 未知我 |

他人不知道

第二章

情绪调适

本章的主要目标是帮助学生觉察、识别、接纳并合理表达情绪，以健康的方法应对情绪困扰，培养自己创造积极情绪的能力。通过学习本章内容，学生能够学会调节自己的情绪并积极地面对生活和学习中的挑战。

关于情绪调适，常见的心理主题包括觉察与识别情绪、管理和表达情绪、处理各类消极情绪、创造积极的情绪体验等。这些主题旨在引导学生全面认识情绪，在情绪出现时能够识别情绪；学会有效管理情绪，避免因情绪剧烈波动影响学习和生活；掌握应对消极情绪的方法，了解创造积极情绪的策略。这些都能够让学生更好地应对生活中的情绪困扰。

初中生的情绪体验变得复杂且更加个性化，他们对情绪的表达方式也更加多样化。此外，进入青春期的初中生容易受到外界的影响，情绪波动较大，并且常常感受到消极情绪。因此，教师要帮助学生认识到情绪对自己和他人的影响，学会调节自己的情绪，从而积极地应对挫折与压力。

《情绪的不速之客》用客人的身份隐喻不期而至的消极情绪，通过表达性艺术心理辅导方法，引导学生认识情绪这位"客人"，提升自己的"待客之道"。《初遇正念，回归当下》运用正念练习的方式帮助学生应对学习和生活中的压力及不良情绪。《生活可"乐"》让学生从感官之乐、细微之乐、人际之乐、充实之乐四个方面设计"完美的一天"，以增强学生在生活中体验到的愉悦感与幸福感。《心流体验，让幸福翻倍》聚焦于心流，与学生探讨心流体验与创造心流的方法，提升学生的幸福感。《心灵捕手？不！段子捕手》则引导学生掌握"幽默生成公式"，学会运用幽默的方式应对生活中的负性事件。

本章呈现了多角度的情绪调适心理课，教会学生如何认识情绪、如何应对消极情绪、如何提升积极情绪等。本章所选编的课例运用了正念、写幽默段子、五感体验等多种方式，为读者展现了丰富多彩的课堂活动内容。希望读者能够从这些课例中获得关于心理课设计的启发，并根据学生的特点对教学内容进行灵活调整。相信通过课堂学习和生活实践，学生能够更好地拥抱自己的情绪，并能使用一种或多种策略调节情绪，在生活中为自己创造更多的积极情绪体验。

情绪的不速之客

浙江省杭州市风帆中学　王瑶涵

【驱动问题】

如何让学生学会与消极情绪和谐共处？

【基本信息】

适用学段：初中二年级

准备教具：学案纸、彩笔、彩色丝巾

【设计思路】

情绪是个体对外在刺激的一种实时反应[1]，它体现了个体对外部环境的适应水平，也反映了个体的经验与智慧。随着情绪的出现，个体的生理状况、情感体验、表情及行为都会发生相应的变化。根据个体的感受，情绪可以分为积极情绪和消极情绪。青春期作为个体成长过程中至关重要的时期，一直以来都被诸多研究者称为人生的"疾风骤雨期"[2]，处于这一阶段的青少年往往情绪波动较大。当在日常生活中体验到消极情绪时，一些学生能够识别并理解，一些学生虽然能够理解但感到无能为力，还有一些学生无法将消极情绪体验与生活事件、自我认知联系起来，更缺乏合适的应对技能。持续时间较长的消极情绪体验容易对个体的学习、生活状态产生消极影响，长期使用不当的情绪应对方式还可能会对个体的身心健康产生不利影响。

根据《浙江省中小学心理健康教育课程标准》的要求，在初中阶段心理课涵盖的"情绪管理"模块中，教师应引导学生深入了解自己的情绪；学会调适忧虑、恐惧、紧张、焦虑等消极情绪并控制冲动行为；掌握调节情绪（包括积极情绪和消极情绪）的方法。总体来说，初中生应具备一定的情绪管理与应对能力，在各种生活事件中逐渐培养积极的生活态度，拥有健康的生活理念。本节课以与消极情绪共处为主题，旨在让学生了解消极情绪的现实意义，提高对各种情绪的理解能力，掌握一定的应对和调节情绪的方法，进而提升个体的心理韧性。

【教学目标】

1. 情感目标：学会接纳消极情绪，以开放、包容的态度面对生活中的各种情境。

2. 认知目标：了解消极情绪的现实意义，理解情绪 ABC 理论。

3. 行为目标：提高对各类情绪的理解能力，学会与消极情绪和谐共处。

【教学思路】

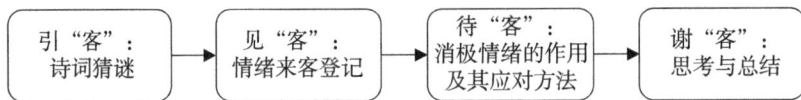

【教学过程】

一、引"客"：诗歌猜谜（4 分钟）

老师播放提前录制好的诗歌朗诵音频，内容为鲁米的《客栈》节选。学生聆听诗歌，老师请学生猜测诗歌中的"来客"指代什么。学生举手回答。老师揭秘"来客"指代"情绪"并引出本节课的主题。

设计意图：以有趣、自然的方式引出课程主题，营造包容、接纳的课堂氛围。

二、见"客"：情绪来客登记（20 分钟）

老师：同学们，请大家回忆自己近一周体验了哪些情绪，这些情绪持续了多长时间，在学案纸上画出情绪来客饼状图，并将情绪来客饼状图中的情绪按持续时间最长、最受欢迎、最不受欢迎的类别进行归纳。

学生完成上述任务。老师将学生分成 5 组，大家在组内讨论自己填写的内容，然后举手分享发现和收获。老师总结学生的发言，发现最不受同学们欢迎的情绪大多是消极情绪，引出大家普遍不喜欢消极情绪的现象，为进一步讨论消极情绪的作用做铺垫。老师让每个人选择一种消极情绪并在学案纸上为其画像（不速之客画像），然后填写相关内容，完成后在组内交流和分享。

老师：现在我想邀请大家以即兴心理剧的形式与消极情绪对话。我先请一名学生扮演某种情绪，并让他选出最能代表某种消极情绪的颜色，然后将对应颜色的丝巾披在自己身上，并回答几个问题：你现在扮演的是什么情绪？处于此情绪状态中的你是什么样的？你有什么话想说吗？

学生根据老师的引导进行扮演活动并回答问题，其余学生观看。老师安排另一名学生作为模仿者，尽可能地模仿刚才扮演某种情绪的学生呈现的样子。最后依次询问扮演者、模仿者、旁观者各自有什么感受。

设计意图： 由"心"入"画"，引导学生将抽象的情绪、感受用具象的图画呈现出来，饼状图的形式清晰明了地展现了情绪的分布情况，有助于学生提升对情绪的感知力。随后的心理剧形式运用角色互换、替身等技术引导学生与消极情绪对话。学生在扮演情绪的过程中进一步深化个人的内心感受，逐步明确情绪背后所隐藏的个人核心需求。在心理剧舞台中，模仿者角色的设置可以让扮演者转换视角，以旁观者的角度观察自己刚才的表现，以相对客观、全面的视角看到拥有某种情绪的自己，这有助于学生面对自己的消极情绪，寻找消极情绪背后的原因，进而接纳自己的情绪。

三、待"客"：消极情绪的作用及其应对方法（15分钟）

老师播放《侏罗纪公园》电影片段，学生观看视频。

视频简介：主人公发现恐龙脚印，听到疑似恐龙的声音，随即产生恐慌情绪，马上驱车离开，逃离了危险情境。

老师：同学们，在之前的学习中，我们已经了解了情绪ABC理论的含义。现在，让我们一起运用情绪ABC理论分析一下刚才的视频片段吧。（如果之前没有讲过，老师可以选择在本环节讲解该理论。）

学生思考情绪ABC理论中的A、B、C具体对应视频中的哪些内容，并举手回答。[即事件A为主人公发现恐龙的踪迹（脚印、吼叫）；信念B为主人公认为自己有生命危险；行为C为主人公迅速开车逃离现场。]

老师：如果主人公没有出现恐惧情绪，结果会怎样？

学生举手回答。

老师：接下来，请大家观看体现"愤怒"和"悲伤"情绪的两段视频，尝试使用情绪ABC理论进行分析。

视频简介："愤怒"情绪场景是电影《头脑特工队》中怒怒生气片段节选；"悲伤"

情绪场景是电影《青春变形记》中美美哭泣片段节选。

教师小结：同学们，当我们能熟练识别事件、信念和行为之间的关系时，就可以从自身感受到的消极情绪中反推出产生这一情绪的信念，并根据这一信念采取有针对性的行为，这样就可以帮助我们应对消极情绪。

设计意图：运用丰富的视频材料，以生动、有趣的形式呈现本节课的理论依据，引导学生把生活经验应用到课堂中，从而实现自主学习。

四、谢"客"：思考与总结（6分钟）

老师：我们应该怎样看待消极情绪的积极意义？

学生举手回答。

老师：客观地说，人的想法和行为有好坏之分，但情绪没有好坏之分。每一种情绪的产生都会伴随着一些生理反应，如心跳的快慢、呼吸的急缓等。消极情绪尽管不讨人喜欢，但却有其价值和意义。例如，恐惧可以使我们警觉，增强防御能力，躲避危险；焦虑可以使我们集中注意力，专注于当下；嫉妒可以使我们意识到自己与他人的差距，提醒我们要进步……但是，我们如何与消极情绪和谐相处呢？

学生举手回答。

老师：我们可以给突然到来的"情绪客人"起名字，认真地接待它们，读懂它们的言外之意，陪伴它们，直至它们离去，这便是觉察情绪、接纳情绪、倾听情绪、放下情绪的过程。当我们送走消极情绪这一不速之客时，"理性"嘉宾一定会光临。

老师再次引用诗歌《客栈》，播放朗诵音频，引导学生恰当处理学案纸（学生可以将学案纸揉成团、折成纸飞机、继续完善、夹在书里等），并再次向学生传达接纳、感激每种情绪的理念。

教师小结：同学们，每一种情绪都值得被看见、被表达、被理解、被尊重。让我们敞开心门，迎接、倾听、送别每一位情绪来客，做自己内心的主人公。

设计意图：首尾呼应、升华主旨，引导学生厘清课堂上生成的"待客之道"，给予学生自由表达的机会，并通过处理学案纸的活动完成课堂反馈，使整节课有始有终。

【课程迭代】

在备课初期，笔者仅明确了消极情绪的教学主题与表达性艺术心理辅导方法的教学方法，对各个环节的逻辑关系和衔接方式把握不足，且课程容量较大，导致教学在节奏方面出现问题。经过两次试课，并结合其他教师的建议，笔者舍弃了原本热身阶段较热闹、欢快的游戏活动，以诗歌的方式引入，营造平静的课堂氛围。同时，笔者还舍弃了工作阶段用时较长的理论介绍与视频分享环节，缩减了课程容量，明确了教学重点，使教学模式从认知模式转换为体验模式，这更有益于教学目标的达成。课程结束阶段的优化工作是最困难的，笔者曾尝试使用诗歌诵读、小组分享、教师总结等多种设计方案，但这些设计都存在一些问题。最终，笔者决定采用首尾呼应的方式，让学生在聆听诗歌的过程中自主决定如何处理学案纸，作为"谢客之道"的即时呈现。学生可以根据自身的性格特点、既往习惯及其在本节课的收获，灵活地处理自己的学案纸。处理方式无关对错、不加评判，却能让学生拥有主动权与决定权，同时也是学生在本节课所思所感的体现。课程结束后，笔者观察到，超过一半的学生选择将学案纸夹在笔记本中，或者认真叠好放进口袋里，这或许是学生今后能更积极地处理消极情绪的一个预兆。

【教学反思】

得益于其他老师的帮助，笔者对本节课的主体脉络进行了多次梳理和优化，使其尽可能连接紧密、承接顺畅。总体来说，本节课将教学重点聚焦于如何学会应对消极情绪，使用"不速之客"这一意象，将课堂分成"引客""见客""待客""谢客"四个阶段，逐步引导学生理解消极情绪，掌握应对消极情绪的方法，最后生成属于自己的"待客之道"。其中，心理剧的运用是本节课的技术重点，也是操作难点。运用心理剧的目的在于通过小组演绎的方式，为学生创造面对消极情绪的真实情境，促使学生探索自身消极情绪背后隐藏的信息。同时，扮演者能借助模仿者的表演，观察自己面对消极情绪时的表现，进而实现对自身情绪的接纳与包容。

在本节课的实际教学过程中，笔者也发现了一些有待完善之处。首先，课程内容比较丰富，体量较大，对教师的时间把控和环节衔接方面的能力要求较高。其次，在即性心理剧生成环节，学生需要在短时间内代入角色，这对很多学生来说是一个挑战。无论参与其中的学生还是观看的学生，都会产生"笑场"的情况，这对教师的团体辅导能力和心理剧排演技能的要求较高，但总体来说，这不失为一次值得肯定的尝试。

【专家点评】

　　自我情绪调适是初中阶段心理课程体系中的重要主题之一。如何协助学生在短短一节课内，既能对情绪有较深刻的体验，又能学习如何接纳自己的消极情绪并理性地应对它们，这对教师的备课功底提出了较高的要求。本节课将消极情绪作为课程设计的核心，从"小切口"引出"大主题"，将不期而至的消极情绪比作一位客人，通过表达性艺术心理辅导方法，引导学生具象化地呈现情绪客人的样貌，并为其画像，与其对话，在虚实之间自然而然地引导学生逐步感受、明晰、接纳自己的情绪，将原本稍纵即逝、难以面对的消极情绪变得可以亲近、易于接受，从而提升学生掌握"待客之道"的意愿和成效，形式新颖、易于操作。本节课的脉络清晰流畅，环节设置衔接紧密，呈现方式丰富多样，是一节以体验为主的心理课。此外，在教学设计上，本节课注重真实情境的创造和对学生自主探索能力的训练，教师对学生的即时评价具有发展性和激励性，不仅体现了"以学生为本"的教育理念，还蕴含着"助人自助"和"育人育心"的辅导方略。

（点评嘉宾：魏旋，浙江省杭州市拱墅区教育研究院心理健康教研员）

该课曾在浙江省山区海岛县师生心理服务行动永嘉专场进行现场展示

【参考文献】

[1] 赵丽丽，刘晓琳，陶明达. 关于情绪与 PTSD 的关系研究 [J]. 信息周刊，2019（12）：2.

[2] 潘婷婷，特质焦虑青少年情绪调节策略选择的模式及其影响因素 [D]. 上海：华东师范大学，2018.

【学案纸】

情绪的不速之客

姓名：_____　班级：_____　学号：_____

情绪来客饼状图

| 近一周持续最久的情绪：_____ |
| 最受欢迎的情绪：_____ |
| 最不受欢迎的情绪：_____ |

不速之客画像

| 它的名字：_____ |
| 它出现时的场景：_____ |
| 它在说：_____ |
| 我的回应：_____ |

初遇正念，回归当下

江苏省苏州市华中师范大学苏州实验中学　孔梦雅

【驱动问题】

如何用正念帮助学生调节情绪、专注当下？

【基本信息】

适用学段：初中三年级

准备道具：学案纸、彩笔、作业纸

【设计思路】

在心理治疗领域，正念被定义为有意识的、专注于当下的体验。正念练习可以帮助我们提升觉察能力，从而更准确地注意当前正在发生的事情。有研究表明，对中学生进行正念训练可以提升他们的心理健康水平，培养积极情绪，获得更多的满足感和充实感，有助于缓解抑郁、焦虑等消极情绪[1]。

表达性艺术疗治以艺术作为表达媒介，个体通过艺术表达，增加对自我与他人的认识，进而学会应对各种症状、压力，提升认知能力，感受艺术创作所带来的积极向上的生活态度及乐趣[2]。

初中生学习的科目逐渐增多，学习压力日益增加，这使有些学生很难专注于当下的学习任务，徒增焦虑、抑郁等消极情绪。引导学生学会将注意力拉回到正在做的事情上，有助于提高他们的学习效率，也有助于缓解他们的消极情绪。

本节课通过敲击传递活动说明专注的重要性；通过正念中最基础的两个练习——呼吸练习和身体扫描练习——引导学生体会正念的魅力和作用；用绘画的方式呈现感受，将抽象的感受具象化，更形象地展现正念练习的效果，同时也增强了课程的趣味性；通过帮助学生联系现实，启发他们在生活中应用所学内容。

【教学目标】

1.情感目标：专注于当下，体会当下的美好。

2.认知目标：了解正念的基本内容，体会专注于当下所做事情的意义。

3.行为目标：学会调整注意力，将注意力集中在当下正在做的事情上。

【教学思路】

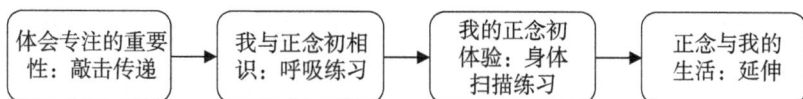

【教学过程】

一、体会专注的重要性：敲击传递（5分钟）

老师用手在桌子上敲出一段节奏，请一名学生重复，之后请这名学生也敲击一段节奏，请其他同学重复，以此类推。老师分别邀请不能重复节奏的同学和能够重复节奏的同学分享原因或方法。

老师：当我们的注意力集中在敲击节奏这件事上时，即使比较长的一段节奏，大部分学生都可以重复，这就是专注于当下的力量。

设计意图：用简单的节奏重复活动活跃课堂气氛，并引入专注于当下这一主题。

二、我与正念初相识：呼吸练习（10分钟）

老师：在你的学习和生活中，会出现无法专注的情况吗？接下来，我们来做一个小调查，老师会展示几个日常生活中的事例（如下所示），请同学们用身体动作进行回答：如果经常出现这种情况，请你将双手举过头顶拍掌；如果从未出现这种情况，请你将双臂在胸前交叉；如果偶尔出现这种情况，请你举起右手。

- 考试的时候太紧张，忘记正确答案。

- 后悔自己做过某件事。

- 心情复杂，但不知道这种感觉是什么。

- 上课时容易走神。

- 集中注意力写作业的时候会写得比较快或比较好。

- 因大脑一直在想事情或身体难以平静而睡不着。

• 心情不好，但不知道为什么。

老师：刚刚你双手举过头顶拍掌的次数是多少？双臂在胸前交叉的次数是多少？举起右手的次数是多少？面对这些情况，你的感受是什么？你有什么应对方式吗？

学生举手回答。

老师：当我们无法将注意力集中在当下所做的事情上时，可以尝试先专注于自己的呼吸。接下来，请同学们跟随老师的引导做一个简单的尝试。

老师带领学生想象紧张情境并进行呼吸练习（呼吸练习引导语[3]见文末附录）。

让我们假设这样一个场景，请同学们闭上眼睛。现在的你正坐在考场中，这时你看到一道题，这道题不算太难，而且刚好你复习过，但是你突然想不起来怎么做这道题了。不但想不起来，还有很多关于"考砸了"的声音充斥在你的脑海中，导致你无法思考……你现在的感觉是什么？请记住自己的感觉。然后，让我们一起开始进行呼吸练习。

老师：进行呼吸练习前后，你的感受有变化吗？练习前后的感受分别是什么呢？

学生对比两次感受并举手回答。

教师小结：简单的呼吸练习就可以让我们的情绪或感受变得平稳，并让我们重新投入当前的任务中。这就是我们今天要讲的内容——正念。正念是指不带主观判断地将注意力集中在当下，让我们意识到自己正在做的事情，感受正在发生的一切。正念可以让我们的注意力更加集中，也可以帮助我们减轻压力、缓解紧张情绪。

设计意图：对学生在学习和生活中常见的问题进行调查，了解学生的情况，在此基础上引导学生觉察自我；同时引出正念的概念及意义，引导学生进行呼吸练习，并比较练习前后的感受。

三、我的正念初体验：身体扫描练习（20分钟）

老师：同学们是不是感觉正念很奇妙？在日常生活中，我们练习正念的第一步就是学会把注意力集中在自己当下的感受上，一个简单的方法就是坚持做呼吸练习，这是正念的基础练习，我们刚刚已经体验过了。现在我们再来试试正念的另一个基础练习——身体扫描。我们平时习惯用眼睛看世界，今天我们来看看自己的身体内部。这个练习可能有一定的难度，请同学们跟随老师的引导，并保持安静（身体扫描练习引导语[3]见文末附录）。

老师：在进行身体扫描时，你能按照老师的指令完成吗？如果不能，原因是什么？身体扫描的方式能让你把注意力转移到自己的身体上吗？

学生举手回答。

老师：我们对身体的各个部位进行了扫描，每个人会有不同的感受。接下来，我们尝试用画笔来表达自己身体各个部位的感受。

学生在学案纸（见文末）"我的正念初体验"上用线条和颜色表达自己的不同身体部位的感受，并在班级内展示和分享。

教师小结：每个人都有独特的表达方式，很多同学的感受能力非常好，通过身体扫描发现了自己身体某个部位正处于紧绷或疲劳的状态，这样我们就可以有针对性地进行放松。

设计意图：带领学生进行正念练习，专注于自己的呼吸和身体，并尝试将身体的感受通过绘画表达出来。

四、正念与我的生活：延伸（5分钟）

老师：今天我们进行了呼吸练习和身体扫描练习，当我们把注意力放在呼吸上时，呼吸会更顺畅；当我们的注意力回到身体上时，身体会告诉我们哪里不舒服、哪里需要放松。正念能帮我们发现平时被忽略的东西，让我们更享受当下正在做的事情所带来的乐趣。正念也有助于我们集中注意力，使我们变得更加专注，这是一种非常有用的技能。同学们觉得我们可以在哪些场景中运用正念来调整自己的状态呢？

学生举手回答。

教师总结：在接下来的一周里，当出现注意力不集中、胡思乱想的情况时，我们可以试着使用课堂上学到的专注于呼吸和身体的方法来调整自己的注意力，并在作业纸（见文末）"正念与我的生活"中记录下来（包括练习的情境、练习的内容和时长、练习前后的感受）。相信大家会越来越熟练地运用正念方法，摒弃杂念，回归当下。

设计意图：给学留课后自主练习任务，让学生巩固本节课学到的方法，鼓励学生将正念应用于日常生活。

【课程迭代】

本节课引导学生进行简单的正念练习，关注学生的感受和体验。在最初的版本中，笔者在两次体验环节后都设置了绘画活动，但在实际授课过程中发现呼吸练习前后的绘画所呈现的对比效果不佳，最终笔者将两次绘画活动精简为一次，只在身体扫描练习后让学生进行绘画。另外，学生对正念比较陌生，在进行呼吸练习时很多同学难以保持专注，而在进行身体扫描练习时，因为有了呼吸练习做铺垫，学生的专注度更高，也更加能够将自己的感受用绘画的形式表达出来。此外，对学生们来说，正念是一种新技能，如何将其迁移到日常生活中是本节课的重点和难点。在最初的版本中，笔者设置了关于何时可以运用正念的小组讨论，但由于时间关系，最终决定将课程时间更多地留给让学生体验正念，只在课堂总结时进行相关提问。如果在课堂中给学生创造了更好和更充足的体验，让学生感受到正念的魅力，他们也会更愿意在日常生活中进行实践。

【教学反思】

在实际教学中，本节课给学生们带来了良好的体验。一方面，教师让学生将注意力集中于当下的方法，有助于提升他们的学习效率和学业成绩；另一方面，针对学习压力较大的学生，正念练习可以帮助他们放松、解压，调整身心状态。

本节课也有一些不足之处。在实际教学中，大部分学生可以跟随老师的引导进行正念练习，但难免会出现有学生不能投入的情况，甚至有个别学生故意发出声音，影响其他学生。本节课安排了两场体验，在进行呼吸练习时，学生感到好奇，甚至有些兴奋，所以一时难以静下来属于正常情况，此时教师需要稳定自己的情绪，保持耐心，灵活调整正念引导语；在进行身体扫描练习时，学生有了一定的基础，更能投入练习中。

【专家点评】

有研究表明，正念对平复心情、集中注意力有很好的效果。本节课先呈现了学生日常生活中的常见困扰，又带领学生体验了正念中基础的呼吸练习和身体扫描练习，引导学生将注意力集中在自己的呼吸和身体感受上，体验放空和放松的感觉。

在热身阶段，教师通过敲击传递活动调动课堂气氛，吸引学生的注意力；在转换阶段，教师选择了贴近学生生活实际的案例，引发学生的思考，在引出问题后再引入正念的概念，为学生提供解决问题的方法；在工作阶段，教师将正念和表达性艺术治疗相结合，让学生通过线条和颜色描述自己的身体感受，将抽象的感觉具象化，更加直观、形象地展现正念体验的成果，引导学生学会体会当下的美好；在结束阶段，教师通过布置课后作业引导学生自主练习，将正念应用于日常生活中。

　　总体来说，本节课教学设计巧妙，从自我觉察、呼吸练习、身体扫描练习、生活拓展四个方面层层递进，为学生带来了良好的正念体验和课堂参与感，从而引导学生培养积极的情绪，专注于当下，更好地应对学习和生活中的压力及不良情绪。

（点评嘉宾：许颖，上海市曹杨第二中学附属学校高级教师）

【参考文献】

［1］韩瑞苗.正念练习在中学生心理健康教育中的应用［J］.新教育，2022（1）：83-85.

［2］包金金.表达性艺术疗法研究综述［J］.现代职业教育，2022（38）：72-75.

［3］程文秀.正念训练提升青少年注意力的研究［D］.南京：东南大学，2020.

【学案纸】

初遇正念，回归当下

姓名：_____ 班级：_____ 学号：_____

我的正念初体验

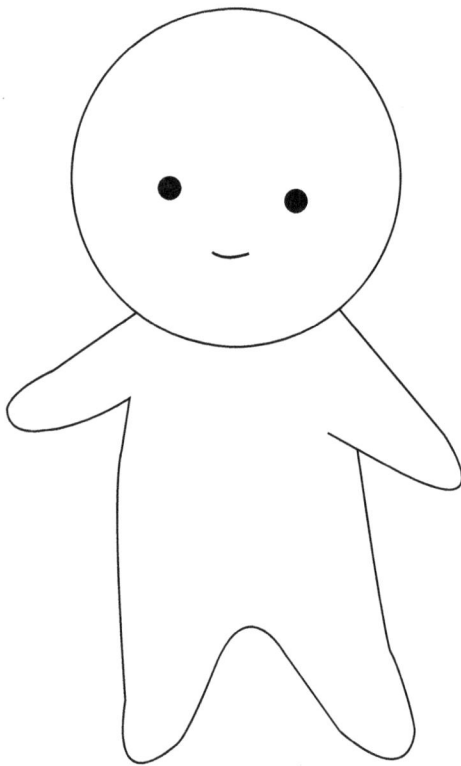

我的感受：_____

_____

_____

【作业纸】

正念与我的生活

日期	情境	练习内容和时长	感受
3月8日	英语老师在上课的时候安排我和同桌一组进行对话练习。我每次都会很紧张	正念呼吸,大概1分钟	上课之前,我一想到这个情境就会感觉心跳加速。在练习前,我进行了深呼吸,然后我就没有那么紧张了,很流畅地完成了对话练习

【附录】

引导语

1. 呼吸练习

选一个舒服的姿势坐好，双脚放在地上，双手放在大腿上，双肩微微放松下垂，将后背挺直，但不必过于用力，挺直就好（停顿一会，让大家感受这个姿势）。当你准备好的时候，轻轻闭上眼睛。

接下来，把注意力放在呼吸上，用鼻子吸气，用嘴巴呼气，让腹部自然起伏。不用以任何方式控制呼吸，身体知道该如何呼吸。将注意力缓缓地放在鼻尖上，感受空气进入鼻腔的清凉。感受每一次吸气，新鲜的空气充盈着身体内部，感受每一次呼气，体内的浊气都向外释放。让我们和呼吸待在一起。慢慢地、慢慢地呼吸，始终专注呼吸并不是一件容易的事，我们的思绪可能会转移到其他的事情上，或者只是漫无目的地四处飘移。不要紧，慢慢地将注意力重新带到呼吸上，深深地吸气，缓缓地呼气（停顿一会，让大家感受自己的呼吸）。

当你准备好的时候，慢慢地把注意力拉回到现在的环境中，感受现在你所拥有的感觉。然后慢慢地睁开眼睛。

2. 身体扫描练习

选一个舒服的姿势坐好，双脚放在地上，双手放在大腿上，肩膀放松，让身体慢慢地安静下来，保持专注的姿势。当你准备好的时候，轻轻闭上眼睛。

首先花一点时间将注意力从外界转移到自己的身体上，温和地提醒自己，现在不是睡觉的时间。接下来，我们要感受自己的身体感觉，无论是什么感觉，都允许它存在。有时，你可能发现毫无感觉，也没有关系，这很正常。如果你发现自己走神了，也没有关系，慢慢地将注意力拉回到自己的身体上即可。

想象注意力像聚光灯那样集中起来，依次探照着身体的各个部位，在每个身体部位都停留一会儿。当你觉察到身体某个部位感觉较为强烈时，尝试在吸气时让气息"进入"这个部位，深入感知。然后随着呼气呼出体外。

现在，将注意力放在你的头部，头部有什么感觉，感觉是否强烈，或者没有感觉。接着，感受一下眼睛周围的肌肉是放松的还是紧绷的。接下来，让注意力来到脸颊和下颚，感受这些部位是冰凉的还是温热的。然后，依次感受一下你的双唇、牙齿、舌头，带着好奇心去关注这些身体部位的感觉。

很好，接下来将注意力转移到脖子和肩膀上，它们是否有一些酸痛的感觉；接着，将注意力顺着肩膀延伸到手臂、手肘、手腕、手指，感受一下这些身体部位是有点酸痛还是放松的，无论你感受到什么，请接纳这种感觉。现在把注意力转移到胸腔，感受它随着呼吸慢慢地扩张又缓缓地收缩。将注意力带到腹部，腹部会反映出我们身体的很多感受，如饥饿、紧张、焦虑，感受腹部此刻有什么感觉。接下来，让注意力来到背部和腰部，它们常常是承受压力的地方，感受它们此刻是什么感觉。

现在把注意力放到左腿上，感受左大腿现在的感觉，依次将注意力转移到左边的膝盖、小腿、脚踝、脚背和脚趾上，感受一下它们现在是什么感觉。很好，让我们把注意力转移到右腿上，同样慢慢地向下，到膝盖、小腿、脚踝、脚背和脚趾，感受一下它们现在与左腿的感觉有什么不同。

现在已经完成了身体扫描，花一点时间关注整个身体的感觉，还有呼吸时身体的感觉，你可以轻轻地活动一下自己的手指和脚趾，当你准备好的时候，请慢慢睁开眼睛。

生活可"乐"

广东省深圳市红岭教育集团华富实验学校　杨楠

【驱动问题】

如何培养学生感知快乐、创造快乐的能力？

【基本信息】

适用学段：初中二年级

准备道具：学案纸、彩笔

【设计思路】

青少年尚未形成稳定的价值观，因此他们更容易产生无意义感、不满足感和不幸福感。培养学生感知快乐、创造快乐的能力，提高学生的幸福感和意义感，是青少年心理健康教育和生命教育的重要课题。

初中生普遍有较大的升学压力，繁重的学业会让学生感到疲惫。同时，现在的青少年普遍在物质生活上得到了较大的满足，这让他们更不易从日常生活的小事中获得快乐和幸福。引导学生发现生活中的快乐，了解快乐的不同层次，探索何种快乐带来的幸福感更真实长久，有助于提高学生获得幸福感的能力。

积极心理学之父马丁·塞利格曼提出了幸福五要素：积极情绪、投入、人际关系、意义和成就[1]。本节课以幸福五要素理论为依据，结合青少年的实际生活，提炼出生活中的四种快乐：感官之乐（积极情绪）、细微之乐（通过感恩之心看待事物以产生积极情绪）、人际之乐（人际关系）、充实之乐（投入、意义、成就）。学生通过设计并执行完美的一天，增强对生活中愉悦感与幸福感的把握，帮助学生掌握有效提升幸福感的方法。

【教学目标】

1.情感目标：体验积极情绪，感受自己拥有开启幸福生活的能力。

2.认知目标：发现日常生活有"乐"，并认识到"乐"有不同的类型；认识到生活中的美好需要自己主动感受和发现。

3.行为目标：能够在生活中找到不同类型的"乐"，反思并调整生活中不同"乐"所占的比例。

【教学思路】

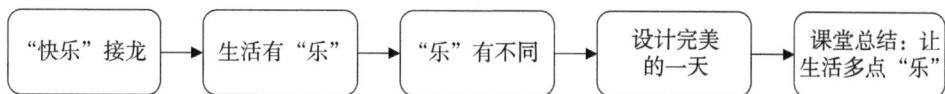

【教学过程】

一、"快乐"接龙（3分钟）

老师：请同学们用"快"或"乐"进行四字词语接龙。大家随着音乐传球，音乐停下时拿到球的同学接龙（播放音乐《向快乐出发》）。

学生进行成语接龙活动。

老师：你们感到快乐吗？

学生举手回答。

教师小结： 每个人对快乐都有自己的看法，你们觉得快乐的生活是怎样的呢？今天这节课就让我们一起来探讨这个问题。

设计意图： 通过轻松愉快的活动引导学生进入状态，让他们在积极的氛围中思考和分享对快乐的看法。

二、生活有"乐"（10分钟）

老师展示小明所写的《快乐的一天》作文片段（见文末学案纸）。学生阅读小明的作文，分享自己在小明的作文中发现的快乐之处。老师将学生找到的快乐之处根据不同的类型用不同颜色的彩笔标记下来，并结合学生的分享提问。

问题1：你认为为什么这件事让小明快乐？

问题2：大家可以带着这种发现"乐"的眼光看一看自己的生活，你发现了哪些自己平时没有注意到的快乐小事?

学生举手回答。

教师小结:小明的一天和我们每个人的一天很像,我们在这看似平凡的一天中找到了很多乐趣。一双发现"乐"的眼睛能为我们的生活带来幸福感。

设计意图:通过展示小明一天的日常生活,为学生呈现一个普通而真实的场景,以引发学生对日常生活中细微快乐的关注和思考。通过学生之间的交流和讨论及老师的问题,让学生对快乐背后的原因有更深入的理解,引导他们关注生活中细微但美好的瞬间,培养学生用积极的心态发现生活中的美好的能力,从而提升他们对快乐的敏感度。

三、"乐"有不同(15分钟)

老师:老师刚才用不同颜色的笔将大家发现的"快乐"分为四种类型,同学们有没有发现这四种快乐有什么不同?

学生先观察,然后分组讨论并举手回答。老师总结生活中的四种快乐。

- 感官之乐:感官的愉悦,如玩游戏、追剧、吃美食等。
- 细微之乐:用感恩的眼光看待生活中的小事,从中体会快乐和幸福,如正好赶上末班公交车。
- 人际之乐:和重要的人(家人、朋友等)保持良好关系所带来的快乐和幸福。
- 充实之乐:专注于做一件事,做自己认为有意义的事,或者做让自己能体验到成就感的事,在此过程中获得的快乐,如学习、助人等。

老师:请同学们思考这四种不同的快乐对我们的意义及其在生活中扮演的角色有何不同。

学生思考问题并举手回答。

老师:这四种快乐的获取方式、持续时间及其带给我们的体验都不同。接下来,请同学们从自己的生活中找找这四种快乐,并在学案纸上列出相关事例,分析在你的日常生活中这四种快乐所占的比例,画一张"生活之乐"饼状图(见文末学案纸)。

学生思考并在组内进行交流,之后各组派一名代表进行分享。

老师:请同学们想象,如果生活中只剩下感官之乐,那么你会有怎样的体验?

学生组内讨论并派一名代表分享。

教师小结：每一种"乐"都有独特的特点，从感官的愉悦到生活中的小事带来的快乐，再到良好人际关系带来的幸福感和专注投入的充实感，每一种快乐都丰富着我们的生活。我们也发现，生活中不能只有片刻欢愉，我们要追求更充实、更持久的快乐和幸福。

设计意图：通过对材料进行分类，引导学生发现"乐"有不同；通过对生活中不同的"乐"进行复盘，引导学生对自己的生活有更清晰的认识，并感受到不同类型的"乐"对生活的不同意义。通过老师的提问和学生的交流、思考，强调生活中需要更充实、更持久的快乐和幸福。

四、设计完美的一天（10分钟）

老师：感官之乐让我们愉悦，细微之乐滋润我们的心灵，人际之乐和充实之乐让我们的生活更加幸福、有意义。请同学们结合这四种快乐，设计你心中完美的一天。

设计完美的一天活动要求如下。

①设计的内容是未来一周内可实现的。

②让这一天尽可能包含四种快乐。

③详细记录一些美好的细节。

学生在学案纸上设计完美的一天，组内讨论和分享并派一名代表进行展示。

设计意图：通过设计可实现的完美的一天，加强学生对在生活中获得愉悦感与幸福感的信心，并培养他们对未来美好生活的设想和规划能力。

五、课堂总结：让生活多点"乐"（2分钟）

教师小结：在我们的生活中，有娱乐、美食带来的感官之乐；有带着感恩之心从生活中体会到的细微之乐；有和亲人、朋友共度美好时光带来的人际之乐；有专注、投入、助人所带来的充实之乐。生活中的每一种快乐都可以由我们自己发现和创造。让我们主动、积极、充满感恩之心地对待生活，让生活多点"乐"！

设计意图：总结本节课，鼓励学生积极地对待生活，在生活中创造更多快乐。

【课程迭代】

本节课一开始的设计目的是帮助学生从日常生活的细微小事中发现快乐，培养感恩这一积极心理品质，从而提升幸福感。在最初的版本中，本节课的主要环节是生活有"乐"，课程通过《快乐的一天》作文中的情境，引导学生发现生活中的细微之乐，并带着发现快乐的眼睛寻找生活中的快乐。在课程实施的过程中，笔者发现大部分学生在提到"令自己快乐的事"时，往往只会想到感官之乐，并依赖感官之乐，而感官之乐恰恰是最短暂的，难以帮助学生形成稳定的、持续的幸福感。因此，笔者又为本节课增加了一个教学目标，即引导学生认识到生活中存在不同层次的快乐，并认识到不同的快乐对生活的不同意义，其中人际之乐与充实之乐尤其值得我们追求。

为实现新增的这一教学目标，笔者在教学设计上巧妙地沿用了《快乐的一天》这一作文材料，在材料中设置了四种快乐的内容，为学生后续发现"乐"有不同做铺垫。随后，笔者引导学生回到自己的生活中，反思生活中不同快乐的占比及其给自己带来的不同感受，从而让学生认识到人际之乐和充实之乐的重要性，提升学生对快乐和幸福的认知。

【教学反思】

本节课的课题新颖，教学目标、内容符合学生学情，教学材料贴近学生的实际生活。本节课在第二部分设计了《快乐的一天》这一素材，创建了贴近学生日常生活的情境，激发了学生的兴趣。后续讨论的问题及根据学生的生成进行的活动等，都贴合了学生当下的认知水平和情感状态，达到了良好的课堂效果。

但本节课依然存在一些不足之处。积极心理学中认为充实之乐可以成为人们"真实的幸福"，本节课对充实之乐的讨论主要基于学生相互分享的经验，学生的情感体验不够深入，有些同学难以产生共鸣。今后的课程还可以进一步设计一些活动，让每名学生都能在活动中体验到成就感，从而形成更坚定的充实生活的信念。

【专家点评】

本节课是为初中生设计的一节心理课，其独特之处在于课程以问题为导向，引导学生体验和培养积极情绪。这种设计的巧妙之处在于，积极情感体验并非来源于复杂而特殊的事物，而是来源于看似平淡的日常生活。在这个过程中，学生能够意识到，即使是生活中最普通的瞬间，也蕴含着快乐和意义。这种对平凡生活的体验，能通过持续的积累和沉淀，最终转化为一种真实、有意义、可持续的幸福感。

本节课的设计巧妙不仅体现在内容上，更突显在教学方法和素材应用上。课堂通过以点带面的方式，将微小的感受积少成多，环环相扣，层层递进，整个课程引人入胜，让学生在深度思考中获得丰富的情感体验。这样的设计使课程变得有趣、有用。

授课教师在教学过程中的反思也是值得肯定的部分。通过不断的反思和改进，教师可以进一步提升教学质量，使其更符合学生的需求和心理发展特点。相信在反思的过程中，课堂会有更多精彩的升华，使心理课真正教会学生如何处理情绪，并进一步培养他们积极面对生活的能力。

（点评嘉宾：刘曼芸，广东省深圳市福田区教育科学研究院心理教研员）

【参考文献】

［1］塞利格曼.持续的幸福［M］.赵昱鲲，译.杭州：浙江人民出版社，2012.

【学案纸】

生活可"乐"

《快乐的一天》作文片段

早上6：30，闹钟铃声响了，我想多睡5分钟，但被老妈叫醒了。洗漱完毕，我从阳台上取下校服换上。在家吃完早餐后，我出发去上学。在去学校的地铁上，我经常会遇到同学，今天也是。7：30，我和几名同学一起进入班里并开始早读。

上午上了五节课，分别是数学、语文、英语、体育、生物。在数学课和生物课上，老师都在讲新内容。在英语课上，我们进行了小测试，有几个单词我没记熟，写错了，没有拿到满分。课间，我跟同学聊了聊上周末看的电影，还有最近很火的一部电视剧。中午，我写了一会儿作业，接着睡了20多分钟。下午上了三节课，分别是音乐、历史、地理。在之后的自习课上，我做了一会儿作业，弄懂了一道题，还教会了同桌。跑操结束后，我跟同学一起在学校附近转了一会儿，接着便一起坐地铁回家了。

晚饭是老妈做的，和平时差不多。吃饭的时候，我跟他们说了一些今天在学校发生的事。吃完饭，我洗了碗，用老爸的手机跟同学聊了会儿天。之后，我回到房间写作业，我写作业时比较专注，效率很高。在写作业的过程中，老妈喊我出去吃了点芒果。写完作业后，我就去洗澡了。没过多久，老妈就开始催促我上床睡觉了。22：30，我躺下睡觉，回想着今天发生的事情，不知不觉就睡着了。

"乐"有不同

姓名：_____ 班级：_____ 学号：_____

相关事例

感官之乐：

细微之乐：

人际之乐：

充实之乐：

"生活之乐"饼状图

完美的一天

今天是周_____，我计划开启完美的一天。

早上，

中午，

下午，

晚上，

我为这一天感到：

心流体验，让幸福翻倍

北京师范大学附属中学　冯梦寅

【驱动问题】

如何帮助学生增加心流体验，感受积极情绪？

【基本信息】

适用学段：初中一年级

准备道具：学案纸、彩纸、彩笔

【设计思路】

初中一年级学生开始进入青春期，由于生理方面的原因，他们的情绪波动较大，容易产生消极情绪，进而影响学习与生活。《中小学心理健康教育指导纲要（2012 年修订）》指出：鼓励学生进行积极的情绪体验与表达，并对自己的情绪进行有效管理。《北京市中小学心理健康教育工作纲要（2014 修订）》明确指出：要引导学生学习体察与表达情绪，控制与管理情绪，能有效处理各种情绪困扰，获得积极的情绪体验。

心流是在专注进行某一行为时所表现出的一种心理状态，是一种将个人精力完全投注于某种活动时体验到的感觉[1]。心流产生时，个体会体验到高度的兴奋及充实感。米哈里·契克森米哈赖教授把这种忘却时间的沉浸式体验称为"心流"，认为获得心流就可以获得幸福[2]。因此，有意识地帮助学生培养心流状态，增加心流发生的时间和频率，是帮助学生感受幸福感的有效策略[3]。

【教学目标】

1. 情感目标：体会心流状态带来的愉悦感。

2. 认知目标：了解心流及其意义，掌握达到心流状态的方法。

3. 行为目标：尝试拟订提升自身心流状态的行动计划。

【教学思路】

【教学过程】

一、极限 60 秒（5 分钟）

老师：今天这节课是关于如何让我们的幸福翻倍的成长课。大家知道怎样才能感觉更幸福吗？

学生举手回答。

老师：在正式开始这节课之前，我们先来做一个热身小游戏——极限 60 秒。请同学们思考，你觉得在 60 秒内自己可以抄写多少个字？你可以将自己的预估值告诉身边的同学。接下来，请同学们拿起老师发的学案纸（见文末），拿好笔，准备开始游戏。

学生完成抄写，计时结束后统计自己抄写了多少个字，看看预估值与实际结果的差距。

老师：你最后抄写的字数超过预估值还是低于预估值？在这个过程中，你感觉如何？对这个结果，你有什么想分享的吗？

学生举手分享。

设计意图：调动学生的积极性，为引出心流做铺垫。

二、视频赏析（3 分钟）

老师：接下来，老师播放一段视频，请大家在观看视频的过程中思考并回答以下两个问题。

视频简介：《心灵奇旅》的主人公乔伊弹钢琴进入心流状态。

问题 1：在日常生活和学习中，你是否有过类似的经历和感受？

问题 2：在刚刚的极限 60 秒游戏中，你是否有和视频中主人公类似的感受？

教师小结：当我们沉浸于做一件事时，会忘却时间的流逝，此时会体验到一种非常美妙的感觉，相信大家对此有一定的体会。

设计意图：引发学生回忆曾经历过的心流体验。

三、共同探讨与观点汇集一（10分钟）

老师：大家回忆一下当沉浸在做一件事时，你的状态是怎样的？你觉得是什么使你沉浸其中？当时你的感受如何？

学生举手回答。

老师：我们把沉浸其中、忘却时间的状态称为"心流"。这个名词是由著名的心理学家米哈里·契克森米哈赖提出的。你觉得心流状态对我们的日常生活和学习有哪些积极影响？

学生举手发言。老师展示一些与心流相关的研究成果。

①一项针对青少年进行的为期4年的研究发现，那些积极投入并有更多心流体验的青少年更少感到焦虑，心流体验不仅能提高大家对活动的内在兴趣，还产生了更多的积极情绪[3]。

②一项针对心理健康指数的调查发现，处于心流体验中的学生的心理健康指数更高[4]。

教师小结：通过调查研究发现，心流可以给我们带来更多的积极情绪与愉悦体验，让学习和生活充满乐趣和意义。

设计意图：引导学生了解心流及其带来的积极影响。

四、共同探讨与观点汇集二（15分钟）

老师将学生分成几组，各组讨论以下问题，并将讨论结果记录在学案纸上，最后各组派一名代表展示讨论结果。

问题1：心流状态会发生在哪些活动中？

问题2：大多数时候我们都是在无意间进入心流状态的，如果我们现在尝试有意识地进入心流状态，可以采用哪些方法呢？

老师呈现有意识地进入心流状态的方法。

- 创造环境、摆脱分心的状态。
- 给进入心流状态预留足够的时间，一般在120分钟左右。
- 设定清晰的目标，越具体越好。
- 进行自己十分感兴趣的活动。
- 选择难度适中的任务。

设计意图：引导学生掌握进入心流状态的方法。

五、实践与制订计划（5分钟）

老师：以下两个问题请大家任选其一回答。

问题1：将刚刚大家提出的方法和老师的建议与你自身的情况相结合，思考在日常生活和学习中，你对培养心流状态有什么计划？

问题2：刚刚大家介绍了自己进入心流状态时所从事的活动，你觉得自己还会在哪些活动中进入心流状态？你对进行该活动有什么计划？

学生举手回答。

设计意图：引导学生思考培养心流状态的行动计划。

六、总结（2分钟）

老师：心流是一种专注于当下的状态，这种状态可以让我们完全沉浸于所做的事中。当我们专注于做一件事时，我们的思维会向一个方向聚拢，感觉、思想、行动能够配合无间，内心也会变得宁静、祥和[6]。心流是一种非常美妙的体验，期待大家将今天学到的方法有意识地应用到实际生活和学习中，让幸福翻倍。

设计意图：总结课程内容，鼓励学生在课后培养心流状态。

【课程迭代】

最初设计这节课时，笔者的感受是很难将理论与实践相结合。尽管在课堂上让学生阅读了大量的资料，但是依旧很难让学生体会到心流状态及其带来的积极体验，这使初版的课堂环节设置意图不明，与理论衔接不紧密。经过多次调整，目前的课程更加注重唤醒学生过往的心流体验，通过热身游戏、示例讲解、视频赏析等不同的形式帮助学生理解心流状态，引导学生回忆自己曾经体验过心流状态的事例。这样的设计使学生投入度高，自我效能感更强。

【教学反思】

本节课关注学生积极情绪的培养，引导学生体验心流状态，掌握培养心流状态的方法。在授课过程中，本节课值得称赞的地方有：课程内容将理论和实践相结合，既融合了心理学专业知识，又根据专业知识设计了实践训练；教学设计内容丰富，操作灵活度高，教师可以根据不同班级、不同年级学生的特点适当调整活动的内容和时间，满足不同学生的需求。

但本节课依旧存在一些不足之处。首先，本节课需要学生回忆过往的心流体验，但因为心流这个词较抽象，学生可能很难将过往经历与心流状态联系起来，从而使课堂的教学效果大打折扣。其次，本节课为学生创造了心流体验的情境，但因个体对心流的体验和感悟有差异性，且进入心流状态也有偶然性，所以一些学生可能没有真正体会过心流的状态。最后，心流所带来的更多是个体内心的平静与祥和，它给个体带来的幸福体验则需要学生仔细体会才能发现。

【专家点评】

本节课的亮点主要体现在以下几个方面。

1.主题选择角度独特。本节课的主题既涉及学生的情绪调控，又关乎学生生命的成长。心流体验是非常个人化的主观体验，是感受积极情绪的一种方式，也是生命中美好体验的一部分。

2.注重学生的体验。热身游戏极限60秒给学生创造了一个体验心流状态的情境，以让学生拥有心流状态的体验感，这为后续更深入地探讨心流状态及探索其培养方法提供了支持。

3.联结并挖掘学生过往经历，提炼可操作的方法。心流是一种体验，学生或多或少都有所体验。本节课通过联结学生的过往经历，引导学生分享心流体验带给自己的感受，然后再总结出获得更多心流体验的方法，以提升学生在生活中获得更多心流体验的可能性。

4.辅导方式符合学生心理特点，易于学生接受和实践。通过创造情境，引导学生初步体验心流状态；通过播放视频片段，引导学生了解心流；通过与过往经验的联结，引导学生回顾心流体验并总结出获得心流体验的方法，最后回归生活，落实到具体的行动上。

（点评嘉宾：马晓晶，北京市西城区教育科学研究院学生生涯指导中心研究员）

【参考文献】

[1]契克森米哈赖.发现心流：日常生活中的最优体验［M］.陈秀娟，译.北京：中信出版集团，

2018.

［2］契克森米哈赖.心流：最优体验心理学［M］.张定绮，译.北京：中信出版社，2017.

［3］Csikszentmihalyi M, Rathunde K.The measurement of flow in everyday life：toward a theory of emergent motivation.［J］. Nebraska Symposium on Motivation Nebraska Symposium on Motivation，1992，40：57.

［4］姜婷婷，陈佩龙，许艳闰.国外心流理论应用研究进展［J］.信息资源管理学报，2021，11（5）：4-16.

［6］Asakawa K. Flow experience and autotelic personality in Japanese college students：How do they experience challenges in daily life?［J］. Journal of Happiness studies，2004，5（2）：123-154.

【学案纸】

心流体验，让幸福翻倍

姓名：_____　班级：_____　学号：_____

极限 60 秒

抄写内容如下，限时 60 秒。

陋室铭

［唐］刘禹锡

山不在高，有仙则名。水不在深，有龙则灵。斯是陋室，惟吾德馨。苔痕上阶绿，草色入帘青。谈笑有鸿儒，往来无白丁。可以调素琴，阅金经。无丝竹之乱耳，无案牍之劳形。南阳诸葛庐，西蜀子云亭。孔子云：何陋之有？

共同探讨与观点汇集二

将小组讨论结果写在下面的图上。

心灵捕手？不！段子捕手

上海市中科院上海实验学校　王颖

【驱动问题】

如何提升学生的幽默感？

【基本信息】

适用学段：初中一年级

【设计思路】

青春期的学生对周围的环境更加敏感，容易陷入不良的情绪状态。帮助他们从实际生活中捕捉乐趣，运用幽默的方法应对冲突和化解尴尬，能够有效避免很多心理问题。同时，进入初中阶段，学生的思维在灵活性、批判性方面发展迅速，抽象概括能力、创造想象能力逐渐提升。个性表达和同伴认可的需求提高也是这个阶段的学生非常重要的心理特征，他们需要一个可以表露心声的出口，充分展示自己的奇思妙想。以上这些特点都为学生发现、解构、创作、表达"不和谐信息"奠定了基础[1][2]。

《中小学心理健康教育指导纲要（2012年修订）》指出，鼓励学生进行积极的情绪体验与表达……逐步适应生活和社会的各种变化，着重培养应对失败和挫折的能力。幽默是对外部信息进行发掘、解构、创作和表达的方式，是一种高级的适应方法，能够引导初中生恰当地、个性化地表达情绪，从而更好地缓解压力。本节课从建构主义学习理论出发，帮助学生根据自己的经验理解幽默，提升幽默感。

【教学目标】

1.情感目标：感受生活中的幽默感所带来的愉悦体验。

2.认知目标：了解和认识幽默感，掌握生活中幽默感生成的基本公式。

3.行为目标：学会寻找、发现和记录生活中的趣事，进行个性化幽默创作。

【教学思路】

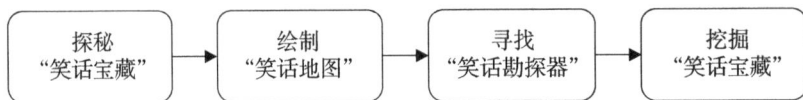

【教学过程】

一、探秘"笑话宝藏"（6分钟）

老师：最近几年脱口秀节目很流行，这些节目让许多优秀的脱口秀演员脱颖而出。他们来自各行各业，表演风格各异，侃侃而谈、妙语连珠。下面我们就一起来看看关于生活、考试、学习的一些脱口秀段子（老师自备视频）。

学生观看脱口秀视频，认识"笑话宝藏"——幽默感。

老师：这些脱口秀演员总是能够在平淡的生活中敏锐地捕捉到幽默之处。你在生活中是否具备这种能力呢？请大家思考以下几个问题。

问题1：在生活和学习中，你是一个善于发现乐趣的人吗？

问题2：在生活和学习中，你是一个善于分享乐趣的人吗？

问题3：你会用什么方式分享自己发现的乐趣？

问题4：在生活和学习中，你发现过有趣的段子吗？是否可以举例说明？

学生两人一组讨论1分钟，并举手回答。

老师：有的同学认为自己是一个优秀的"段子捕手"，可以给周围的人带来快乐。有的同学可能会因为自己不具备这样的能力而感到懊恼。事实上，每个人都可以通过后天的练习，提升自己发现有趣事物的能力，培养幽默感，只是现在你还没有找到"笑话宝藏"而已。今天我们就一起来寻找"笑话宝藏"。

教师小结："笑话宝藏"埋藏在世界的某一个角落，就如《爱丽丝梦游仙境》的故事情节，当你找到"兔子洞"入口时，就会发现一个好奇、有趣的世界。那么，如何找到神秘的"笑话宝藏"呢？首先，你需要找到"笑话宝藏"的藏宝图——"笑话地图"。其次，你需要找到能够挖掘宝藏的神奇工具——"笑话勘探器"。

设计意图：以观看脱口秀视频的方式激发学生的兴趣，使他们初步了解和认识幽默感。

二、绘制"笑话地图"（12分钟）

老师：首先我们要有一张"笑话地图"，这张地图上有"笑话宝藏"所在地，能够帮助我们找到源源不断的灵感。大家知道我们可以从哪里挖掘"笑话宝藏"吗？

学生举手回答。

老师：原来我们所要寻找的"笑话地图"就源于生活。我们可以根据以下三个步骤绘制"笑话地图"。

步骤一：列出话题。例如，校园生活、家庭生活、宠物生活。

步骤二：挑选一个话题，列出这个话题的事件清单。例如，吃饭、睡觉、娱乐（周末生活）。

步骤三：细化话题中的细节并进行挑选。例如，妈妈做的饭菜——黑暗料理（吃饭）。

老师：下面请大家完成"笑话地图"的绘制，之后我会邀请2～3名同学分享自己的地图。

学生在学案纸上写出自己的想法，然后在组内分享，最后举手分享和展示。

设计意图：通过绘制"笑话地图"，引导学生寻找、发现和记录生活中的趣事。通过讨论和分享，评估学生的幽默感，并为后续的教学活动做准备。这一活动旨在培养学生的观察能力和表达能力，使他们学会从生活中发掘幽默元素。

三、寻找"笑话勘探器"（12分钟）

老师：恭喜你踏出了成功找到宝藏的第一步，绘制了自己的"笑话地图"。下面我们进入第二步，寻找一个神奇的工具——"笑话勘探器"，它是一个可以帮助我们找到"笑话宝藏"的利器！寻找"笑话勘探器"共分为三步。

第一步：进行假设或假想——找到大家普遍的想法。

第二步：发现连接点——找到假设中的共同点。

第三步：进行再解读——找到反转或不同的解读。

我们来看一个例子："每天早起30分钟，对拖延的我来说意味着什么？"

学生举手回答，然后老师呈现范例。

第一步：进行假设或假想——找到大家普遍的想法。例如，假设一"拖延浪费时间"，假设二"不拖延，我就可以做更多事情"。

第二步：发现连接点——找到假设中的共同点。例如，"不拖延可以节省时间"。

第三步：进行再解读——找到反转或不同的解读。例如，"早起意味着我有更多的时间可以拖延了"。

将上面三步连起来就是"每天早起30分钟，对拖延的我来说意味着什么？意味着我有更多的时间可以拖延了"。

老师：下面进入练习环节，请大家把以下段子按上述三步进行拆解，并在组内进行讨论，最后派一名代表进行分享。

段子1：今天我第一次夸奖了妈妈的厨艺，并把她做的晚餐吃得干干净净。

——让自己的胃难受点倒也没什么，主要是今天不想再挨骂了。

段子2：爸爸的眼睛不舒服，医生让他多看绿色的东西。

——于是爸爸看了一眼股市，现在心脏也不舒服了。

设计意图：通过演示寻找"笑话勘探器"的步骤，帮助学生学会将生活中的趣事转化为笑话。这一活动旨在培养学生思维的灵活性和批判性，提高他们的抽象概括能力和创造想象能力。

四、挖掘"笑话宝藏"（10分钟）

老师：恭喜你获得了"笑话地图"和"笑话勘探器"，下面我们将进入终极环节——挖掘"笑话宝藏"！你可以根据刚才获取的经验，从"笑话地图"中努力挖掘一个有趣的段子。最后我会请2～3名同学分享自己的段子。

学生在纸上写出自己的段子，然后在组内讨论，最后举手分享。

老师：只要我们在生活中发现了一个自认为好的点子、想法，就把它记录下来。长此以往，我们的"笑话宝藏"一定会像泉水一样，源源不绝地涌现。

设计意图：帮助学生学会寻找、发现和记录生活中的趣事，学会用幽默的态度面对生活。

【课程迭代】

本节课最初的重点在于教授学生如何完成一个脱口秀段子，着重强调脱口秀技巧的掌握与实践。然而在实际的教学过程中，笔者发现许多初中生在创作段子时会贬低他人，这可能会对他人造成伤害。脱口秀的内核是将自身遇到的坏事、挫折，以自嘲的口吻表达出来，从而带给他人欢笑，其本质是微笑面对生活的一种体现。但很显然，大多数初中生很难做到这一点。因此，笔者决定调整教学内容。在最新版的课程设计中，笔者依然重视脱口秀技巧的教学，但更加注重引导学生如何用幽默的方式妥善地表达自己的经历和感受。这次调整不仅使课程内容更加契合"幽默面对挫折"的精神，也提升了学生的社会责任感和人际交往能力。

【教学反思】

脱口秀既是一种个性化的表达方式，又是一种体现逻辑性和思维能力的表演艺术。笔者一直期待在课程中引入这种有趣的艺术形式。正好笔者有幸参加了一场脱口秀比赛，有了一次实践的机会。在和学生一起准备脱口秀比赛的过程中，笔者发现他们在创作段子方面遇到了两个难点。首先，他们很难发现段子的来源。虽然生活中的点点滴滴或者人们的言行举止都可以成为段子的灵感来源，但如何敏锐地捕捉到这些瞬间并将其转化为有趣的段子，需要一定的技巧和经验。其次，学生很难将生活、学习中的事件转化为段子，他们往往只看到事件的表面，而无法深入挖掘其内在的幽默元素。这需要一种转化能力，一种能将日常生活中平淡无奇的琐事转化为生动有趣的段子的能力。

于是，笔者设计了这节特别的课，旨在通过游戏的方式帮助学生发现并探索生活中的乐趣，同时教授他们如何将生活琐事转化为有趣的段子。在这个过程中，学生需要学会观察，学会思考，更要学会尊重他人，用幽默的方式表达自己的想法和感受。

在完善这节课的过程中，笔者得到了许多有价值的建议。例如，教师应教授学生如何在创作段子时尊重他人，用幽默的方式表达自己的想法和感受。这些建议让笔者对课程的设计有了更深入的理解和认识。通过这样的课程设计，笔者希望能够帮助学生提升观察能力、思考能力和表达能力，同时培养他们的同理心和尊重他人的态度。这样的课程不仅能够提高学生的学习兴趣，也能够让他们在生活中变得更加积极、乐观、幽默。

【专家点评】

本节课带领学生们一起探索了幽默的魅力，帮助他们了解幽默在情绪适应中的作用，并培养他们用幽默的方式面对生活的能力。幽默是生活的调味品，是心灵的缓冲剂。在快节奏、高压力的现代生活中，幽默能帮助我们调节情绪、缓解压力，使我们更好地适应各种生活情境；能将生活中的困难和挑战转化为轻松的笑声，让我们在欢笑中释放压力，重拾信心。

为了让学生们更好地体验幽默的魅力，教师设计了两个生动有趣的活动——绘制"笑话地图"和寻找"笑话勘探器"。绘制"笑话地图"带领学生们踏上寻找幽默的旅程，而寻找"笑话勘探器"则教会他们如何挖掘生活中的幽默元素。通过这些活动，学生将学会如何用幽默的眼光看待世界，如何用幽默的方式表达自己。此外，课程模拟了各种生活场景，让学生们运用幽默化解尴尬，意识到无论面对人际冲突还是自我困境，幽默都能成为有力的武器。学生能在此过程中培养应对问题的智慧和自信，提升情绪调节能力和人际交往能力。

（点评嘉宾：戴耀红，上海市杨浦区教育学院德育正高级教师）

【参考文献】

［1］王健.初中生情绪智力、幽默感水平与人际交往能力的关系研究［D］.漳州：闽南师范大学，2019.

［2］刘灵.小学高年级儿童幽默感、自尊和社交焦虑的关系研究［D］.福州：福建师范大学，2013.

第三章

人际关系

本章的主要目标是帮助学生深入理解人际关系的内涵，掌握处理人际关系的技巧，提升他们在人际交往中的自我认知能力与沟通能力。通过学习，学生能明确自己在人际关系中的优势和劣势，进而提升自己的人际交往技能。这些都有助于青少年更好地适应社交环境，建立稳定的人际关系网络，为未来的成长和发展奠定坚实的基础。

在人际关系方面，常见的主题包括自我认知与人际交往、有效沟通与倾听、处理冲突与建立信任、团队协作等。这些主题旨在帮助学生全面认识自己的人际关系，在人际交往中保持真诚与自信；掌握沟通技巧和冲突解决策略，更加从容地应对人际关系中的各种挑战。

初中生的自我意识逐渐增强，他们更加关注自己在他人眼中的形象，渴望得到认可和尊重。他们开始尝试建立更亲密和成熟的人际关系，却常常因为欠缺平衡关系的方法、处理冲突的经验而陷入人际关系困境。《拥有好人缘》以岛群为意象让学生意识到生命不是孤岛，鼓励学生培养良好的个人品质，增强人际吸引力。《沟通牛牛症》呈现了常见的沟通困境，引导学生练习非暴力沟通技能。《放下评判巧沟通》借助卡牌这一工具帮助学生觉察沟通中存在的主观评判及其影响，学习用陈述客观事实的方式进行表达。《你我共"塑"化冲突》通过身体雕塑技术引导学生认识人际关系中的非言语信息，以改善同伴关系。《爱在屋檐下》依托戏剧表演，帮助学生共情父母的行为背后隐藏的情感，在亲子沟通时运用一致性表达的技巧，减少亲子冲突。

本章呈现了具体生动的心理课，旨在帮助学生提升人际交往的积极性与主动性，掌握人际交往的技巧，提升处理人际关系的能力。也期待各位教师在获得教学素材和启示的同时，能更好地关注学生的个性化需求，注重情感与认知的双重培养，拓展人际关系的边界与视野，培养学生的自主性、责任感与同理心。我们相信，通过课堂学习和生活实践，青少年可以锻炼出更加强壮的人际交往"心理肌肉"，建立更健康、高质量的人际关系网络。

拥有好人缘

江苏省无锡市江南中学　朱江容

【驱动问题】

如何帮助学生拥有好人缘？

【基本信息】

适用学段：初中一年级

准备道具：自制拼图（A4 纸 6 张，每张纸上印有一个大字，这 6 个字分别为"生命不是孤岛"，每张纸剪成 6～8 片）、学案纸、盒子

【设计思路】

根据马斯洛的需求层次理论，在个体发展的过程中，归属和爱的需要是人们的基本需求之一，每个人都需要他人的关怀、帮助、爱护和肯定。建立亲密的人际关系，拥有好人缘是让人感到快乐的正向生活事件。《中小学心理健康教育指导纲要（2012 年修订）》对初中生在人际交往方面提出的要求是"积极与老师及父母进行沟通……建立良好的人际关系"。要想建立良好的人际关系，首先我们要认识到个体在人际交往中最吸引他人的特质是什么。

随着年龄的增长和自我意识的增强，初中生越来越在意同学、老师对自己的评价和认可，渴望获得关注和尊重，更愿意寻求同学的支持与陪伴。好人缘意味着一个人在人际交往中展现出积极、友善和吸引他人的特质，从而赢得他人的尊重和喜爱。其中最关键的因素是一个人的个性品质。学生只有认识到这一点，注重培养自己良好的个性品质，才能与他人建立稳固而长久的友谊。但是，处于青春期的学生还存在以自我为中心的心理特点，在与他人交往时容易过多关注自我的感受，从而影响人际关系的深入发展。

因此，本节课以岛群概念为线索，以生命不是孤岛的活动开场，让学生领悟好人缘的重要性，意识到良好的个性品质对拥有好人缘的重要作用，随后帮助学生培养良好的个性品质。

【教学目标】

1. 情感目标：体验好人缘带来的积极情绪。

2. 认知目标：觉察自己的人际关系状况，了解拥有好人缘所需具备的良好个性品质。

3. 行为目标：培养并展示良好的个性品质，建立和谐的人际关系。

【教学思路】

生命不是孤岛 → 绘制我的岛群图 → 生命的爱循环 → 岛群的多种打开方式

【教学过程】

一、生命不是孤岛（5分钟）

老师：同学们，现在每组的桌子上都有一个漂亮的盒子。你们一定很好奇盒子里放的是什么、有什么用，谜底马上揭晓。现在，请你们轻轻地打开盒子，里面有我们今天上课要用到的重要道具——各种形状的纸片，纸片上还有一些不完整的字。请每个人从中挑选一片，在纸的另外一面写上自己的名字。然后，将它轻轻地托在自己的手心上，认真地观察它。假如这片纸代表的是一座属于你的小岛，你对它满意吗？它的形状是你想要的吗？它的大小足够装下你想要的东西吗？

学生举手分享。

老师：老师看到很多同学在摇头，在接下来的时间里，不管你是否喜欢它，都请一定要保护好它。现在请大家观看视频《永暑岛》（老师自备视频），并在视频结束后回答问题：这座岛为何会改名成永暑岛？

视频简介：永暑礁在数年间不断变化，面积增大，由"礁"升级为"岛"。

学生观看视频后举手回答。

老师：这座原本随时可能淹没在茫茫大海中的岛礁，在祖国的建设者手中不断"发展壮大"，成为我国南海上的重要岛屿。正是因为有许许多多人的支持，才有了永暑岛现在的样子。那么我们自己的小岛是否也能像永暑岛一样不断发展壮大呢？请大家看看自己左右的同学，每个人的小岛都不一样。让我们以小组为单位，共同建设一座岛屿。

活动规则如下。

①在整个活动过程中，请保证你的手不会松开你的小岛，松开就意味着你放弃了自己。

②每组运用工具（如胶棒、胶带等）把纸片拼贴成一张A4纸。

③每组派一人上台展示拼贴后的成果。

老师：每组都完成了拼贴任务，让我们一起读出纸上的字。

学生：生命不是孤岛。

教师小结：在风雨面前，我们坚守自己的小岛，不抛弃、不放弃，但毕竟一个人的力量是有限的，我们还需要其他人的帮助，因此我们需要相互支持，共同努力，维系良好的人际关系。只有这样，我们才能够更好地面对种种挑战。

设计意图：以永暑岛不断建设壮大的视频激发学生积极参与拼图，引出生命需要相互支持和良好的人际关系。

二、绘制我的岛群图（10分钟）

老师：从小到大，你身边一定有许多朋友，陪你笑、陪你闹、陪你成长。这些朋友在你心中的地位如何？是普通朋友，还是无话不说的知己？你为何愿意和他们成为朋友？请大家在学案纸（见文末）上绘制一张自己的朋友岛群图，它可以帮助你了解目前的交友状况。

活动规则如下。

①图中间的岛屿代表自己，岛屿外分为三个圈层，不同圈层内绘制的岛屿代表你拥有的三种同盟岛。一级同盟岛是与你关系最亲密的朋友，二级同盟岛是你的好朋友，三级同盟岛是你的普通朋友或同学，将他们的名字写在不同的圈层，越靠近中心岛屿，表明对方与你的关系越亲密。

②将同盟岛与你自己的岛连线，将你愿意和他成为朋友的原因写在连线上。

学生完成自己的岛群图，在组内进行讨论。

老师：想起这些朋友，你的心里有什么感受呢？有人与我们共享秘密，也有人与我们分享快乐，还有人与我们互道冷暖，我们都不是孤单的个体。他们的存在让我们感受到自己拥有爱，也值得被爱。

教师小结：是什么让我们成为朋友？可能是因为我们拥有某些吸引人的外在条件，如长相出众；也可能因为我们做出讨人欢心的行为，如送对方生日礼物。一个人的外在和某些讨人欢心的行为可能会赢得一部分人的喜爱，而良好的个性品质能让我们在获得人们喜爱的同时也能赢得对方的尊重。

设计意图：通过绘制自己的岛群图，学生能直观地认识到个人的人缘状况，并意识到良好的个性品质对好人缘的重要性。

三、生命的爱循环（8分钟）

老师：现在，同学们升入初中，在这个新的环境中，我们可能会面对各种各样的困难和挑战。下面我给大家讲一个故事《30年后的报恩》。

故事简介：一个小孩因为母亲生病，不得已去药店偷药，结果被抓，旁边的面店老板了解情况后帮他买了药，并送他一份饭。三十年后，面店老板得了重病，无钱医治，护士却告诉面店老板医药费已付清。原来面店老板的主治医师就是当年那个他帮助过的孩子。

老师：请同学们回想刚才的故事，哪个画面或片段还停留在你的脑海里？

学生举手分享。

老师：在人生的道路上，我们难免会遇到挫折，因此我们需要相互帮助；在生活中，我们难免会感受到压力，因此我们更需要相互支持。每个人都需要关怀和帮助，他人的帮助和支持让我们不断成长。我们要长存感激之心，常行关怀之举。良好的个性品质会让我们的人际关系更加和谐。而良好的个性品质就存在于我们的身边，体现在生活中的点点滴滴。请同学们环顾四周，思考一下：来到这个班级之后，你最欣赏谁的个性品质？为什么？

学生举手回答。

教师小结：只要我们拥有一双发现爱与美的眼睛，老师相信，在接下来的三年里，我们班的"岛群"一定会越来越壮大，大家的人缘也会越来越好。

设计意图：通过故事让学生领悟到要长存感激之心，常行关怀之举，认识到良好的个性品质会让自己和同学之间的联系更加紧密，人际关系更加和谐。

四、岛群的多种打开方式（17分钟）

老师：可是，有一些"小岛"没能找到自己的"岛群"，或者因为某些原因与其他岛屿渐行渐远，希望同学们能够将自己的经验传授给下面这些人。

- 萌萌岛：我是萌萌，我最近比较烦，上初中后，小学的好朋友没有一个与我同校，在新学校我连一个朋友都没有，只能孤单地坐在座位上，没有人主动找我说话，我该怎么办呢？

- 明明岛：我是明明，我有不少朋友，但他们没过多久就都不跟我玩了，他们说我说话不好听，难道我就不能说他们的新发型像锅盖吗？

- 可可岛：我是可可，最近我和好朋友闹别扭了，起因是她不喜欢我的偶像，然后我就想起了以前我们之间发生的各种争吵，越想我越不愿意搭理她！我也不知道该不该继续和她做朋友。

- 童童岛：我是童童，我好羡慕我的朋友小A，她有好多朋友，人缘特别好，大家都愿意找她玩，她会热情地帮助大家，我也希望能够像她那样。

- 图图岛：我是图图，没有人愿意跟我交朋友，因为我总是答应别人了却又做不到，他们都说我爱撒谎，我不喜欢别人这样说我！

- 关关岛：我是关关，我讨厌我身边的人！明明我对他们笑脸相迎，说好听的话夸奖他们，可他们还是不愿意跟我玩，说我说的都是假话！有什么秘密也不愿意告诉我。

老师：每个小组都拿到了一个需要帮助的岛主，请同学们以小组为单位，开动脑筋，运用自己的经验和课堂收获，帮上述岛主出主意：如何才能更好地建立起与其他岛屿的关系，形成自己的"友谊岛群"。

各组展开讨论并派一名代表分享。

老师：和谐的人际关系是我们健康成长不可缺少的重要组成部分。听完大家的分享，我归纳了一些建设"友谊岛群"的方法。

- 积极主动。保持积极主动的态度，主动和他人交流，向对方敞开自己的心扉。
- 尊重他人。善于站在对方的角度，感同身受，推己及人。

- 宽容大度。多一分宽容，少一些计较。

- 热情善良。帮助不在大小，在他人需要时热情地伸出援助之手。

- 诚实守信。与人交往时诚实守信，不能做到的事不随意承诺，承诺之事要尽力做到。

- 友好真诚。始终怀有一颗真诚之心，不敷衍、不恭维、不弄虚作假。

教师小结： 大家提供了很多方法，老师希望这些关爱和感激不仅存在于课堂的讨论中，还要在我们的生活中发挥更大的作用。大家有缘聚在一起，并且要一起走过三年，共同面对未来的许多风雨。如果我们能营造良好的人际关系，便能够发挥出"友谊群岛"更大的价值。现在，让我们伸出自己的双手，静静地感受我们的手紧紧地握在一起的感觉；在面对未来的风雨时，我们不要忘了此时大家的手紧握在一起的力量，不要忘了被他人帮助和被他人需要时的温暖；让我们体验友情带来的快乐。最后祝愿大家都能有个好人缘，祝愿大家的友谊地久天长！

设计意图： 通过现场求助和思维碰撞的形式，引导学生反思案例中人物交不到朋友的原因，并归纳总结拥有良好人缘所需要的个性品质。

【课程迭代】

本节课经过多次课堂实践和教研探讨，与之前的版本相比，最终版本在后半部发生了较大的变化。在原来的课程设计中，岛的意象只在第一个环节出现，后面的环节是小测试和校园人际拯救行动，这完全脱离了"生命不是孤岛"这句话在最开始带给同学们的震撼，使整节课前后割裂。在收到不少反馈并经过讨论后，笔者将岛这一意象贯穿于整节课，让学生先意识到"我的生命不是孤岛"，然后分析自己"拥有的人际岛群"，最后再思考"如何更好地维护自己的友谊岛群"，学生始终围绕岛这一概念展开活动，前后连贯，浑然一体。而且在"岛群的多种打开方式"这一环节，笔者将选取的案例改编成岛主的自述，并让学生思考如何帮助这些岛主，这比单纯地呈现案例、讨论案例、帮助案主更有趣味性，更能够激发学生解决问题的兴趣，同时也能达到利用他人的故事情节解决自身问题的目的，使学生了解到哪些良好的个性品质可以帮助他们拥有好人缘。

【教学反思】

在教学设计方面，岛群意象的运用是本节课的一大特色，通过将人际关系比喻为岛群，学生能够更加直观地理解个体与个体之间的紧密联系，以及人际交往对个人成长的重要性。此外，拼图游戏的设计也颇具创意，让学生在轻松愉快的氛围中思考人际关系的意义，起到了很好的教学效果。

同时，本节课还存在一些问题需要进一步改进。

1. 在绘制我的岛群图环节，学生需要觉察自己的人际关系状况，并将自己身边的朋友按照三个层级的形式绘制在学案纸上。笔者在实际授课中发现，部分学生可能会在此环节发生争议。例如，同学 A 将同学 B 放到"好朋友圈"，而同学 B 将同学 A 放到"亲密朋友圈"，这使同学 A 感到不舒服；同学 C 看到自己和同学 D 都被他人放到"同学圈"，感到很沮丧……因此教师在该环节可以让学生只写朋友的代号，或者思考怎样优化该环节。

2. 本节课强调培养好人缘需要发掘自身存在的良好个性品质，如尊重、热情、友善等，但事实上很多学生知晓个性品质的重要性，只是在实际生活中不知道如何表达尊重和热情。换句话说，他们并不清楚良好的个性品质如何通过行为表达出来。例如，友善是一种良好的个性品质，但什么是友善？如何表达友善？这可能需要教师在课堂上不断引导学生进行理解，或者呈现具体的案例。

【专家点评】

本节课以岛群概念贯穿始终，强调生命不是孤岛，既关注了个体积极心理品质的培养，又激发了群体的内在潜能和积极心态。同时，心理绘画技术、外化对话方法的使用为课堂构建了一个自主、合作的探究环境。这是一节重发现、重体验、重生活、重主体、重生成性启发教育的心理课，让人耳目一新。

（点评嘉宾：陈正君，江苏省无锡市第一中学心理高级教师，

市属院校德育带头人）

该课曾获江苏省无锡市心理优质课评比一等奖

【学案纸】

拥有好人缘

姓名：_____　　班级：_____　　学号：_____

绘制我的岛群图

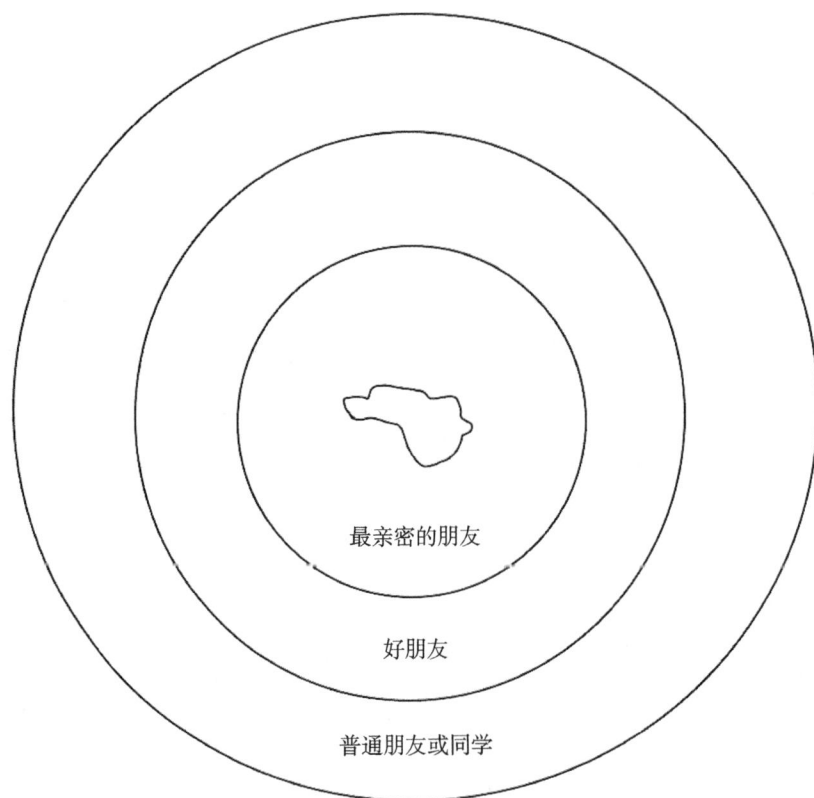

最亲密的朋友

好朋友

普通朋友或同学

沟通牛牛症

湖南省张家界市民族中学　刘甜

【驱动问题】

如何引导学生掌握良好的沟通方法？

【基本信息】

适用学段：初中二年级

准备道具：学案纸

【设计思路】

初中二年级学生正值青春期，具有强烈的人际交往需求。但是在人际交往过程中，他们往往过分强调自我，缺乏有效的沟通技巧，这可能导致他们在和同学、老师及家长的日常沟通方面出现问题，不仅影响双方的心情，也给自己的学习和生活带来诸多烦恼，更有甚者可能会形成严重的人际障碍。《浙江省中小学心理健康教育课程标准（2021修订）》强调，初中心理健康教育应注重提高初中生与人沟通和交流的技巧。因此，教师应注重提高初中生对人际沟通的认识，提升他们的沟通能力。

马歇尔·卢森堡博士提出了一种沟通方式，能使人情意相通、和谐共处，这就是非暴力沟通。本节课旨在引导学生了解自己目前的沟通能力，了解人际沟通对个体发展的作用，学习有效沟通的方法和步骤，并尝试将其运用到现实生活中，从而有效提升自己的沟通能力，建立和谐的人际关系。

【教学目标】

1. 情感目标：体验有效沟通对健康成长的积极意义，激发提升沟通能力的动力。

2. 认知目标：觉察自己的沟通困境，明确沟通的有效方法。

3. 行为目标：学会在人际交往中运用有效的沟通策略。

【教学思路】

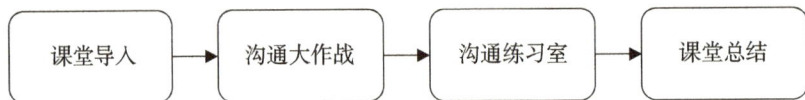

【教学过程】

一、课堂导入(5分钟)

老师：同学们，你们听说过"沟通牛牛症"吗？

学生举手回答。

老师拆词释义，即分别解释"沟通"和"牛"的含义，说明本节课的主题。

- 沟通：在人际交往中，个体之间采用言语、书信、表情、通信等方式交流思想、感情和知识等信息的过程，是信息在个体间的双向流动。
- 牛：一般用来形容人的某项技能很强、很厉害。
- 沟通牛牛症：形容在人际沟通方面毫不胆怯，和他人能够游刃有余地交谈。

设计意图： 从当前社会热点话题"社交牛牛症"引出"沟通牛牛症"，问题形式新颖，主题明确，能激发学生的兴趣，营造良好的课堂氛围。

二、沟通大作战（15分钟）

老师：沟通是人际关系的桥梁。同学们，你们目前的沟通能力如何呢？让我们先来测一测自己的沟通能力吧。

学生填写学案纸（见文末）上的测试题，对照选项判断是否符合自身的实际情况，完成测试。

老师：通过测试，同学们对自己的沟通能力有了初步了解。现在请同学们看一看下面所列的人际交往烦恼，并回忆自己与他人交往时的情形，看看自己是否遇到过类似的情况。

- 我跟爸爸、妈妈根本没办法交谈！
- 同学聚会聊天时，我总是插不上嘴！
- 我说话太"直"，总是容易得罪别人！
- 别人对我说的话总是不感兴趣！
- 跟同学辩论时，他们说我根本没有听清楚他们在说什么！

- 我跟别人说自己的想法时，总是发现没人能听明白！
- 当我跟朋友聊起自己的困难时，他好像无法明白事情对我的重要性！

学生举手发言。

教师小结：看来同学们在与老师、父母、同学和朋友相处的过程中，都曾遇到过让人感觉不舒服的沟通方式。其实，我们的沟通能力是可以锻炼和培养的。接下来，我们一起学习一种新的沟通技能。

设计意图：再现了学生在日常生活中容易出现的沟通问题，极易引发学生的共鸣，并且能引导学生正视自己的沟通困境，激发学生学习沟通方法的内驱力。

三、沟通练习室（23分钟）

老师：著名的心理学家马歇尔·卢森堡博士提出了一种神奇而平和的沟通方式，即非暴力沟通，它分为四个步骤。

第一步：观察——"我看到？"清楚、客观地描述事实。

第二步：感受——"我感到？"表达自己的主观感受。

第三步：需要——"是因为？"我为什么会有这样的感受。

第四步：请求——"我希望？"我需要对方做什么。

老师：在初步了解相关概念后，让我们一起通过具体练习来感受非暴力沟通的魔力。请大家完成学案纸上"沟通练习室"部分的内容。

学生分组进行讨论，分别完成学案纸上的沟通练习，并选派小组代表发言。

老师：非暴力沟通能够让我们褪去隐蔽的精神暴力，让爱自然流露。通过这四个步骤，我相信同学们对非暴力沟通有了更深刻的了解。接下来就让我们学以致用，在日常生活中尝试一下（播放视频《放学归来》，老师自备视频）。

视频简介：因为放学后回家晚了，芊芊和妈妈发生了激烈的冲突。

学生观看视频并思考这场矛盾产生的原因。

老师：视频中的妈妈和芊芊都存在沟通问题。我们常说"改变先从自己开始"。那么，如果妈妈保持原有的沟通方式，而芊芊想要运用有效的沟通方法来平息这场矛盾，她应该怎样表达呢？

学生分组进行讨论并举手分享。老师肯定学生的分享，并归纳总结。

芊芊运用非暴力沟通表达示例。

妈妈，今天放学后我和同学们一起去看望班上生病的×××了，回来的路上公交车抛锚，因为下雨很难打到车，所以我只好走路回家（客观陈述事实但不做评价）。没有遵守按时回家的约定，让你担心了，对不起（表达歉意）。但是我真的不是故意的，妈妈你这么对我说话，让我很委屈，感觉你不信任我（表达感受）。妈妈，下一次希望你不要直接发火，而是先听听我的解释（提出希望）。

四、课堂总结（2分钟）

老师：下课后，请同学们结合案例分析，反复练习非暴力沟通的四个步骤，并运用有效沟通的技能，试着解决一个目前困扰自己的人际沟通问题。祝愿同学们都能成为会说的人，诚实地表达自己，不批评、不指责；成为会听的人，耐心、仔细地倾听他人说的话。愿大家做真正的沟通"牛人"。

设计意图：以非暴力沟通为理论依据和技术指导，引导学生针对非暴力沟通的四个步骤进行具体练习，掌握有效沟通的策略。同时，通过亲子沟通案例，帮助学生将理论运用到实际生活中。

【课程迭代】

在本节课初版试课的过程中，笔者发现了几个可以进一步优化的方面。首先，在沟通大作战环节，教师引导学生回忆自己遇到过的沟通问题，但是学生对问题的回答比较单一，因此笔者在本环节列举了生动的事例，唤醒学生的生活经验。学生很喜欢这个环节，参与热情提升了，回答也更加丰富、多元化。其次，针对沟通练习室环节，笔者意识到直接呈现非暴力沟通的步骤可能显得过于教条。因此，笔者调整教学设计，先引导学生理解这些步骤背后的原理，并鼓励他们在实际沟通过程中灵活运用。同时，笔者使用学生日常生活中的沟通问题作为案例，以增强学生的代入感和理解能力。最后，在课堂结束语部分，笔者进一步精炼语言，确保在总结课堂内容的基础上，激发学生的实践热情，鼓励他们将所学到的知识应用于实际生活中。

【教学反思】

本节课的亮点在于沟通练习室环节的设计。通过将抽象的沟通问题转化为具体的案例，学生能够在分析和解读过程中掌握沟通技巧，并实现知识的迁移和应用。这一环节的设计符合学生的认知规律，有助于提升教学效果。

但是，回顾整节课，笔者也发现了一些不足之处。例如，沟通大作战环节的设计还可以更加饱满和富有层次。未来，笔者将尝试引入更多元化的沟通情境，并对其进行分类和层次化呈现，并让学生在模拟或真实情境中运用所学技巧，以帮助他们更好地解决实际问题。

【专家点评】

1. 主题贴近实际，立足学生需求。大多数初中生刚进入青春期，生理和心理上的巨大变化使他们在人际交往过程中面临许多挑战，尤其是沟通问题。本节课的选题和切入点非常符合学生的实际需求，选题的针对性很强。

2. 设计思路清晰，推进层层深入。本节课的设计思路非常清晰：引导学生重视人际沟通问题，让学生了解自己在人际沟通方面存在的困境，教授学生解决人际沟通问题的方法。本节课围绕清晰的目标选择了相应的辅导方法，并设计了有趣的自我测评活动、贴近生活的案例、操作性强的方法训练，环环相扣、层层递进。

3. 预设目标达成，课堂效果显著。本节课坚持以"学生为本"的理念，通过师生互动、学生间互动的方式，充分运用心理课堂的"反应技术""引导技术"和"互动技术"，让学生在课堂中了解与辨析、体验与感悟、尝试与掌握。学生在课堂中有所体验、有所实践，才会将所学到的知识运用到日常生活中。

（点评嘉宾：郭玉良，湖南省心理健康教育正高级教师、特级教师）

该课曾获湖南省中小学心理健康教育教师技能竞赛一等奖

【学案纸】

沟通牛牛症

沟通大作战

测试题

请认真阅读下面 8 项内容，根据个人情况选择相应的答案并进行评分。

1. 你跟新同学打成一片，一般需要多少天？（　　　）

A. 1 天　　　　　　　　B. 1 周　　　　　　　　C. 10 天甚至更久

2. 如果你发言时有些人起哄或干扰，你会（　　　）

A. 礼貌地要求他们不要这样做　　　B. 置之不理　　　C. 非常气愤

3. 上课时家里有人来找你，恰好你坐在后排，你会（　　　）

A. 悄悄地暗示老师，得到允许后从后门出去

B. 假装不知道，但心里很焦急，上课总是走神

C. 偷偷从后门溜出去

4. 放学了，你有急事要快点走，而值日的同学想让你帮忙打扫教室，你会（　　　）

A. 很抱歉地说："对不起，我有急事，下次一定帮你。"

B. 看也不看就说："不行，我有急事！"

C. 故意听不见，跑出教室。

5. 开学不久，你就被同学选为班长，你会（　　　）

A. 感谢同学们的信任和支持，并表示一定把工作做好

B. 觉得没什么大不了的，只是自己默默地把工作做好

C. 觉得他人选自己是别有用心，一直推托

6. 有同学跟你说"我告诉你件事，你可不要跟别人说……"，这时你会说（　　　）

A. "哦！谢谢你对我的信任。我不是知道这件事的第二个人吧？"

B. "你都能告诉我了，我为什么不能告诉别人呢？"

C. "那你就别说了。"

7.老师让你和另一名同学一起完成一项任务，而这名同学恰恰对你不怎么友好，你会（　　）

　　A.大方地跟他（她）握手并说："今后我们就是同一条船上的人了！"

　　B.勉强接受，但工作中决不配合

　　C.坚决向老师抗议，宁可不做

8.你和他人因一个问题发生争论，眼看就要闹僵了，这时你会（　　）

　　A.立即说："好了，我们先静一静，也许是你错了，当然，也有可能是我错了。"

　　B.坚持下去，不赢不休

　　C.愤然退场，不欢而散

评分标准：A代表3分；B代表2分；C代表1分。

你的总分是＿＿＿＿＿＿

• 8～12分：沟通牛牛症初级

沟通力较弱。由于你对沟通能力不重视，而且也没有足够的自信心，导致你在成长的道路上常常会与一些机遇擦肩而过。

• 13～19分：沟通牛牛症中级

沟通能力较强。你在大多数集体活动中表现出色，只是有时缺乏自信心，还需加强对沟通能力的学习与锻炼。

• 20～24分：沟通牛牛症高级

沟通能力很强。你在各种社交场合都表现得大方得体，你待人真诚友善，不狂妄虚伪，充满自信，同学们都很信任你。

沟通练习室

第一步：观察——"我看到？"清楚、客观地描述事实。

练习一：请判断下列句子中哪些是只描述观察结果而不含任何评论的句子，如果不是，请改正。

1.妈妈昨天无缘无故地对我发脾气。

2. 我的同学小明很霸道，不讲理。

3. 小红告诉我，我穿黄色衣服不好看。

4. 小花跟我说话时爱发牢骚。

5. 昨晚妹妹在看电视时啃指甲。

第二步：感受——"我感到？"表达自己的主观感受。

练习二：请判断下列哪些是表达感受的句子，如果不是，请改正。

1. 你能来，我很高兴。

2. 你真可恶。

3. 我觉得我被人误解了。

4. 我是个没用的人。

5. 当你说出那句话时，我很害怕。

6. 你帮我的忙，我很开心。

7. 如果你不和我打招呼，我会觉得你不在乎我。

第三步：需要——"是因为？"我为什么会有这样的感受。

练习三：请判断下列哪些句子体现了说话者的需要，如果不是，请改正。

1. "你嗓门那么大，吓死人了。"

2. "你叫我外号，我很难过，因为我需要被尊重。"

3. "我很伤心，因为你没有做到你答应我的事。"

4. "你的考试成绩排在第一名，我很高兴。"

第四步：请求——"我希望？"你需要对方做什么。

练习四：请判断下列哪些句子提出了明确的请求，如果不是，请改正。

1. "不要再吸烟了。"

2. "请告诉我，在我做的事情中，你最满意的是哪一件？"

3. "我希望你尊重我的个人隐私！"

放下评判巧沟通

北京景山学校朝阳分校　吴伊娜

【驱动问题】

如何引导学生在人际沟通中放下评判？

【基本信息】

适用学段：初中二年级

准备道具：卡牌复印件、白纸、笔、信封和卡片（提前收集学生在日常生活中经常发生的冲突场景，打印在卡片上并将卡片放进信封里）

【设计思路】

《中小学心理健康教育指导纲要（2012年修订）》指出，心理健康教育在初中学段的具体内容包括"积极与老师及父母进行沟通……建立良好的人际关系"。对初中生而言，建立有效的沟通模式和良好的人际关系十分重要。心理学家马歇尔·卢森堡在非暴力沟通的理论体系中提及，良好沟通的第一要素是"观察"，即强调我们对发生的事件要保持客观的态度，并能清楚地说出观察的结果[1]。

笔者对初中二年级学生的访谈结果显示，当前和父母或老师存在直接或潜在冲突的学生占比较大。而在处理与同伴的矛盾时，学生也往往会出现逃避问题、拒绝沟通的行为。

本节课依据《非暴力沟通》一书的内容进行教学设计，旨在帮助初中生建立放下主观评判的良性沟通模式，帮助学生建立良好的人际关系。

【教学目标】

1.情感目标：感受良性沟通带来的愉悦感，愿意建立更为有效的沟通模式。

2.认知目标：理解客观事实与主观评判之间的区别，懂得放下主观评判对有效沟通的重要性。

3.行为目标：学会放下主观评判，使用陈述客观事实的方式与他人进行沟通。

【教学思路】

拼图分组 → 区分事实与评判话语 → 放下评判，陈述事实 → 放下评判巧沟通

【教学过程】

一、拼图分组（5分钟）

老师提前将6张卡牌（复印件）裁剪成不规则的5张碎片，打乱后随机分发给学生，每人一张碎片。

老师：接下来，我会播放一段音乐，请同学们在3分钟内尽快找到能和自己手中碎片拼成一幅完整图案的其他碎片，并和拥有这些碎片的同学成为一组。

学生自由走动并找到相匹配的人组成一组。

老师：请大家观看PPT上呈现的6幅完整的卡牌图画，确保组队成功。

设计意图：让学生进行趣味分组，调动课堂气氛，为之后的活动做铺垫。

二、区分事实与评判话语（10分钟）

老师：请各小组成员观看本组的卡牌，成员之间不可以有任何言语交流。看完之后，请你们用"他／她＿＿＿＿＿＿"句型描述本组的卡牌，将自己的答案写在白纸上。注意，在完成任务的过程中，请不要观看其他小组成员的答案，也不能与他人交流，独立完成，限时2分钟。

学生完成老师布置的任务。

老师：请大家停笔。接下来，请你们在组内看看其他人写的句子，思考以下问题，然后各组派一名代表分享和回答问题。

问题1：小组成员所描述的句子中，有哪些全组同学认可，哪些不认可？

问题2：你认为为何有的句子能让所有人认可，有的不行？它们之间有什么区别？

教师小结：描述客观事实的句子比表达主观态度的句子更容易让人接受和认可。

设计意图：通过用文字描述卡牌活动，引导学生认识到描述客观事实比表达主观态度更容易让人接受。

三、放下评判，陈述事实（20分钟）

老师：在与他人沟通时，我们有时会受到自己主观评判的影响，而不能够客观地陈述观察到的事实，这很容易激发对方的情绪，甚至产生对抗心理。例如，当家人发出噪声影响你学习时，你可能会说"烦死了，能不能小声点"，这句话就带有主观评判的意味：对方很烦人。虽然你是陈述自己的真实感受，但这样的表达会引起对方的反感。如果你能放下主观评判，只描述观察到的事实，那么沟通效果会好很多，如"这些声音很刺耳，让我无法专心学习"。下面我们一起做一个练习，看看你们能否区分事实与评判。

学生观看示例语句并判断属于事实还是评判，然后说出自己的理由。

- 小明很霸道。
- 我妈妈特别喜欢跟我发牢骚。
- 我这周组织了三次活动，你都没有参加。
- 丽丽对我说，我穿这件衣服不好看。
- 他不是什么好人。
- 我姐姐花钱大手大脚。
- 你总是这样不听人说话。
- 昨天老师批评了我。

老师：同学们能否总结出判断一句话是事实还是评判的方法呢？

学生小组讨论后举手回答。

老师：所说的话是否有现实依据、是否为个人的想法、是否出现形容词或副词……这些都可以作为区分事实与评判的方法。接下来，大家试着把上面带有评判的句子换一种方式来表达。

学生用非评判的方式进行表达练习。

设计意图：通过举例，帮助学生认识事实与评判之间的区别，让学生进一步理解在沟通中放下评判的重要性，深入理解并学会区分事实与评判的方法。

四、放下评判巧沟通（10分钟）

老师：同学们轮流上台到盒子中抽取一个信封，每个信封中有一张卡片，卡片上面描述了同学们在生活中可能会遇到的冲突场景（如下所示）。请大家认真阅读卡片上面描述的冲突场景，并在横线上写下自己认为可以使用的沟通言语。注意，大家要描述客观事实。

A. 我只要关门写作业，我妈妈就要进来。她总是觉得我在偷玩手机游戏，对我除了质疑就是批评。她太烦人了！

B. 上次在楼道里我被一名初中三年级男生撞倒了，差点从楼梯上摔下去，结果他连句道歉都没有，抬腿就走。我问他是不是没长眼睛？他还骂我，没见过这种人。

学生抽取卡片并书写。

老师：你抽到的冲突场景是什么？在冲突场景中，主人公说的话是否存在评判？你建议对方使用的沟通言语是什么？

学生举手回答。

老师：如果你认为这名同学建议的新的沟通言语确实做到了放下评判，就举手表示认可。

学生根据回答决定举手与否。

教师小结：同学们，通过今天的课程，老师希望大家在生活中学会放下主观评判，用陈述客观事实的方式与他人沟通。当然，老师也提醒大家，放下评判是指在人际沟通时减少绝对化的评判，而不等于放弃自己的观点和评价。

设计意图：呈现学生可能遇到的冲突场景，使学生在事例中应用放下评判的沟通技巧，帮助学生增强非暴力沟通意识，学会放下主观评判，巧妙沟通。

【课程迭代】

本节课的设计进行了多次打磨，与之前的版本相比，最终版本做出了以下改动。首先，在最开始的版本中，学生的分组直接由老师决定，学生可能会对分组方式存有意见，这可能导致学生在一开始就产生抵触情绪。在后来的版本中，笔者将该环节改为巧用卡牌进行拼图分组，这既让学生感到新奇，调动了课堂氛围，又为后续环节做了很好的铺垫。其次，在之前的版本中，"放下评判，陈述事实"环节只涉及明显带有评价性的形容词。现在的版本在此基础上增加了较难辨析的副词，如"你总是这样不听人说话"。很多带副词的句子恰恰是人们在生活中以偏概全的典型评判句，它与学生的生活更加贴近，也更容易引起学生的共鸣，使他们对"多事实，少评价"的沟通技巧有更深入的理解和思考。

【教学反思】

本节课作为面向初中二年级学生的人际交往主题课程，旨在帮助学生更好地理解并区分生活中的事实与评判，提高学生对个体观点各异的认识，避免批判心态。本节课的几个教学环节呈现了完整的"引入－差异－探究－总结"的问题链，循序渐进，逐级深入，促使学生对放下评判进行思考和探究，培养学生的沟通能力，促进其人际关系的发展。另外，本节课对学生在生活中遇到的现实冲突进行了适当的修改，既保护了学生的隐私，又借助他人的故事让学生更愿意参与讨论，同时促进学生将放下评判的沟通技巧应用于实际生活中。最后，本节课通过同学之间的合作学习活动，引导学生对如何沟通提出合理化建议，在巩固知识、学会应用的同时，增强同学间的互助合作。

当然，本节课也存在一些问题。例如，让学生区分事实与评判的环节更多地关注言语中的消极评判，并未涉及言语中的积极评判。事实上。人际沟通中的积极评判会比仅描述客观事实更有力量。

【专家点评】

本节课的亮点主要体现在以下几个方面。

1. 形式新颖，调动氛围。分组热身环节通过拼图的方式进行，新颖有趣，很好地起到了调节课堂气氛的作用，学生参与积极性高。同时，拼成的卡牌和下一环节的活动相联系，也起到了一定的铺垫作用。

2. 扣紧学情，目标清晰。老师做了大量的前期准备工作，事先收集了学生在生活中发生的冲突场景，也抓住了青春期学生的社交需求，能够帮助他们更好地解决生活中的实际问题。教学目标清晰、明确。在课堂中，学生能够通过对实际案例进行演练，学会放下评判、陈述事实的沟通方式，较好地达成了学习目标。

3. 层次明确，由浅入深。巧用卡牌让学生进行带有个人色彩的解读，自然而然地帮助学生理解评判和事实的差异。在学生理解并能够判断两者的差异后，再让学生通过实际案例进行演练，不仅贴近学生的生活，也符合这一阶段学生的思维发展水平。教学设计编排层次明确，条理清晰，由浅入深。

（点评嘉宾：单洪雪，北京市朝阳区教师发展学院心理教研员）

该课曾获北京市第中小学"朝阳杯"心理健康评优活动二等奖

【参考文献】

［1］卢森堡.非暴力沟通［M］.阮胤华，译.华夏出版社，2018.

你我共"塑"化冲突

北京工业大学附属中学劲松分校　陈静

【驱动问题】

如何引导学生积极面对同伴关系中的冲突？

【基本信息】

适用学段：初中一年级

场地要求：团队辅导室（或撤去桌子）

【设计思路】

初中阶段的学生正经历着自我认知与角色定位的迷茫与困惑。在这个阶段，他们更倾向于与同龄伙伴建立深厚的友谊，与其他社会角色相比，同伴在他们的人际关系网络中占据了更加重要的位置。这是因为他们渴望与同龄人交流，寻求共鸣，以满足情感上的归属和认同等心理需求。因此，拥有良好的人际关系对初中生来说尤为重要。《中小学心理健康教育指导纲要（2012年修订）》也指出，帮助学生建立良好的人际关系。

随着年龄的增长，初中一年级学生自主意识逐步增强，但对客观事物的评价，特别是对自我的评价往往是不完整的。他们经常只看到自己的优点而忽视自己的缺点，对他人却相反。这使学生容易在人际交往中产生矛盾与冲突。本节课希望通过身体雕塑技术引导学生对同伴关系产生直观的体验；通过双方的非言语信息（表情或姿势）的变化，结合对言语的细微调整，引导学生从情感层面理解对方，并能够主动调整自己的行为，减少可能出现的冲突，改善与同伴的关系。

【教学目标】

1.情感目标：感受不同的非言语信息带来的不同体验，通过调整非言语信息获得积极的感受。

2. 认知目标：通过身体雕塑活动，认识到自己在同伴关系中扮演重要的角色，自己有能力在同伴关系中做出改变。

3. 行为目标：掌握非言语技术和言语沟通技术，提升化解同伴冲突的技能。

【教学思路】

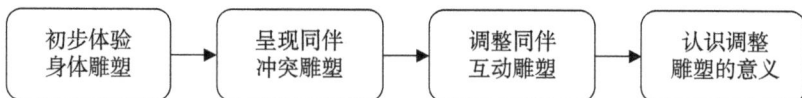

【教学过程】

一、初步体验身体雕塑（10分钟）

老师：同学们，你们知道什么是雕塑吗？

学生举手回答。

老师：我们首先做一个和雕塑有关的暖身游戏，两人一组做出指定的雕塑动作，不许说话，只能通过表情或肢体动作表达人物之间的关系。（老师提前搜集表示指责、讨好、超理智、打岔等意思的雕塑图片，用于在课堂展示，并让学生模仿。）

活动规则如下。

①先后出示四个不同性质的词——讨好、指责、超理智、打岔——要求学生在摆出雕塑动作时不许说话。

②全班同学分成四组，每组认领一个词，摆出相应的雕塑动作，定格10秒，初步体验雕塑的感受，同时也体验这四个词表现出来的人物的心理。

③"讨好"组和"指责"组面对面，"超理智"组和"打岔"组面对面，各组成员通过表情和动作展示本组的词，同时用心感受对方的肢体表达。

老师：你现在的感觉怎么样？对方的哪些细节让你觉得舒服或不舒服？请简述理由。

学生举手分享。

教师小结：刚才我们用身体定格的方式展示了四组体现人物关系的雕塑，体验了不同的情绪。当我们的身体定格时，就会通过面部表情和肢体动作表达我们的想法及与他人之间关系的亲疏远近，这就是身体雕塑。

设计意图：通过暖身游戏，一方面活跃了课堂气氛，增进同学间的了解；另一方面让学生对身体雕塑有了初步体验，为后续开展同伴冲突雕塑的活动做铺垫。

二、呈现同伴冲突雕塑（15 分钟）

老师：今天，老师想让大家用身体雕塑的方式了解同伴之间的冲突，展示大家的相处状态。在生活中，你和同伴可能会产生矛盾或遇到摩擦，你是否还记得你们之间发生冲突的原因是什么吗？

学生举手回答。老师根据学生回答的关键词进行板书。

老师：今天，我们将用身体雕塑的方式呈现同伴冲突。接下来，我们先看一个案例，案例中的同学似乎产生矛盾。

案例介绍：在教学楼的走廊里，小林不小心撞到了小沈。小沈不高兴地瞥了小林一眼，小声嘀咕了一句"你没长眼睛啊"。

老师：小林会做出怎样的回应？两人之后的对话是怎样的？请大家每四人一组对他们的回应方式进行讨论。

学生分组讨论后派一名代表分享。

老师：请根据案例给出的信息和你们分享的回应方式，各组摆出一个雕塑姿势，体现人物之间的关系和矛盾。看看你们的回应方式属于"讨好""指责""超理智""打岔"中的哪一种？

活动要求：每组四人，其中两个人分别扮演案例中的小林和小沈，这两个人是雕塑扮演者，雕塑不能发声，只能按照雕塑设计者的指示，通过面部表情、身体姿势和空间距离呈现人物关系和情绪。另外两个人作为雕塑设计者，共同对角色雕塑进行设计。

学生讨论并合作摆出"同伴冲突"雕塑动作。老师随机挑选两组学生进行采访，采访前请该组把雕塑"摆"到舞台中间，让其他组的学生可以清晰地看到雕塑的动作与表情等细节。

采访内容如下。

①作为雕塑设计者，你们为什么这样设计人物？他的眼神为什么是这样的？你们的设计意图是什么？

②作为雕塑扮演者，你们现在的感受怎么样？你们体验到了哪些情绪？你怎样形容你的同伴？你最想和他说些什么？

学生举手分享。

教师小结：刚刚大家用身体雕塑的方式再现了同伴冲突场景，展示了同伴相处的状态。不同的面部表情、身体姿势及人物的空间距离都会带给我们不同的感受，让我们体验到不同的情绪。

设计意图：通过小组合作完成同伴冲突雕塑的活动，这让学生对同伴冲突有直观的感受；同时，引导学生通过具体的身体姿态或面部表情来呈现同伴间的冲突，表达消极的心理感受，让学生看到同伴冲突问题的根源，产生改变的动力。

三、调整同伴互动雕塑（15 分钟）

老师：如果你是小林，面对这样的冲突场景，你会如何想、如何做，你的行为又会带来怎样的结果？如果仅有一次调整小林雕塑的机会，你会如何调整？

各组商议调整的方法，然后进行展示。老师提出以下问题。

问题 1：作为小林的扮演者，你现在的感受和之前相比有何不同？

问题 2：作为雕塑设计者，小林的哪些细节发生了变化？做出这些改变的意图是什么？

问题 3：作为观众，看到雕塑的变化，你们的感受是什么？

学生举手回答。

老师：请小沈的扮演者调整雕塑的动作，请所有同学（特别是小林的扮演者）观察小沈的变化，并回答以下问题。

问题 1：作为小沈的扮演者，你做出如此改变是出于什么想法？

问题 2：作为小林的扮演者，你看到小沈改变后的想法是什么？

问题 3：其他组的同学们，如果让你来调整小林的雕塑，你觉得还可以有哪些变化？为什么？你觉得这个雕塑完美吗？还有没有需要调整的地方？

学生举手回答。

设计意图：通过一步步改变同伴相处的雕塑姿势及状态，引导学生进行观察和自我反省，主动做出改变，调整自己与同伴相处时的非言语信息和言语信息，促进同伴之间和谐相处。

四、认识调整雕塑的意义（5分钟）

老师：从小林和小沈的案例中，我们认识到了面对冲突可以有不同的选择，这些选择会带来不同的结果。对此，你有什么感想？

学生举手回答。

教师小结：在同伴冲突中，如果我们能够觉察同伴的情绪，自己首先做出改变，哪怕只是小小的改变，就能引起对方的改变，改善同伴关系。最后，老师想邀请各组摆出一个最和谐、舒服的团体雕塑姿势，让我们在合作中愉快地结束这节课。

设计意图：总结课堂内容，让学生分享本节课的收获，以巩固其学习成果。

【课程迭代】

与之前的版本相比，本节课的最终版对呈现同伴冲突雕塑环节和调整同伴互动雕塑环节进行了细化和调整。一开始，笔者只是让学生根据自己的实际经历呈现同伴冲突的雕塑，而没有给出具体的冲突示例。但在试课过程中，笔者发现这样的方式对学生来说过于抽象，他们可能把时间花在对事件的选择和讨论上，而较少关注事件中雕塑的姿势、距离等，偏离了课堂要求；另外，学生也很难准确地呈现冲突过程中人物的面部表情、身体姿势、空间距离和回应方式，这导致他们不能从中体会到相应的感受、情绪，同时这也为后面的同伴互动雕塑活动带来了很多挑战。修改后，课程通过呈现具体的案例，引导学生分组进行角色扮演，同时对学生的活动过程和教师的提问内容进行调整，便于学生以身体雕塑的方式再现同伴冲突情景，展示同伴相处的状态，也有利于学生体会到不同的面部表情、身体姿势及人物的空间距离都会给同伴带来不同的感受。在实际授课过程中，学生能通过观察学习和自我反省，认识到人际交往中微小细节的重要性，这样他们在人际交往中就更能关注这些细节。另外，在最后的总结环节，增加了邀请各组摆出一个最和谐、舒服的团体雕塑姿势的活动，首尾呼应，强化课程主题，也让学生进一步感受同伴合作的魅力，在愉快的情绪中结束本节课。

【教学反思】

本节课通过暖身游戏、小组合作摆出同伴冲突雕塑、调整同伴互动雕塑等环节，一步步呈现学生在人际交往中遇到的问题，并引导学生在这一过程中反省自身的行为。同时，课程呈现出雕塑的微小变化及其影响，激发学生在人际交往中主动调整行为的动力，提高自己的人际交往能力。

教师在授课时需要注意，如何引导学生"入戏"，如何通过情景与案例让学生摆出真实的同伴关系雕塑及如何营造和谐、积极、信任的团体氛围，这都对消除学生的抗拒心理至关重要。同时，教师还需注意雕塑环节的活动组织、时间把控，要有条不紊地推动活动的进程，实现教学效果的最大化。

【专家点评】

1. 本节课将身体雕塑作为同伴冲突的呈现方式，很新颖。学生通过呈现同伴冲突雕塑、设计角色动作、扮演雕塑角色等活动，体验雕塑的情感，重现同伴冲突；通过调整同伴互动雕塑的活动，有意识地改变自己，减少可能出现的冲突，改善同伴关系。课程的情境设置和任务练习引人入胜，既能激发学生的参与热情，又能在实际练习中提升学生的人际交往能力。

2. 内容扣紧学情，环节循序推进。课程贴合初中一年级学生表现欲强、思维活跃等特点，以"初步体验雕塑–呈现同伴冲突雕塑–调整同伴互动雕塑–认识调整雕塑的意义"为线索设计活动，在环节编排上层次清晰，由易到难，层层递进。

3. 本节课需要学生根据自己的经验临时调整身体雕塑，这充分激发了每个学生的体验与感受，让所有学生参与雕塑的建设与重构，降低了学生的防御心理，使他们能更自如地表达内心的想法，更主动地将学习成果运用到日常生活中。

（点评嘉宾：杨红，北京市朝阳区教师发展学院心理教研员）

爱在屋檐下

江苏省无锡市南长实验中学　缪伟

【驱动问题】

如何引导学生学会换位思考?

【基本信息】

适用学段: 初中一年级

【设计思路】

引导学生"积极与老师及父母进行沟通"是《中小学心理健康教育指导纲要（2012 年修订）》提出的初中学段心理健康教育的主要内容之一。随着身心的不断发展，初中生逐渐对事物有了自己的看法。在这个过程中，学生和父母之间难免会因为意见不合产生冲突。亲子关系紧张是大部分学生在成长道路上绕不过去的坎儿，因此，在这一阶段引导学生学会换位思考，可以帮助他们更好地面对亲子冲突，缓解亲子矛盾，获得心理成长。

本节课尝试通过情景剧表演的方式直观地呈现亲子关系中的矛盾，让学生的体验更深入，感受引起亲子冲突的根本原因。此外，本节课基于萨提亚的一致性沟通理论和丹尼尔·西格尔的适时沟通理论，引导学生在交流时敞开心扉，学会一致性表达的沟通方式，表达真实意图，学会换位思考，与父母建立良好的情感联结[1]。

【教学目标】

1.情感目标：感受父母对自己的爱和抚育，尊重父母的劳动和情感，在与父母的互相理解中体验亲情的温暖。

2.认知目标：认识亲子沟通的重要性和必要性，了解亲子沟通不畅的原因，并能够理解和体谅父母。

3.行为目标：掌握与父母沟通的基本方法和技巧，提高与父母平等沟通的能力，建立良好的亲子关系。

【教学思路】

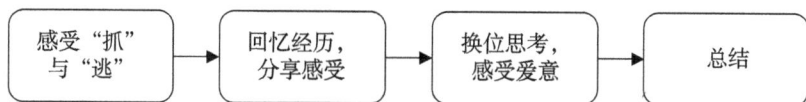

感受"抓"与"逃" → 回忆经历，分享感受 → 换位思考，感受爱意 → 总结

【教学过程】

一、感受"抓"与"逃"（7分钟）

老师：在开始这节课之前，我们先做一个抓手指的游戏。请同学们分成六组，每组成员围成一个圈并抬起双臂，左手食指抵住相邻同学的右手掌心，然后我开始喊数，当大家听到7的倍数（如7、14、21……）时，右手快速抓住相邻同学的左手食指，同时左手食指要避免被左侧的同学抓住。

老师与学生开展游戏。

老师：在刚才的游戏中，大家有什么感受？

学生举手分享。

教师小结： 不管抓还是逃，在这个过程中，大家都感觉很难。其实这有点像现在很多同学和父母的关系，虽然住在同一屋檐下，但常常上演"猫和老鼠"的剧目。

设计意图： 通过热身游戏营造课堂氛围，引导学生感受自身既想抓又想逃的状态，并借此引出亲子关系的话题。

二、回忆经历，分享感受（15分钟）

老师：你们现在正处于青春期，情绪会变得容易波动，并且对很多事情开始有了自己的想法，希望自己能被当作"大人"来对待。然而与此同时，你们的父母可能开始渐渐步入更年期，脾气会略显急躁。当你们的青春期撞上父母的更年期时，会发生什么事情呢？根据老师准备的情景，请同学们先在组内进行讨论，然后派几名代表用情景剧表演的方式进行演绎。

情景介绍：一天吃过晚饭后，你正在书桌前写作业，爸爸坐在沙发上看手机，妈妈刚收拾完碗筷，拿了一瓶牛奶放在你的书桌上，开始了她的唠叨。妈妈会唠叨些什么？你又有怎样的感受？请集中注意力，感受自己的情绪。

小组演绎一

妈妈：身体坐直一点，你看看你歪着身子，怪不得字都写不好。

你摸摸头不说话。

妈妈：和你说话听见没有？身体坐直。抓紧时间写，停在那干什么？

你：你好烦啊，我正在写呢！

妈妈：你还嫌我烦，说你两句就不耐烦了。

（最后，角色的动作定格不动。）

老师：当你在剧中扮演孩子的时候，你的感受是什么？

学生举手回答。

老师：我感受到了你们的情绪——无奈、烦躁、不知所措。有同感的同学请起立。另外，有没有同学想到的对话场景和刚才表演的不一样？如果有，也可以上台表演。

小组演绎二

妈妈送来牛奶后驻足观察了你一会儿，又转身回去拿了一个苹果过来。

妈妈：要不要吃个苹果？

你：刚吃完饭，吃什么苹果啊。妈妈，手机给我用一下。

妈妈：要手机干什么？老师说不需要用手机。

你：我要查资料。

妈妈：不给，自己查书上的资料，一天到晚就想着手机。

你：我就是查一下小报的资料，不给手机我就不做了！

（最后，角色的动作定格不动。）

老师：对于这样的交流，你有什么样的感受呢？

学生举手回答。

教师小结：通过表演，同学们可以非常清晰地感受到人物的情绪，觉察到亲子矛盾的起因。那么，我们应该如何处理这些情绪呢？这就需要同学们掌握基础的共情技术，试着感受父母的情绪，通过换位思考感受父母情绪背后的真实目的。

设计意图：通过情景展示，引导学生直观地看见情绪、感受情绪，同时根据学生的感受，让他们尝试寻找产生情绪的内在原因和情绪表达的内在含义，让他们初步了解处理负面情绪的不当方式是引起冲突的根本原因，为接下来的转换环节做准备。

三、换位思考，感受爱意（20分钟）

老师：在和父母沟通的过程中，我们有时候会觉得委屈、不满、伤心……而此时与我们背对背、转身离开的父母的内心又有怎样的感受呢？请你把自己当作刚才的妈妈，集中注意力，感受妈妈转身离开的瞬间心里会想什么？又会做什么？

学生举手分享。

老师：当我们感受到父母的关心、期待及没有说出口的话时，再次回到情景剧中，我们的感受和想法会有什么变化？

小组演绎一

妈妈：身体坐直，你看看你歪着身子，怪不得字都写不好。

你：好的，我会注意的。

妈妈：抓紧时间写，写完了就可以早点休息了。

你：嗯，我会认真写完的。我写完了拿给你检查。

妈妈：好的。那我就不盯着你了。

你：相信我，我会认真完成的。

小组演绎二

妈妈送来牛奶后驻足观察了你一会儿，又转身回去拿了一个苹果过来。

妈妈：要不要吃个苹果？

你：妈妈，我现在需要安静地写作业，您可以不打扰我吗？妈妈，手机给我用一下，我需要查资料做小报。

妈妈：使用手机的时候，我可以陪着你一起吗？

你：我知道你肯定以为我会偷偷玩手机，但我希望你能相信我，我用完就还给你。

妈妈：好的，那15分钟够吗？

你：可以，用完我就还给你。

老师：现在，同学们的感受又是什么样的呢？

学生举手分享。

老师：冲突未必会破坏关系，负面情绪才是关系恶化的导火索。没有负面情绪"火上浇油"，冲突就未必会带来伤害。在遇到冲突时，我们可以先尝试感受各自的情绪，然后再表达自己的真实需求。请你想一想，你在生活中是否遇到过以下类似的情景（你也可以自创某一情景）。

情景一：你回到家中，想和妈妈分享今天发生的事情或自己的心情，妈妈却直接问："作业写完了吗？考试考得怎么样？快点抓紧时间写作业。"

情景二：当你感觉不舒服，想休息一会再写作业时，妈妈说："你怎么永远都有这么多理由，坚持一会儿，先把作业完成了！"

情景三：周日，你做了 1 小时的作业，想休息一下玩会儿手机，妈妈正好回到家看到你手里拿着手机，就说："你怎么不写作业啊，是不是又玩了一天？"

老师：我们可以尝试用一致性表达来回应。一致性表达分为四步：第一步，客观地描述言行；第二步，表达感受；第三，说明影响；第四步，表达希望。以上述情景一为例，可以试着这样表达："妈妈，进门前我有一肚子话想和你说，被你这么一问，我都不知道该怎么说了。在学校学习了一天，我真的希望你见到我的第一句是问我开不开心，而不是考试和作业。"

学生用情景二和情景三练习使用一致性回应的句式。

教师小结：如果我们能换位思考，感受对方的情绪，并在说话时采用一致性表达的方式，就能有效地避免因负面情绪带来的不当行为和言语，从而使亲子关系更和谐。在生活中，我们要尽可能地尝试使用一致性表达方式，让日常交流更加顺畅。

设计意图：通过情景剧表演的形式，引导学生初步了解并掌握一致性表达的方法，并使用该方法表达自己的想法和情绪，这有助于学生与父母的关系变得更加融洽。

四、总结（3分钟）

老师：父母表达爱的方式多种多样。当青春期撞上更年期，我们和父母之间可能会发生冲突，但我们不要让冲突成为对彼此的伤害。当我们静下心来思考，把自己想象成父母，感受他们的情绪，换位思考时，我们就能对父母有更多的理解。理解正是爱的别名。

【课程迭代】

在本节课的最初版本中，笔者组织学生进行情景剧表演，并让观看者感受表演者的情绪。在实际操作过程中，大部分学生的思维比较跳跃，沉浸在对剧情的讨论和表演中，而忽略了对剧中人物感受的体会。笔者在考虑到这一点后，将情景剧表演与萨提亚的雕塑技术相结合，当学生演绎到矛盾冲突的节点时，进行画面定格。这样的设计既让课堂沉静下来，也给观看者一定的时间观察剧中人物的情绪。通过老师的言语引导，学生能更好地理解父母的付出和情感。但是学生在处理情绪及和父母沟通时，还是找不到合适的方法。因此，笔者在最终版的课程中加入了一致性表达句式的练习，让学生能在尊重父母的同时表达自己的需求，从而建立和谐的亲子关系。

【教学反思】

本节课的重点是让学生学会站在父母的角度，理解、体谅父母，如果课程仅采用事例启发和理论说教的方式，会显得有些单调，难以达到良好的效果。因此，本节课融入了情景剧表演的方式，让学生能直观地代入父母的角色，并通过剧情表演、画面定格等活动，在特定情景中更好地共情父母，理解父母的行为背后的情感。同时，课程还让学生了解一致性表达的重要性，鼓励他们在日常生活中尝试运用一致性表达的方式，从而避免因不当的表达方式导致亲子冲突加剧的问题。

对一节优质的心理课来说，学生在课堂上的生成非常重要。在课堂上，学生情感的自然流露或突发行为，对教师的临场发挥能力提出了挑战，但这同样促使教师调整教学方式，修改原定的教学流程，这都是"以学生为本"的体现。

【专家点评】

1. 符合学情，感悟情感。本节课充分考虑了处于青春期的初中一年级学生的心理特点，聚焦这一阶段学生普遍遇到的亲子矛盾，层层深入，引导学生以积极的态度面对问题，并通过"沟通与理解"等共情方式来体会父母的爱。

2. 贴近生活，感受内在。本节课采用情景剧的方式，现场模拟家庭日常生活的真实情境，引导其他同学认真观看并体会表演者的内心情感。学生认真观察，静心感悟，并积极发表自己的看法。有些同学站在孩子的立场试着理解父母的爱，有些同学站在父母的立场上试着感受孩子的委屈。通过深入探讨，学生明白了沟通与理解是打开心灵之门的钥匙，也是感悟爱的关键。

3. 结合理论，实践反思。心理课不仅要让学生懂得一些心理学原理，还要让学生掌握相应的方法和技巧。本节课很好地结合了萨提亚一致性表达的理论，促使学生在同学的帮助下审视自己的内心，反思自我的成长，以推动自我发展。本节课抓住了心理课的这个特点，充分发挥了团体心理辅导的功能。

（点评嘉宾：黄立新　江苏省无锡市职业技术学院心理学副教授）

该课曾获无锡市梁溪区心理优质课评比一等奖

【参考文献】

［1］程肇基，谢旭慧.一致性沟通模式、团体辅导与青少年人际沟通能力培养［J］.教师教育研究，2012，24（5）：80-84.

第四章

社会适应

本章的主要目标是帮助学生适应不同阶段的学习和生活环境。通过学习积极心理学中的成长型思维、心理韧性等概念，学生能够应对不同阶段可能出现的挑战与困难，如升学压力、人际关系问题等，提升自身应对挫折和独立生活的能力。

在本章，常见的心理主题包括适应新环境、适应学业难度和升学压力、适应集体生活、增强心理韧性、平衡学习与娱乐等。有关这些主题的教学通常从两个方面帮助学生提升适应能力：一方面从心态上帮助学生提前做好准备，接纳可能出现的困难；另一方面从方法上引导学生积极挖掘自身及周围的资源，使用恰当的方式应对挑战与困难。

初中生开始更独立地面对学习与生活中的种种挑战。他们首先感受到的就是学业难度的变化，更强的学业挫败感让一些学生开始产生厌学情绪。同时，随着自我意识的增强，初中生对娱乐活动拥有了更多的自主权，因此也需要拥有更强的自律能力，从而平衡学习与娱乐活动。在挫折应对方面，初中生可以学习用更理性的方式看待挫折，增强自己的心理韧性。

《生活飞行棋》通过飞行棋的隐喻帮助刚步入初中的学生体验初中一年级可能遇到的问题与事件，并探讨、制订应对计划。《带着小熊去上学》帮助学生将厌学情绪外化，并引导学生通过分析厌学情绪背后的可控与不可控因素，尝试重新爱上学习。《插上成长型思维的翅膀》通过培养学生的成长型思维，引导他们积极面对挑战。《升空计划》基于本土化的青少年心理韧性理论，将心理韧性比作火箭，并介绍了多种增强心理韧性的工具，树立未来目标。《网络密室大逃脱》以密室逃脱游戏作为主线，引导学生认识并避开不良使用网络的陷阱。

在本章，读者将看到教师们对诸如韧性、挫折这样的常规话题的深入思考。教师或者通过巧妙的隐喻，或者通过外化、价值澄清等咨询技术将心理课变得更形象化，也更贴近学生的生活需求。

生活飞行棋

广东省深圳市翠园中学 周江萍

【驱动问题】

如何让学生更好地适应初中生活？

【基本信息】

适用学段：初中一年级

准备道具：学案纸、骰子

【设计思路】

适应能力是个体在应对生活中的种种变化时的心理资源，是个体对可预测的任务和不可预测的问题的准备程度和应对能力[1]。《中小学心理健康教育指导纲要（2012年修订）》指出，心理健康教育的主要内容且重点之一是生活和社会适应。此外，适应能力对学生的生涯发展至关重要，良好的适应能力可以降低学生的焦虑感、挫败感，缓解压力，提升个体的满意度和幸福感。

初中阶段和小学阶段有许多不同之处，对学生的适应能力也有了更高的要求。学生不仅需要适应更多、更难的课程，还需要完成更多的作业，因此学业压力会更大。与此同时，初中阶段的人际关系也变得更加复杂，人与人之间的相处、冲突更容易影响学生的情绪。此外，学生还需要适应新的校园环境、新的老师等。如果他们不能够顺利地适应初中生活，就可能会出现情绪低落、感到挫败、难以交到朋友、缺乏学习动力等一系列问题。因此，引导学生认识和了解自己，并鼓励他们提前做好应对问题的计划，有利于提高他们的适应能力，帮助他们更好地适应初中生活。

本节课通过飞行棋这一活动，帮助学生提前体验初中一年级可能发生的事件，并通过在游戏中加入"前进/后退"的设计，引导学生感受不同生活事件的影响，增加学生对不确定性的容忍度，提高学生的适应能力。飞行棋的内容来源于学生的日常生活，包括学业、人际、家庭、身心状态等各个方面，取材贴近学生的实际生活，有助于学生更好地代入其中。在学生充分体验生活事件的基础上，再通过锦囊妙计活动，指引学生为接下来的初中生活做好准备。最后，通过心理时钟的概念，帮助学生对适应能力形成一个具象的概念，从而更好地接纳和提升自我。

【教学目标】

1. 情感目标：体会不同事件带来的感受之间的差异，接纳生活的多变性，体验和表达不同事件带来的感受。

2. 认知目标：了解适应能力的概念及其具体表现，理解并尊重个体差异。

3. 行为目标：初步学会制定并运用一些恰当的应对策略，提高自身的适应能力。

【教学思路】

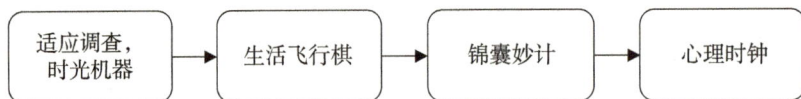

适应调查，时光机器 → 生活飞行棋 → 锦囊妙计 → 心理时钟

【教学过程】

一、适应调查，时光机器（10 分钟）

老师：同学们，大家入学已经有一段时间了，你觉得自己适应初中的生活了吗？请觉得自己适应得非常好 / 还不错 / 一般 / 不太适应的同学依次举手。

学生根据自身情况举手。

老师：在刚刚的调查中，有半数左右的同学觉得自己适应了初中的生活，也有一部分同学不太适应当前的学习和生活。我想问一下大家，从小学升入初中，你们觉得有哪些需要适应的方面呢？

学生举手回答。老师根据学生的回答，在黑板上做简单的记录，并视情况补充和完善。

老师：大家提到有这么多需要适应的方面，看来适应初中生活真不是件容易的事。我们请几名同学分享一下最近在适应方面遇到的困难吧。

学生举手分享。

老师：谢谢同学们的分享，我想这些同学讲到的问题其他同学可能也遇到过。刚刚同学们都提到了一些需要适应的方面，在当下的你们看来，这些方面可能存在一定的适应难度。但如果有一台时光机器，可以带你穿越到初中一年级结束的时候，那时你会是什么样的呢？请想象一下，此时你已经完成初中一年级下学期的期末考试，准备开启暑假生活，这时候的你会是什么样的呢？和现在的你会有什么不同？请你花3分钟时间和周围的同学讨论一下。

学生展开讨论。

老师：在这一年里，也许会发生很多事情，我们会变化、成长。如果现在真的有这么一个机会，你想不想提前体验一下这一年的生活呢？

设计意图：引导学生简单回顾进入初中以来的生活，让学生表达自己升入初中后的经历和感受，并引导学生对未来的生活进行想象。

二、生活飞行棋（15分钟）

老师先向学生展示飞行棋的内容（见文末学案纸），并介绍活动规则。介绍完规则后，分发课堂活动材料，活动时间为 10 ～ 15 分钟。

活动规则如下。

①四人一组，根据具体情况适当调整。每人选择一个物品代表自己，并将其放置于起点（即"开学"处）。

②基本规则：组员依次投掷骰子，根据骰子上的数决定前进步数，每人每轮投掷一次。

③特殊事件：当停留的格子上标注了事件内容时，需根据标注的内容前进或后退。

④撞子比拼：如果停留的格子中已有他人的棋子，则需与其进行比拼，通过"石头、剪刀、布"的方式，输的人后退一格，赢的人前进一格。前进或后退后如遇事件格，无需执行标注的内容。

⑤胜负判定：小组中第一个到达终点的同学即为胜出（若超出步数，则需退回），其他同学仍可以继续前行，直至小组成员都到达终点，活动结束。

活动结束后，老师引导学生分享在活动过程中遇到的事情、自己的感受和发现，并及时给予学生反馈。老师在引导时可参考以下问题。

问题 1：在你遇到的事中，什么事最让你开心？

问题 2：你有没有遇到意料之外的事？当时你是什么样的心情？

问题 3：在活动过程中，令你印象最深刻的是什么？为什么？

问题 4：你是第几个到达终点的？心情怎么样？

问题 5：这个活动对你有什么启发？

教师小结： 在刚刚的活动中，我们可能遇到了一些意料之外的好事，也可能遇到了一些原本不想遇见的事情。但就像同学们分享的那样，生活并不会完全符合我们的期待。因此，我们需要不断地适应各种变化，在变化中稳定自己的身心，这就是所谓的适应能力。

设计意图： 通过飞行棋活动，带领学生提前体验初中一年级的生活，在活动过程中感受积极、消极事件带给自己的影响，增强学生的体验感。

三、锦囊妙计（13 分钟）

老师：适应能力存在个体差异，虽然刚刚的活动只是一个游戏，但老师观察到，有的同学很快就能从遇到的消极事件中振作起来，继续向前；有的同学则会感到挫败、沮丧，不想继续玩下去了，这都是正常的反应。在日常生活中，我们也会遇到各种各样的情况，请同学们想一想适应能力可以培养吗？

学生举手回答。

老师：是的，提前做好准备能够帮助我们更好地应对各种突发状况。现在，请每组选择一个在接下来的一年中可能会遇到的事件，可以是飞行棋上的事件，也可以是你们自己想出来的事件，并想出至少三个锦囊妙计来应对这一事件，然后把它们记录下来，并派一名代表进行分享。

学生小组讨论，记录下锦囊妙计并进行分享。

教师小结： 刚刚同学们分享了许多不同的思路。由此可见，适应能力是可以培养的。总体来看，我们至少可以从四个方面提升适应能力：熟悉和接纳自己的适应节奏；安抚和调节自身情绪；寻求外界的帮助；展开积极的自我行动。

设计意图： 通过小组讨论，引导学生思考如何在现实生活中提前做好应对预案。

四、心理时钟（2 分钟）

老师：就像我们的身体有一个生物钟一样，在我们的心里也有一个心理时钟。生物钟因人而异，心理时钟也是如此。同样是适应初中生活，有些同学的心理时钟走得特别快，一两周就适应了；有些同学的心理时钟则走得慢一些，可能需要一个月甚至一个学期的时间慢慢地了解和熟悉身边的人或事。每个人都有不同的适应节奏，了解自己的心理时钟，并在此基础上尝试做一些调整，能够帮助我们更好地提升适应能力，尽快适应初中生活。

设计意图： 通过最后的总结和升华，向学生介绍"心理时钟"的概念与作用，并将其运用到生活中。

【课程迭代】

与之前的版本相比，本节课的最终版主要对课程的导入和总结环节进行了优化。在第一版的导入活动中，笔者试图借助套餐的概念帮助学生将初中生活的方方面面串在一起。但在实际授课过程中，笔者发现"套餐"这个词在初中生的生活中很少出现，不如直接以学生举手回答的形式，询问学生对初中生活的适应情况。在学生举手回答的过程中，教师可以关注到部分适应状况不佳的学生，在课后加以追踪。在第一版中，总结环节直接引出了心理韧性这一概念，但笔者发现这对初中生来说有点难以理解，随后又将这一概念改为心理弹簧，但这与课程想要传达的"每个人的适应节奏不同"的理念又不太匹配。因此，在和其他教师进行讨论的基础上，结合学生的日常生活，笔者最终提炼出心理时钟这一概念，使学生更容易理解。在修改课程设计的过程中，活动形式与课堂用词都根据学生的实际情况进行了调整，以获得更好的课堂效果。

【教学反思】

本节课旨在增加学生对适应能力的了解，并引导学生在此基础上有意识地提升自身的适应能力。社会适应是中学阶段一个重要的心理健康教育主题，而对初中生来说，入学后的第一个学期往往是最难的，因此，建议本节课安排在初中一年级上学期的第一个月或第二个月开展。

本节课在以下几个方面设计得较为精彩，在课堂上收获了热烈的反馈。

1.飞行棋活动的玩法设计。飞行棋是学生熟悉且喜欢的游戏，这一活动形式可以吸引学生参与到课堂中，投掷骰子和撞子比拼的设计则很好地体现了生活中的不确定性，让学生有真实的情感体验，现场的经历也会带给他们更直观的感受，从而让他们自然而然地生成领悟。

2.飞行棋活动的内容设计。飞行棋活动的内容既包括积极事件，也包含消极事件，体现了生活中的跌宕起伏，取材于学生的真实生活，使学生更加有代入感。

3.时光机器的设定。时光机器以一个类似"奇迹问题"的比喻，把学生的目光拉到一年以后，让学生以更长远的眼光来看待当下遇到的困难，开阔学生的眼界和思维，并对未来产生期待。

4.心理时钟的概念。学生往往能理解生物钟的概念，但却不一定能接受自己的心理时钟走得比他人慢。例如，当同伴已经在期中考试中获得了好成绩，而自己还在怀念小学生活或完全不适应初中生活，学生可能会因此感到分外沮丧甚至自责。而心理时钟概念的引入，可以帮助学生更好地理解和接纳自己。

但是，本节课依旧存在一些不足之处。首先，飞行棋的活动形式虽然非常有趣，但课堂组织和管理的难度也会相应提升，这需要教师有较好的时间把控能力和现场管理能力。其次，虽然学生会积极参与游戏，但由热闹的活动引出有效的思考和讨论以启发学生思维的过程存在一定的困难，需要教师在提出引导问题时结合现场情况及时进行调整。最后，在锦囊妙计活动环节，由于学生的大部分精力都用在了飞行棋活动中，到讨论如何应对生活中出现的事件时可能会出现积极性不高、答案简单敷衍等情况。因此，对于课程的设计和实施，需要教师对提问、总结等环节进行精心的准备和打磨，并不断引导学生主动思考，让学生真正从体验走向感受、领悟和行动，从而提高学生的适应能力。

【专家点评】

心理活动课的精髓在于给学生提供独特的心理体验，让学生能够通过充分的体验生发出内在的领悟，并把这份领悟带到生活中。

怎样让尚未真正开启初中生活的初中一年级学生预设、想象出成长中的各种烦恼，是本节课的一大难点。生活飞行棋在形式上并不算是新鲜的课堂道具，但在这里反而成了最恰当的一块拼图，使这节心理课成功地跨越这一难点。这一充满趣味性和参与感的活动设计，既充分满足了处于青春期的初中生的需要，为他们丰富的情感体验提供了恰当的出口，又让他们在课堂上真切地体验到了"模拟人生"般的感觉，带领他们提前经历未来生活的跌宕起伏。这一设计堪称巧妙！

有时候，朴素的活动放在了对的时机和恰当的人群面前，就会有妙不可言的效果。

（点评嘉宾：刘蒙，深圳实验学校高中部心理高级教师）

【参考文献】

［1］赵小云，谭顶良，郭成.大学生生涯适应力问卷的编制［J］.中国心理卫生杂志，2015，29（6）：7.

[学案纸]

生活飞行棋

姓名：_____　　班级：_____　　学号：_____

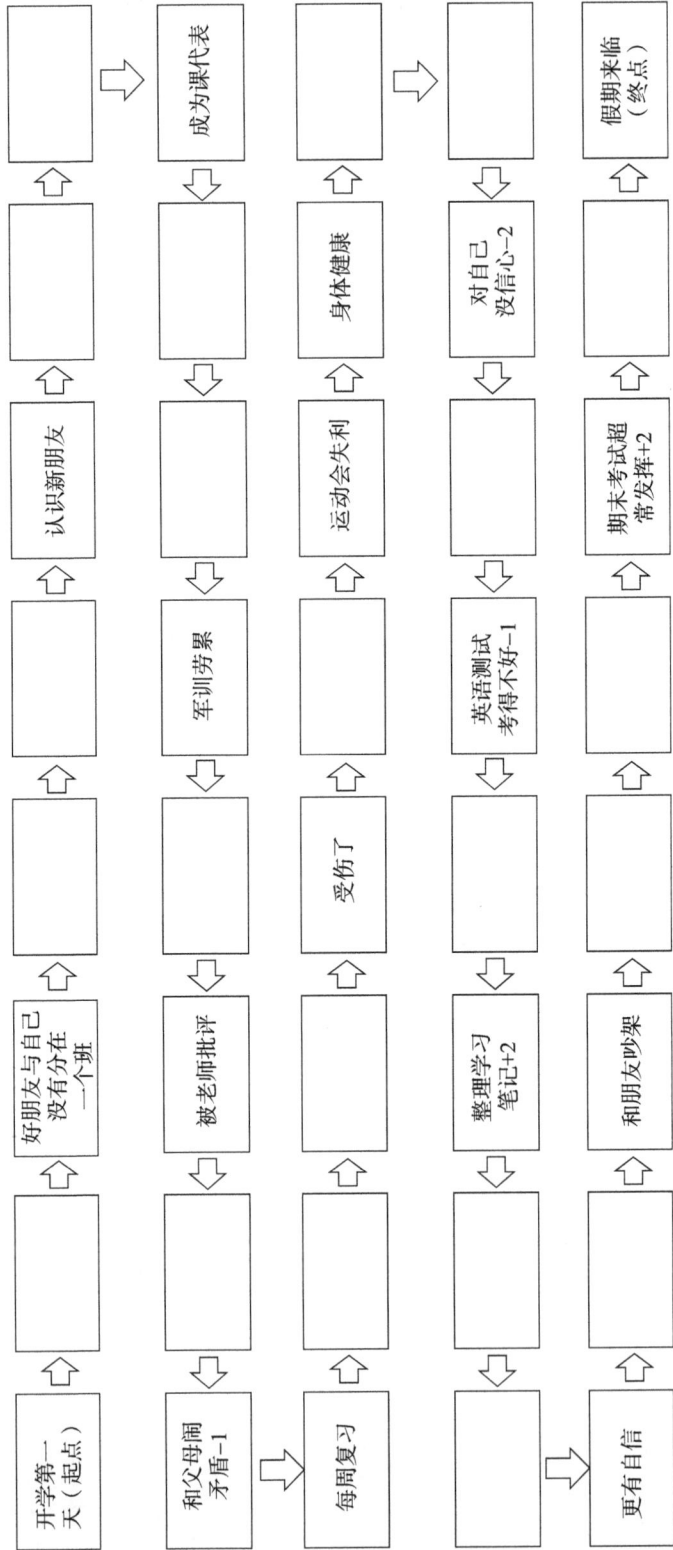

开学第一天（起点）→ □ → 好朋友与自己没有分在一个班 → □ → □ → 军训劳累 → □ → 认识新朋友 → □ → □ → 成为课代表

和父母闹矛盾-1 → □ → 被老师批评 → □ → 受伤了 → □ → 运动会失利 → □ → 身体健康

每周复习 → □ → □ → 英语测试考得不好-1 → □ → 对自己没信心-2

整理学习笔记+2 → □ → 期末考试超常发挥+2

和朋友吵架 → □ → 假期来临（终点）

更有自信

带着小熊去上学

广东省深圳市龙岗区天誉实验学校　韦宣任

【驱动问题】

如何提升学生对厌学情绪的应对能力？

【基本信息】

适用学段：初中一年级

准备道具：学案纸、A4 纸、彩笔

【设计思路】

社会飞速发展，学生面临的学业压力越来越大，部分学生在面对学业压力时会表现出无力感和迷茫，甚至对学习产生倦怠、厌倦的情绪。初中一年级上学期的学生需要面对的一个重要课题是适应学校生活。进入初中，学习难度增加、学习科目变多、学习时间变长，这些因素都可能使学生产生厌学情绪。同时，绝大部分学生已经进入青春期，他们的情绪具有不稳定性、冲动性等特点，如果不及时进行调节可能会产生冲动行为。因此，与学生探讨厌学情绪，并将这种情绪外化，能够帮助学生客观地了解厌学情绪，同时促进学生进行自我调节。

本节课基于叙事疗法的理念看待学生的厌学情绪。叙事疗法认为，来访者才是自己问题的发现者和解决者。叙事疗法的外化技术通过外化问题将人与问题分离开来，这样人就有机会站在问题之外理智地思考，并与之对话[1]。

基于上述学情及理念，本节课以小熊表情包的形式外化学生的厌学情绪。通过画小熊、话小熊的活动，让学生深入了解厌学情绪的特点及成因。通过了解小熊这一活动，引导学生探索面对厌学情绪时的可控因素。最后，通过对小熊之外的探索活动，引导学生意识到在面对不可控的因素时，我们仍然可以通过改变认知，发现更丰富多彩的校园生活。

【教学目标】

1.情感目标：积极投入课堂活动中，客观地看待厌学情绪。

2.认知目标：认识到影响厌学情绪的因素，并且找到其中的一些可控因素。

3.行为目标：即使出现厌学情绪，也能够从自身可控因素着手进行调节。

【教学思路】

画小熊 → 话小熊 → 了解小熊 → 小熊之外 → 再看小熊

【教学过程】

一、画小熊（5分钟）

老师：面对学习，你是否产生过一些负面情绪？这些负面情绪有哪些？请你在学案纸（见文末）上用给小熊画表情的方式表现出来，并给小熊取一个名字。

学生用2分钟时间将学案纸上小熊的表情补充完整，并写上小熊的名字。

老师：如果带着这个小熊去上学，会发生什么呢？

设计意图：以可视化的方式引出对厌学情绪的探讨，同时将厌学情绪外化。

二、话小熊（8分钟）

老师：这只小熊变成了一个真实的个体，它跟着你一起来到了学校，它会说些什么呢？

学生根据以下场景，补充并举手分享该场景下小熊说的话。

场景一：当你走进校门时，小熊会说些什么呢？

场景二：当你正在上××课时，小熊又出现了，这时它会说些什么呢？

场景三：小熊还有可能在哪些场景出现？它又会说些什么呢？

教师小结：原来这只厌学的小熊会在我们学习遇到困难且暂时无法解决困难时，或者在我们学习取得进步但得不到认可时出现。那么，小熊会不会发生变化呢？

设计意图：通过创设情景的方式，引导学生看到厌学情绪的影响，并引出下一环节的探究问题。

三、了解小熊（15 分钟）

（一）了解影响厌学情绪的因素

老师：随着和小熊相处的时间越来越长，大家发现，这只厌学小熊有时候会慢慢变大，有时候却慢慢变小。究竟是什么原因导致小熊变大或变小呢？

学生以小组为单位进行头脑风暴，写出小熊变大和变小的原因分别有哪些，写得越多越好，内容合理即可。各组将头脑风暴的结果写在 A4 纸上，随后每组派两名代表分享（一人分享内容，一人在黑板上做简单的记录）。老师根据学生的生成，总结影响小熊变大或变小的因素。以下因素作为参考。

- 小熊变大的原因：学习效能感低、成就感低、疲劳。
- 小熊变小的原因：有成就感、有朋友的支持和陪伴、休息充足、课堂有趣（自己感兴趣）。

（二）寻找可控因素

老师：在大家呈现的众多原因中，哪些是我们可以控制的？我们可以做点什么让小熊变小？

各组学生用不同颜色的彩笔将自己认为可控的因素圈出来，并讨论在这些可控因素中，我们可以做些什么让小熊变小。讨论结束后，各组派代表进行分享。老师根据学生的分享，用下划线在黑板上标注可控因素。

教师小结：我看到了同学们应对厌学情绪的独特智慧。也许厌学情绪在某天还会重新出现，但我相信同学们可以找出让小熊变小的方法。在生活中，或许有一些事情我们无法改变，但我们依旧可以在可控的范围内做一些力所能及的事情。

设计意图：通过分析厌学小熊变大或变小的原因，引导学生寻找可控因素，进而找到更加个性化、有针对性的应对措施。

四、小熊之外（10 分钟）

老师：厌学小熊就像生活中的一个灰色小圆点，如果单看这个点，我们会觉得它很显眼、很突出。但如果我们能够看到生活中还有很多五彩斑斓的点，那么这个灰色的点也就没有那么突出了。这些五彩斑斓的点可能是朋友的关心，可能是老师的一句鼓励，也可能是课间与同学嬉戏玩闹的笑声，所有的这一切构成了一幅校园生活场景图。对你们而言，这些五彩斑斓的圆点可能是什么？

学生在学案纸上补充圆圈上的内容，并用彩笔自由涂色，完成后可在班级中展示。

设计意图：促进学生找到具体、可操作的应对厌学情绪的方法，同时帮助学生认识到，有时无论我们如何努力，一些负面情绪都不会完全消失。本环节一方面给学生传达了接纳的思想，另一方面通过引导学生转换观念，让学生能更好地应对厌学情绪。

五、再看小熊（2分钟）

老师：现在，请你再看看刚上课时自己画的那只小熊，你会对它说些什么？

学生在学案纸上写下对小熊说的话并举手分享。

教师小结：当我们能够看到生活中的可控因素，看到生活中其他五彩斑斓的圆点时，灰色的厌学小熊仿佛就没那么明显了。小熊并没有改变，改变的是我们看待问题的方式。

设计意图：通过与小熊的对话，总结本节课的内容。

【课程迭代】

本节课的教学设计几经易稿，初稿是笔者在"教师基本功大赛（笔试）"上完成的，评委在对这节课的第一稿进行点评的时候指出了两个需要改进的地方：一是原设计中的干预策略不聚焦；二是在原设计中小熊之外环节，教师直接呈现了不同颜色的圆点可能代表什么，建议改为让学生自己填写圆圈中的内容。结合建议，笔者再次梳理各个环节之间的关系，最终确定以"寻找可控因素并做出调整"作为本节课的重点，丰富了总结环节的内容。第三稿之后，笔者对语言又进行了精简，并对了解小熊环节的第一部分也进行了简单的删改。这部分原来有两方面内容：一是影响厌学情绪的原因（即影响因素）；二是厌学情绪的影响。将两者放在一起，学生容易混淆（且后者与话小熊活动部分重复），因此删掉了"厌学情绪的影响"相关内容。

【教学反思】

本节课以叙事疗法的外化技术为指导开展活动，将厌学情绪以表情包的形式呈现出来，大大激发了学生参与活动的热情。同时在讨论让小熊变大或变小的因素时，学生也能够更加自如地参与讨论。总体来说，本节课的优点主要有以下几个。

第一，重视学生个性化的生成。在画小熊环节，虽然学生描述的都是厌学情绪，但是每名学生都可以建构出一个个性化的厌学小熊，厌学小熊对每名学生的影响也不完全相同。

第二，在以厌学情绪为主题的课程中，很多时候都少不了学生对学习的"吐槽"，如果这种"吐槽"过多，可能会将课堂带入消极的氛围，不利于教学的展开。在本节课，学生能够以一种更加直观的方式宣泄负面情绪——画表情包和给小熊命名。

第三，重视学生自身的资源。学生在寻找让小熊变小（减少厌学情绪）的方法时，教师提炼出的影响厌学情绪的可控因素是从各组的头脑风暴结果中直接选出来的，这能帮助学生生成个性化的解决方案；另外，在小熊之外环节，学生填写圆圈中内容的过程也是挖掘自身资源的过程。

本节课对教师的总结提炼能力要求较高。在授课过程中，笔者发现了本节课的一些不足之处，并思考了相应的改进措施。

第一，个别问题对部分学生来说有点难。在了解小熊环节，学生圈出可控因素后，小组讨论"我们可以做点什么让小熊变小"，此时有的小组难以生成具体的答案，回答比较空泛，如"好好学习"。因此，在操作过程中，教师要对学生进行提醒和指导，如"我希望你们分享的行为非常具体，如早上到校后，先把今天要学的数学内容浏览一遍"。

第二，在授课过程中，可能会有少数学生提到从来没有出现过厌学情绪，教师可以将这部分学生作为课堂的资源。例如，他们可能经历过厌学小熊出现的情况，但为什么他们没有厌学情绪呢？老师可以适时地邀请这些同学进行分享，不仅可以增强他们的参与感，也可以给其他同学提供看待问题的不同视角。

【专家点评】

本节课对初中生的厌学情绪进行了探讨，深入浅出，其主要亮点如下。

1. 立意新颖，构思巧妙。本节课指出厌学情绪是初中生普遍会产生的一种情绪，并通过外化技术将厌学情绪和学生本身分开，让学生看见厌学情绪、探讨厌学情绪，通过发现自身可控因素实现对厌学情绪的调节。除了调节厌学情绪，本节课也引导学生学会接纳那些无法消除的消极情绪，并学会与之相处，这也是非常重要的。

2. 创设情景，代入感强。本节课创设了带着小熊去上学的情景，用故事表达学生的生活体验，贴近学生的生活。小熊既能投射出学生自己的情绪，但又不是学生本人，因此他们可以更安全地进行表达，同时又可以以第三视角看待"厌学小熊"与"我"的关系。整节课通过有效提问引导学生思考，学生的代入感很强，这激发了学生自主参与的动力。

3.开放度高，生成精彩。整个课堂的开放度高，为学生提供了充分思考和表达的空间，教师在学生生成的基础上，进一步引导学生深入思考，从而达成了课程目标。

（点评嘉宾：陈静雯，深圳市龙岗区教育科学研究院心理健康教育教研员）

该课获得深圳市龙岗区青年教师教学能力比赛一等奖

【参考文献】

［1］戎梅.叙事疗法"外化技术"在心理课中的运用［J］.中小学心理健康教育，2023（13）：40-42.

【学案纸】

带着小熊去上学

班级：＿＿＿＿＿＿　姓名：＿＿＿＿＿＿　学号：＿＿＿＿＿＿

画小熊

面对学习，你是否产生过一些负面情绪？请你用给小熊画表情的方式画出这些负面情绪，并给小熊取一个名字。

它的名字：＿＿＿＿＿＿

小熊之外

对你而言，其他的圆点可能是什么？请你补充空白圆圈中的内容，并用彩笔自由涂色。

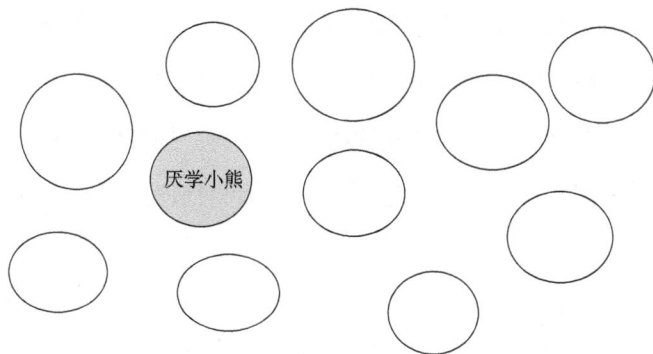

厌学小熊

再看小熊

现在，请你再看看之前画的那只小熊，你会对它说些什么？

我会对它说：＿＿＿＿＿＿＿＿＿＿＿＿＿＿＿＿＿＿＿＿＿＿＿＿＿＿

插上成长型思维的翅膀

北京市第十三中学分校　秦丽丽

【驱动问题】

如何帮助学生塑造成长型思维?

【基本信息】

适用学段:初中一年级

准备道具:学案纸、马克笔、纸条若干、漂流瓶

【设计思路】

《中小学心理健康教育指导纲要（2012 年修订）》指出，初中年级心理健康教育的主要内容包括帮助学生适应中学阶段的学习环境和学习要求，培养正确的学习观念。《北京市中小学心理健康教育工作纲要（2014 年修订）》明确指出，要引导学生端正学习态度，激发学习动机，增强学习效能。

心理学家卡罗尔·德韦克发现了思维模式的力量，她在《终身成长》一书中提出了两种思维模式：成长型思维与固定型思维[1]。成长型思维即个体认为个人的能力和智力可以通过学习及坚持不懈的努力得到发展和提高。拥有成长型思维的人往往有以下特点：对挑战和障碍持乐观态度，愿意接受反馈和批评并视其为改进的机会，以及重视努力和毅力等[2]。

初中一年级是初中阶段的开端。学习难度的增加、作业的增多及伴随青春期而来的各种生理和心理困扰，会对初中生的健康成长产生重要的影响。同时，这一时期的学生正处于思维发展的关键阶段，可塑性强，此时若能引导学生直面升入初中以来学业中的困难与挑战，尝试用成长型思维进行思考，就能点燃他们的学习热情，帮助他们突破难关，享受学习的过程带来的快乐，这对提高初中一年级学生的学业适应能力

和心理健康水平具有重要意义。

　　本节课基于上述学情和理念，以漂流瓶大挑战的形式引导学生表达遇到挑战时的感受，分享升入初中后的困惑与烦恼；在对虚构案例进行探讨和身体雕塑活动中，让学生体验不同的思维模式，并思考其特点。

【教学目标】

　　1.情感目标：体验成长型思维带来的积极感受。

　　2.认知目标：了解固定型思维和成长型思维的特点。

　　3.行为目标：觉察并反思自己遇到困难与挑战时的思维方式，尝试培养成长型思维方式。

【教学思路】

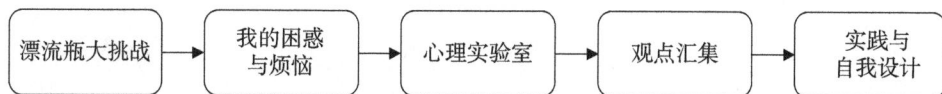

【教学过程】

一、漂流瓶大挑战（5分钟）

　　老师：（提前将学生分成几组）每组的桌面上都有一个漂流瓶，瓶子里装着一项对同学们来说非常有挑战性的任务，大家现在还不能看。当音乐响起时，请同学们在组内传递漂流瓶，音乐停止时拿到瓶子的同学上台完成挑战。

　　学生按照要求开展活动。

　　老师：时间到，请拿到瓶子的同学上台，你现在的心情和想法是怎样的？

　　拿到瓶子的同学依次上台分享。

　　老师：其实瓶子里是我送给你们的一份小礼物——书签。这个活动是老师设置的小情境，就是想让大家体验面对未知和挑战时的内心感受。在现实生活中，我们可能经常会遇到类似的挑战情境。

　　设计意图：调动学生参与的积极性，引导学生体验面对未知和挑战时的感受。

二、我的困惑与烦恼（2分钟）

老师：请同学们写出升入初中后自己感到困惑或令自己烦恼的事情，如学习上存在困难、不适应新的学习科目、努力了但没有结果等。在这些事情面前，同学们可能会有各种各样的想法。

学生回顾并思考自己升入初中以来遇到的困惑、烦恼及相关的想法并举手分享。

设计意图： 引发学生思考，让学生意识到在面对未知和挑战时，不同的人会有不一样的想法。

三、心理实验室（8分钟）

老师：接下来的环节会出现两位主人公，他们在学习中遇到了不同的困惑和烦恼。

主人公一：上小学时，我的数学、语文、英语成绩每次都不低于90分，有时还会考100分。进入初中后，新增加的学习科目有历史、地理、生物，这些对我来说都是全新的。各个学科的难度也明显增加了，尤其是数学，比我想象中要难很多。

主人公二：从小和我一个班的小诚的学习成绩一直跟我差不多，有时还不如我考得好。可上了初中以后，不知道为什么他的成绩变得特别好。我也很努力，上课认真听讲，下课认真写作业，但成绩却没有什么起色，跟小诚拉开了很大的差距。在家里，爸爸、妈妈经常拿我和小诚比，让我多向他学习。

老师：请大家说一说，如果你遇到这样的事情，你会怎么想？各组进行讨论并把想法用马克笔写在纸条上，一张纸条上面写一个想法。

学生分组讨论并将想法写在纸条上。

老师：不同的想法对这两位主人公接下来的行动可能会有不同的影响，有的想法可能会给主人公带来很大的帮助，有的则相反。请同学们根据自己的理解，逐条分析刚刚写出的想法，说说这些想法对主人公的帮助会有多大，并用0～10分进行打分，0分代表没有帮助，10分代表特别有帮助。

学生分组讨论，将这些想法对主人公产生的影响的相应数字标注在纸条上。

设计意图： 通过思维碰撞，引导学生进行分析，使其认识到不同的想法对人会产生不同的影响。

四、观点汇集（20分钟）

（一）梳理想法——觉察不同的想法

老师邀请各组分享在上一环节中讨论得出的主人公可能有的想法。按照对主人公帮助的大小，老师将学生展示的想法贴在黑板中数轴上"0～10"对应的位置，0分代表没有帮助，10分代表特别有帮助。

老师：第一位主人公在面对困难与挑战时，如果能发现挑战中的乐趣，找到自己的资源，就会拥有更积极的感受。第二位主人公在面对努力没有成效的情况时，如果选择将原因归结于智力等自己不可改变的因素，就容易产生无力感；相反，如果将原因归结于学习方法、学习策略等可改变的因素，就能激励自己用更积极的行动去解决问题。同时，第二位主人公在面对和他人比较时，如果能把他人当作自己的榜样和目标，学习他人的优点，就会体验更加积极的感受。

（二）心理雕塑——体验想法背后的感受

老师：接下来，同学们可以想象自己是其中一位主人公，当你采用了对自己有帮助的想法时，你的身体会有什么样的感受？你想用什么动作来表达这种感受？当你采用了对自己没有帮助的想法时，你又会用什么样的动作来表达自己的感受？例如，我想以张开手臂来表达前者，以把头埋在手臂里来表达后者。

学生用自己的身体动作来表达不同的感受。

（三）成长型思维与固定型思维——介绍不同的思维模式

老师：心理学家卡罗尔·德韦克教授经过30多年的研究，发现了两种不同的思维模式——成长型思维与固定型思维。总体而言，拥有固定型思维的人认为人的能力像石头一样，是固定的、不可改变的；拥有成长型思维的人相信人具有学习和成长的无限潜力，就像不断生长的大树一样。就个体而言，这两种思维模式同时存在且并非完全对立。黑板上大家的这些想法有的是成长型思维的体现，有的则是固定型思维的体现。那么，大家觉得我们的思维模式是可以变化的吗？

学生举手回答。

教师小结： 我们可以通过有目的的练习来塑造我们的思维模式。所以，同学们要觉察、反思自己的思维模式，刻意培养成长型思维，从而获得更加积极的体验。

设计意图： 通过体验、思考与概念理解等方式，引导学生逐步了解成长型思维和固定型思维。

五、实践与自我设计（5分钟）

老师：请同学们在学案纸（见文末）上，通过一个关于思维核查表的小练习对自己的思维模式进行觉察和反思。

学生完成学案纸上的内容。

教师小结： 经常采用上述方式审视自己的思维模式，会帮助我们有意识地培养自己的成长型思维。希望大家在课后多实践。在接下来的课程中，我们还会继续探讨培养成长型思维的具体方式。

设计意图： 引导学生觉察与反思自己的思维模式，引导学生运用学到的知识，培养成长型思维。

【课程迭代】

首先，最初的课程设计更多地强调成长型思维和固定型思维的区别，但笔者发现从核心概念上来讲，这两种思维模式并非非此即彼。因此，笔者将课程内容修改为通过"给遇到困难时产生的想法对自己的帮助程度打分"，并将这些想法按帮助程度在连续的数轴上呈现出来，让学生明白这两种思维模式并非非此即彼，这样的改变让课程设计更加合理、科学。其次，在最早的课程设计中，笔者只是让学生根据想法推测情绪，学生缺乏体验感。在反复试课后，笔者专门增加了心理雕塑环节，引导学生将心理感受与身体状态建立联系，以更好地实现教学目标。最后，课程中原本的案例离学生的实际生活较远，在试课中，笔者发现该案例不能很好地调动学生参与的积极性。于是，笔者在对几百名初中一年级学生进行问卷、访谈调查及心理辅导后，选择了两个真实鲜活、有代表性的案例，使学生有亲近感、熟悉感、代入感，从而达到更好的教育效果。

【教学反思】

本节课是针对初中一年级学生入学适应问题的心理课，其优点包括以下几个方面：教学目标清晰，符合学生实际需求；教学方法创新，通过心理雕塑活动，引导学生将心理感受与身体状态建立联系，形成对成长型思维和固定型思维的认识与理解；教学活动与案例贴近学生实际情况，能够调动学生的积极性和主动性；教师尊重学生的感受，及时给予恰当的回应，学生全情投入，共同促进教学目标的达成。

但是，本节课还存在以下可改进之处。

1. 关于成长型思维的课程需要设计为系列课程，一节课不能包括所有内容。后续的课程要继续跟进，从各个角度（例如，如何看待能力、错误、反馈，转化固定型思维的具体步骤，如何制订成长型思维学习计划，等等）引导学生采用成长型思维模式思考问题。

2. 小组分享环节容易出现超时现象，个别学生在分享时不够自信。教师应说明发言的具体要求，并及时对发言的学生给予鼓励。

【专家点评】

本节课的亮点主要体现在以下几个方面。

1. 辅导主题的选择符合学生的需要。本节课针对的是刚刚升入初中一年级的学生，在新的阶段，他们在学习与生活中会面临很多困难和挑战。进行成长型思维的训练有助于学生在面对困难时表现得更加积极、更有力量。同时，初中生的思维方式可塑性很强，在这一阶段给学生进行成长型思维方面的引导，学生更易于接受。学生一旦形成成长型思维，将受益终生。

2. 学生的体验丰富、思考深入。漂流瓶大挑战活动让学生体验了面对未知和挑战时的感受，心理实验室让学生体验了在面对同一情境时不同的思维方式带来不同的感受。这种真实体验会让学生的内心自然而然地发生改变。

3. 案例与学生生活联系紧密。教师对学生在生活中遇到的困难进行总结、提炼，形成贴近学生生活实际的案例，让学生产生共鸣，从而呈现各种想法，并总结出不同想法带来的不同结果。实践与自我设计活动呈现了学生在实际生活中遇到的困难，并引导学生尝试用课上所学的内容解决问题。本节课对学生解决实际困难和提升生活品质有很大的助益。

（点评嘉宾：马晓晶，北京市西城区教育科学学生生涯指导中心心理健康教研员）

【参考文献】

［1］德韦克.终身成长［M］.南昌：江西人民出版社，2017.

［2］崔巍巍.中学生成长型思维的培养策略探究［J］.中小学心理健康教育，2023，（02）：60-62.

【学案纸】

插上成长型思维的翅膀

姓名:＿＿＿＿＿＿　　班级:＿＿＿＿＿＿　　学号:＿＿＿＿＿＿

思维核查表

我当下遇到的最大挑战是＿＿＿＿＿＿＿＿＿＿＿＿＿＿＿＿＿＿＿＿＿＿＿＿＿＿＿＿

它带给我的想法是＿＿＿＿＿＿＿＿＿＿＿＿＿＿＿＿＿＿＿＿＿＿＿＿＿（　　）

＿＿＿＿＿＿＿＿＿＿＿＿＿＿＿＿＿＿＿＿＿＿＿＿＿＿＿＿＿＿＿（　　）

＿＿＿＿＿＿＿＿＿＿＿＿＿＿＿＿＿＿＿＿＿＿＿＿＿＿＿＿＿＿＿（　　）

＿＿＿＿＿＿＿＿＿＿＿＿＿＿＿＿＿＿＿＿＿＿＿＿＿＿＿＿＿＿＿（　　）

如果成长型思维是 10 分,固定型思维是 0 分,请你在上述括号中给自己的每一个想法打分。请你想一想这些想法带给你的感受是什么样的?

＿＿

＿＿

＿＿

升空计划

广东省深圳市龙华区外国语学校教育集团　殷锦绣

【驱动问题】

如何提升学生的心理韧性？

【基本信息】

适用学段：初中一年级

准备道具：学案纸

【设计思路】

心理韧性是中小学心理健康教育和生命教育的重要主题之一。心理韧性可以使人很好地应对挫折，并快速恢复信心。初中一年级学生刚进入初中，既要适应新的环境，又要面对突然增加的学业压力；同时，这一阶段的学生具有自我概念不稳定、情绪波动较大的特点。这容易导致学生在遇到不顺心的事时产生消极情绪。因此，帮助学生学习应对挫折的方法，提升学生的心理韧性尤为重要。在这个过程中，教师需借助积极情绪体验、积极认知方式及人际支持资源，以更好地帮助学生应对现实中的挫折。

本节课的主题基于本土化的心理韧性理论进行设计。胡月琴、甘怡群开发了适合我国青少年群体的心理韧性测量工具，并提出我国青少年心理韧性的独特成分包含目标专注、情绪控制、积极认知、家庭支持和人际协助五个因子[1]。本节课根据这五个因子的不同特点，分别将其类比为火箭的发射目的地和不同部位：将目标专注类比为火箭的目的地；将情绪控制类比为火箭燃料箱，因为情绪往往是驱动行为的能量；将积极认知类比为维修工具箱，因为情绪、行为的改变往往离不开认知的改变；将人际支持（包括家庭支持和人际协助）类比为火箭助推器，因为作为社会性动物，一个人的生活需要他人的助力。

本节课还改编了中国人价值观问卷[2]中的题目，将其运用到明确价值环节，使学生能进行充分的思考，生成自己的观点，找到更符合自己价值观的目标，唤起他们内心对完成目标的向往。本节课最后使用接纳承诺疗法中的承诺行动技术[3]，让学生更具体地思考面对困难时的做法，这比空喊口号更有激励效果，有助于让学生在课后的生活中继续运用课堂上学到的方法，让教学效果更持久。

【教学目标】

1. 情感目标：意识到受挫的普遍性，增强应对挫折的决心，提高自我效能感。

2. 认知目标：了解心理韧性的概念和成分。

3. 行为目标：挖掘自己的心理韧性资源，利用心理韧性资源应对生活中的挫折。

【教学思路】

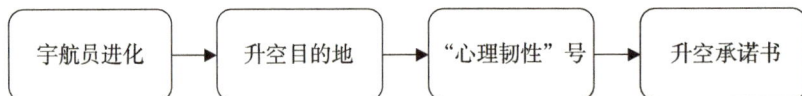

【教学过程】

一、宇航员进化（5分钟）

老师：自从升入初中以来，大家可能已经经历了多次选拔活动。今天这节课老师也想进行一次选拔，选拔出一些同学参加升空计划。

选拔规则如下。

请大家举起左手，初始状态都是拳头，最终目标是让五根手指都伸出来。同学们在教室里自由活动，最开始时可以与任何人进行"石头、剪刀、布"的游戏，赢的人可以伸出一根手指，输的人要缩回一根手指。之后要找与自己的左手手指处于同样状态的人进行挑战，规则同上。音乐响起后，请同学们按规则进行游戏。五根手指全部伸出的同学可以回到座位上，并在学案纸（见文末）"宇航员"处写上自己的姓名、班级和学号，安静地等待，直至游戏结束。

老师：我们先来问问还没回到座位的同学，你刚才输了几次？输的时候有什么感受？

请还没回到座位的学生举手回答。

老师：其实绝大多数同学都输过，这个游戏会让你联想到生活中的哪些情境？

学生举手回答。

教师小结：挫折很常见，在刚才的游戏中，多数同学都输过，但最后还是成功地坐回了座位上。老师也相信，如果游戏继续下去，每个人都有机会成为宇航员。

设计意图：以游戏的形式让学生体验挫折，联系生活中的挫折，让学生意识到挫折的普遍性。

二、升空目的地（8分钟）

老师：接下来请大家在学案纸上写下你的目的地，也就是一件你想做的事或一个目标，即使你在完成这件事或这个目标的过程中会经历挫折。请你将目的地写得清晰、具体一些。例如，"考试考好点"这个目标就太模糊了，而"每天至少复习30个单词""看一遍错题集""期末英语考90分以上"这些目标就很清晰、具体。

学生完成学案纸后举手分享，同时老师对学生进行以下追问。

问题1：为什么写这个目的地？

问题2：到达目的地后会有什么好处？

老师：请同学们在学案纸上完成"这个目的地对我很重要，因为＿＿＿＿"的填空。

设计意图：心理韧性中的目标专注因子是指在困境中有清晰的目标、计划、解决方案，写下清晰具体的目标是提升目标专注能力的一种方式。通过接纳承诺疗法中的明确价值环节，引导学生有意识地对目标的价值进行思考，增强完成该目标的决心。

三、"心理韧性"号（23分钟）

老师：现在我们已经知道自己的目的地是什么了，但在到达目的地前，我们可能会遇到什么困难呢？当困难出现时，我们会怎么办呢？

学生举手分享。

老师：即使是科学家也会遇到困难。让我们一起看看我国的航空航天科学家们面对困难时是怎么做的。

老师播放有关中国航天发展史的视频，并引导学生思考相关问题。

问题1：科学家们在面对挫折时是怎么做的？

问题2：如果他们放弃了，会有什么结果？

问题3：你觉得他们是怎么做到坚韧地面对困难的呢？

问题4：你有什么感想和感受？

学生结合视频内容和个人体验举手回答。

老师：大家说的这些内容都是心理韧性的重要成分。心理韧性就像弹簧，让我们在遭受压力、挫折时，能快速反弹回来。心理韧性包含目标专注、情绪控制、积极认知、人际支持等要素。我们刚刚已经确定了升空的目标，现在让我们一起深入了解一下其他三个要素，让"心理韧性"号火箭顺利升空。请大家看学案纸上的储备燃料箱部分，情绪可以作为火箭的燃料，因为情绪会驱动我们的行动。为了储备燃料，请大家在学案纸上写下自己调节负面情绪、体验积极情绪的方法。

学生完成学案纸后举手分享。

老师：这些方法可以帮助我们储备能量。其中，通过积极的想法来调节情绪这个方法特别好。认知的力量很强大，积极的认知就像维修工具，有维修工具在手，我们就不会害怕负面情绪、困难和挫折了，即使火箭出了问题也能维修好。下表是积极认知"维修工具"举例。大家还可以发挥想象力，想出更多的工具，写在学案纸中的维修工具箱部分。

积极认知"维修工具"举例

工具名称	对应的积极认知
"未来"尺规	现在未成功只是暂时的，未来的路还很长，我还有很多机会
"优点"电表	有压力并不意味着我不行，我的某些优点可以帮我达成目标
"经验"扳手	遇到挫让可以让人了解自身的不足、吸取经验，从而更有针对性地发力

学生完成学案纸后举手分享。

老师：有了这些工具，相信大家可以把火箭保养得很好。情绪、认知都是我们的内在部分，而在外部世界，还有很多人能帮助我们，如家人、同学、朋友、老师等。他们就像火箭的助推器，可以助我们一臂之力。接下来，请大家在学案纸中的火箭助推器部分写下在遇到困难时可以求助的人。

学生完成学案纸后，与周围的同学交流和分享储备燃料箱、维修工具箱、火箭助推器三部分内容，也可以借鉴他人写的内容对自己的学案纸进行补充，最后自愿在全班分享和展示。

教师小结：我们已经选好了目的地、储备好了燃料、准备好了工具、造好了助推器，现在"心理韧性"号火箭可以升空了！

设计意图：通过观看视频，引导学生意识到在完成目标的道路上难免会遇到挫折，但为了完成目标、实现价值，需要坚持下去，以进一步增强学生的决心。同时，指引学生以完成学案纸和讨论交流的方式挖掘自己的心理韧性资源。

四、升空承诺书（4 分钟）

老师：升空可是个大工程，"东方红一号"在发射前，钱学森曾立下"军令状"。我们也需要想一想，如果在到达目的地前遇到了阻碍，可以怎样激励自己坚持下去呢？

学生举手分享。

老师：这些都是很好的方法，可以让我们向着目标持续前进。请大家把这些方法写在学案纸上，作为自己的升空承诺书的内容吧！

教师总结：在本节课，大家先在宇航员进化论游戏中认识到了挫折很常见；还找到了自己升空的目的地，畅想实现目标的美好；然后储备了火箭燃料、维修工具、助推器，也就是我们的心理韧性资源，以使我们的航行变得更顺利；最后，我们完成了升空承诺书，这使我们变得更有信心了。老师祝大家坚韧地面对生活，最终到达目的地！

设计意图：通过接纳承诺疗法中的承诺行动技术，增强学生应对挫折的决心，提升学生的自我效能感。

【课程迭代】

在设计本节课之初，笔者将心理韧性中的情绪控制、积极认知、人际支持三种"火箭燃料"均放在一个环节，让学生直接在学案纸上填写。结果发现，这让不少学生茫然无措、无处下笔，写下内容也浮于表面。为了让学生能更好地理解这三种"燃料"的内容，更深入地参与活动，挖掘自身资源，笔者将这一环节拆分成了三个小环节，对几个因子分别进行了细化，根据其不同特点分别类比为火箭的不同部分，并分别给出示例，学生写完后立刻进行讨论和分享。这一改动让学生完成的学案纸和分享内容的质量有了明显的提升。

【教学反思】

本节课以心理韧性为主题，以学生补充火箭燃料为主体活动，充分发挥了学生的主体性，让学生在课堂中产生了情感共鸣和思想碰撞，达到了让学生自我反思、自我教育、自我成长的目的。根据学生上交的学案纸、课后的访谈反馈，笔者认为本节课基本达成了课堂目标，学生挖掘了丰富的心理韧性资源，增强了应对挫折的决心，提升了自我效能感。

但是，本节课依旧存在一些不足之处。首先，本节课虽然以游戏的形式引入主题，在开始时能充分调动学生的积极性，但后半部分以学生自行完成学案纸的方式为主，需要学生自主回忆、思考，这可能会让学生的体验感不足。如果学生不配合，可能会出现发呆、无所事事的情况，授课效果会大打折扣。其次，虽然笔者在设计升空承诺书环节时以接纳承诺疗法中的承诺行动技术为基础，希望学生在该环节写出切实激励自己的话，但由于时间有限等原因，半数学生无法将这一环节与升空目的地环节相结合，写下的内容多是空喊口号，因此教师可以考虑将这一环节设置为课后作业、班级活动等形式，给学生更多思考的时间。

【专家点评】

本节课的亮点主要体现在以下几个方面。

1.所选主题重要，符合学生当前的实际需求。新时代、新的生活方式会造成一些人心理压力增大，这种状况在青少年中表现得尤为突出。因此，教育学生坚韧地面对挫折、压力非常有必要。

2.逻辑清晰，方便教师把握整节课的节奏。主体活动将心理韧性的几个成分与火箭升空活动相结合，层次清晰。学生先找到自己向往的目的地，然后储备必要的燃料、维修工具、助推器，最后书写升空承诺书，这些活动让学生印象深刻，其他教师如果想借鉴这节课的活动方式，也能轻易把握课堂节奏。

3.形式、内容有趣，兼顾个人生活和家国情怀。暖身阶段的游戏简单有趣，能让学生直接体验到低强度的挫折感；在引导学生挖掘自身经历、资源的同时，还以我国的航空航天事业发展为素材激励学生，教学内容从个人生活升华到了家国情怀。

4.运用咨询技术，助力课程内容的迁移运用。本节课将接纳承诺疗法中的明确价值、承诺行动技术融入课堂，使学生在课上充分反思自己的生活，并在课后将学到的知识应用到实际生活中，达到了润物细无声的效果。

（点评嘉宾：蔺秀云，北京师范大学心理学部教授、博士生导师，青年长江学者）

该课曾获深圳市中小学心理健康教育活动月生命教育主题班会一等奖

【参考文献】

［1］胡月琴，甘怡群.青少年心理韧性量表的编制和效度验证［J］.心理学报，2008，40（8）：11.

［2］金盛华，郑建君，辛志勇.当代中国人价值观的结构与特点［J］.心理学报，2009（10）：15.

［3］哈里斯.ACT，就这么简单！接纳承诺疗法简明实操手册［M］.祝卓宏，张婍，曹慧，译.北京：机械工业出版社，2016.

【学案纸】

升空计划

宇航员：_____ 班级：_____ 学号：_____

升空目的地

目的地_____

_____

这个目的地对我很重要，因为_____

_____

"心理韧性"号

储备燃料箱·情绪控制	维修工具箱·积极认知	火箭助推器·人际支持

升空承诺书

_____

_____

_____

网络密室大逃脱

广东省深圳市龙岗区深圳中学龙岗学校　冯筱雨

【驱动问题】

如何引导学生正确使用网络？

【基本信息】

适用学段：初中二年级

准备道具：A3 卡纸、任务卡、学案纸

【设计思路】

随着网络成为现代生活的重要组成部分，未成年人使用网络低龄化、使用网络时间长的问题也随之产生，不当使用网络所引发的学业回避、人际退缩、自我认知偏差、家庭冲突等问题也更加严重。如何引导学生合理看待网络带来的利弊、平衡投入在网络和学业上的时间和精力、学会正确使用网络，成为社会高度关注的教育主题。

初中阶段的学生普遍存在标新立异的心理特点，喜欢探索和尝试网络上的各种活动，倾向于在网络中满足放松、娱乐、社交等需求[1]。与此同时，这一阶段的学生处于自我意识发展的关键时期，有强烈的独立诉求，抗拒外界管教，但自我控制能力和时间管理能力不足，上网时容易产生时间过长、情感依赖等问题[1][2][3]。另外，部分学生在学业和人际关系方面体验到挫败感，更容易落入沉迷网络的旋涡[2][3]。因此，教师有必要引导学生觉察网络使用背后的心理需求，继而帮助他们在使用网络时做到自主管理、健康有度，为身心健康成长提供有益的支持。这不仅有利于学生学会合理规划学习和娱乐时间，还能帮助他们更好地适应网络时代下的生活。

本节课以密室逃脱游戏为主线，引导学生逐步深入，从需求角度探究为什么会产生沉迷网络、情感依赖等问题，寻找破局法宝。

【教学目标】

1. 情感目标：培养面对不良网络使用行为的正确态度，提升自身的责任感。

2. 认知目标：觉察并了解不良网络使用行为背后的需求满足模式。

3. 行为目标：培养正确使用网络的意识，学会健康使用网络。

【教学思路】

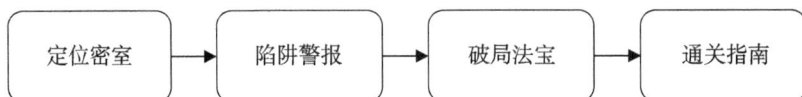

【教学过程】

一、定位密室（2分钟）

老师：企鹅同学被困在密室里，请大家帮助他逃离密室。接下来，我们先完成一些挑战，定位密室位置。

挑战1：老师依次展示几个常用的娱乐软件图标，学生举手抢答说出软件名称。

挑战2：在20秒内，学生接龙说出网络上其他常用的娱乐软件名称，每人说一个，不能重复。

老师：恭喜大家完成挑战，找到了企鹅同学被困的位置——网络密室。

设计意图：激发学生的兴趣，点明课程主题，创设课堂问题情境。

二、陷阱警报（12分钟）

老师：请同学们进入入门级陷阱，分析企鹅同学被困的原因。第一，找线索，网络密室有哪些特点容易导致企鹅同学被困？第二，听心声，网络密室满足了企鹅同学哪些平时难以获得的体验，让其沉迷其中？

入门级陷阱：企鹅同学平时没有什么兴趣爱好，面对学习时常感到枯燥乏味。而在网络密室里，有趣的视频轮番播放，还会自动切换，让他觉得新鲜有趣，不自觉地在网络上停留了很长时间。

学生思考1分钟并举手回答。

老师：网络内容新鲜多样的特点，以及企鹅同学追求新异刺激、希望放松身心的心理需求，导致其被困其中。请大家以小组为单位，抽取一张任务卡（任务卡上是3

个进阶陷阱，如下所示），阅读进阶级陷阱的内容，并从找线索和听心声两个角度讨论企鹅同学被困的原因。

学生分组讨论 3 分钟，然后各组派一名代表按如下陷阱顺序进行分享。

进阶级陷阱 1：企鹅同学的朋友很少，看到其他同学谈笑玩闹，他经常感到很孤独。而在网络密室里，他交到了一个知心朋友，并逐渐越来越依赖这个朋友，与现实中同学的接触越来越少。

老师：网络为交友提供了便捷的平台，企鹅同学期待亲密的朋友关系，这是他陷入"人际依赖陷阱"的原因。

进阶级陷阱 2：企鹅同学在一次考试失利后对学习失去兴趣和动力，父母的鼓励、督促也没有效果。而网络密室里的游戏可以重复挑战，自己也不用在意他人的眼光，他喜欢上了这种感觉。

老师：网络游戏反馈及时、奖励丰富，能让人获得成就感，而企鹅同学正需要这样的成功体验，这使他陷入了"虚拟成功陷阱"。

进阶级陷阱 3：过去，企鹅同学的父母会严格控制他玩的区域和时间。现在，他觉得自己可以做计划和执行计划，于是向父母争取到了独立探索网络密室的机会。可每次他订下的计划都一拖再拖。

老师：网络存在虚拟性，并且与现实相互独立，而企鹅同学希望自己能独立自主，但事实上，他的自控能力不足，这使他陷入了"自控不足陷阱"。

教师小结：这些陷阱会困住企鹅同学，一方面因为外部因素，即网络本身的特点，另一方面则因为内部因素，即企鹅同学的心理需求在现实生活中没有得到满足。

设计意图：通过再现典型问题情境，以逐步递进的关卡形式，引导学生探究造成不良网络使用行为的内部因素和外部因素。

三、破局法宝（20 分钟）

老师：如果企鹅同学一直待在网络密室里会怎么样？

学生举手回答。

老师：企鹅同学最终还是要逃离网络密室，回到并逐步适应现实生活。请大家以小组为单位，选择其中一个陷阱，针对陷阱特点或企鹅同学的内心需求，设计一个破局法宝。

学生分组讨论 4 分钟，用关键词概括法宝的名称、使用方法和使用效果，并填写在 A3 卡纸上。讨论结束后，将写好的卡纸贴在黑板上，各组派一名代表进行分享。

教师小结： 面对网络陷阱，我们可以通过发展替代性兴趣爱好、提高人际交往技能、调整心态、强化自控技能等方式抵御网络诱惑并满足内心需求。

设计意图： 以问题为导向，引导学生利用自身内部资源和过往经验，针对各种网络陷阱分别寻找应对方法。

四、通关指南（6 分钟）

老师：请大家参照我们发现的陷阱和设计的法宝，共同制定"我的网络密室通关指南"。

学生填写学案纸（见文末）"我的网络密室通关指南"，在填写后邀请 1 ~ 2 名同学作为见证人和监督者并签字。课后将学案纸带回家，邀请家长作为监督者并签字。

老师：指南虽好，重在应用。希望大家在日常使用网络时能够敏锐地觉察到可能导致不良网络使用行为的网络特点和因素，积极运用能帮助我们远离或逃脱网络密室陷阱的各种方法，让网络为我所用。

设计意图： 将课堂知识转化为实际行动，并以书写"我的网络密室通关指南"的方式，让学生加强个人承诺，发挥同学和家长的监督作用。

【课程迭代】

本节课着重修改和完善的方向是活动环节的设计。

在最初的版本中，课堂没有设置定位密室导入部分，而是直接从陷阱警报环节开始，让学生分析不良网络使用行为的影响因素。这使学生感到课程内容偏理性分析，远离日常体验，因此学生与课程主题的情感联结较弱，团体动力明显不足。考虑到初中二年级学生使用网络经验丰富，对分享使用网络的体验并获得他人认同有着极大的热情，故课堂增加了关于常用娱乐软件的问答环节。改动后，课堂效果显著提升。

同时，在此前的版本中，陷阱警报环节中的几个陷阱需要全体同学一起依次分析，这导致整节课的活动环节过多、内容零碎，且形式雷同的分析过程让学生感到烦琐、枯燥。于是，笔者将对第一个陷阱的分析作为演示，对后三个陷阱的分析活动调整为按小组抽取、分组讨论并分享的形式，减少课堂环节，课堂设计思路更加清晰，活动主线更加突出，并且抽取不同陷阱的刺激感和神秘感也提高了学生的参与度。

【教学反思】

本节课的主题是正确使用网络，聚焦于通过合理的需求满足方式，引导学生正确使用网络。

整体而言，本节课在活动方式、情境设计和内容选择上能较好地达成课程目标。在活动方式上，课程以学生发言、讨论、分享为主，充分尊重并调动了学生的主体性，同时小组合作的活动方式能让学生之间相互学习。在情境设计上，课程将密室逃脱的情境贯穿始终，新颖有趣，具有挑战性，能激发学生的兴趣，促进学生积极投入课堂。此外，课程内容贴合学生现实经历，使学生有代入感，在课后更容易将所学知识应用于实际生活中。

但是，本节课仍然存在一些不足之处。在教学目标方面，本节课聚焦于用替代性方式预防和应对不良网络使用行为，较少涉及养成良好网络使用行为的具体方法，这导致对学生形成健康用网习惯的指导不足。在教学内容方面，情感体验层面的活动设计较少，认知分析层面的活动设计较多，这可能出现学生即使较好地完成了课堂任务，但行为动机不足，课后应用所学内容的积极性不高的情况。对此，教师可以设计网络使用习惯打卡活动，并在班级内进行相关分享和表彰，强化学生的行为动机，引导学生主动规范自己的网络使用行为，合理分配上网时间。

【专家点评】

本节课的亮点主要体现在以下几个方面。

1. 选点精准，"心理味"足。本节课精准选择了初中生成长和发展的痛点、难点——网络使用问题——通过心理学视角的原因分析，最终达成从心理层面应对现实问题的目标，即用满足心理需求的替代方式来解决行为问题。整节课心理学理论扎实、心理分析深刻透彻，是一节充满"心理味"的优质课。

2. 构思巧妙，趣味性强。课堂以密室逃脱游戏贯穿始终，在各个环节巧妙地设置悬念，借用解密形式推动活动发展，层层深入、环环紧扣，让整节课充满悬疑感，让学生在妙趣横生的推理中体验探索的乐趣，激发其创造的热情。

3. 自主思辨，激发兴趣。本节课氛围开放、思辨性强，非常贴合初中二年级学生的认知发展特点。基于学生的阶段性特点，教师用巧妙的设问、小组研讨等活动激发了学生的兴趣、探究的自主性和投入度，真正把课堂自主权还给了学生。在学生充分的思考、分享和反馈的过程中，课堂的生成丰富且有深度，易于学生将所学到的知识应用于实际生活中。

（点评嘉宾：陈静雯，深圳市龙岗区心理健康教研员）

该课曾获深圳市龙岗区心理健康学科青年教师现场教学设计、现场授课一等奖

【参考文献】

［1］张聪聪.让中小学生对"网络游戏沉溺"说"不"［J］.中小学心理健康教育，2018，(33)：3.

［2］孙鹤丹，孙远刚.青少年网络成瘾的影响因素与应对策略［J］.中小学心理健康教育，2021，（27）：3.

［3］阎静.中学生网络成瘾的心理原因及应对策略［J］.中小学心理健康教育，2020，（35）.

【学案纸】

网络密室大逃脱

班级:_____　姓名:_____　学号:_____

我的网络密室通关指南

合理使用网络计划

网络密室逃脱预案

1. 我可能容易掉入的网络陷阱_____

2. 从今天的课程中，我收获的针对该陷阱的法宝是_____
_____

3. 当出现以下情况时，我会快速启用这份通关指南_____
_____

我承诺：还没被困住时，我会遵守合理使用网络计划；
当快被困住时，我会执行网络密室逃脱预案。

见证人签名

同学:_____　　家长:_____

第五章

学会学习

本章的主要目标是培养学生的学习兴趣和学习能力，引导学生养成良好的学习习惯，掌握学习策略，提高学习效率。通过了解与学习相关的心理学知识，学生能够发现自己在学习中存在的各种问题，并运用学到的技巧和方法，克服学习方面的困难和挑战，提升自己的学习能力，进而取得更好的学习成果。

本章的主题包括提升学习动力、学会提问、培养创造性思维、积极应对学习压力、掌握学习策略等。学生在学习的过程中常常会感到枯燥，也会遇到瓶颈，这些主题可以帮助学生树立正确的认知，激发学生的学习兴趣，培养学生在学习方面的自信心，引导学生利用学到的学习策略提高学习效率。

根据皮亚杰的儿童认知发展阶段论，初中生的思维能力已发展到形式运算阶段，能够运用抽象思维解决问题。初中生在学习方面展现出强烈的好奇心和求知欲，他们渴望探索新知识、拓宽自己的视野。然而，随着学科内容难度的增加，初中生也面临着诸多困难，如适应新的学习要求、掌握更高效的学习方法、处理繁重的学业任务等。此外，心理压力及时间管理能力、自我约束能力的不足也可能影响学生的学习效果。因此，在这一阶段，教师要帮助学生调整学习策略，积极应对困难，提高学习效率。

《突破课堂发言的"羁绊"》聚焦于上课发言这一话题，帮助学生克服上课发言的阻碍，培养学生的自信心。《小问题，大讲究》指出学生"不仅要敢提问，还要会提问"，通过模仿不走样活动和案例分析，培养学生提出创造性问题的能力。《学习好习惯养成记》帮助学生审视自身的学习行为，鼓励学生改变不良的学习习惯。《灵感盗贼追踪记》以顿悟说作为理论依据，结合多学科的知识和练习，帮助学生突破学习瓶颈，获得解题的灵感。《积极应对学习压力》关注学生的学习压力问题，通过吹气球等活动将学习压力外化，帮助学生觉察并缓解学习压力。

本章的课程从多种视角切入，不同学段的课程侧重点有所不同。初中阶段的课程更关注学生的学习态度、学习方法和学习习惯，课程以更加具体的学习场景为背景展开。在实践过程中，我们希望读者能够进一步结合本校学生的实际情况，适时调整课程内容，帮助学生找到更适合自己的学习方法。

突破课堂发言的"羁绊"

浙江省杭州市临平第二中学　艾家乐

广东省中山市实验小学　李馥荫

【驱动问题】

如何引导不发言的学生勇敢举手回答问题？

【基本信息】

适用学段：初中一年级

准备道具：学案纸、彩虹卡、便利贴

【设计思路】

《中小学心理健康教育指导纲要（2012年修订）》提出，初中生要学会适应中学阶段的学习环境和学习要求，培养正确的学习观念，发展学习能力，改善学习方法，提高学习效率。而在课堂上积极发言有助于锻炼学生的表达能力和逻辑思维能力。

根据埃里克森的人格发展八阶段理论，青少年处于建立自我同一性的阶段，自我意识明显发展，容易关注他人对自己的评价。学生在课堂上发言容易产生"聚光灯效应"，担心自己的发言受到过多关注，导致他们在课堂上发言的频率下降，甚至不敢发言。课堂发言的相关研究[1]和笔者在日常教学中均发现，课堂发言的频率与学生的自我效能感有关。

根据调研笔者发现，学生在课堂上发言时，会存在以下几种"羁绊"，即不发言的心理原因。

1. 纠结心理：学生担心发言错误会受到老师的批评与同学的嘲笑，但又渴望通过发言获得老师和同学的认可与肯定，因此产生了纠结的心理，想发言又心存顾虑。

2. 畏惧心理：学习方面存在困难的学生担心被老师点名回答问题，口头语言表达能力不足的学生担心因无法清晰地表达自己的观点而受到批评。

3. 应付心理：不愿意认真思考问题，即使被点名也依赖同学的提示回答或直接沉默。

彩虹卡是由艺术治疗师桃乐丝·维斯曼研发的一套能量卡，由 7 种颜色组成，每种颜色包含 35 种充满智慧和爱的想法，旨在提供思想、希望、安慰和爱的力量。本节课借助彩虹卡提高不发言学生的自我效能感：从询问学生第一次成功发言的感受，到让学生受到他人成功发言的激励而愿意尝试发言，结合同伴、教师的鼓励，从而让学生树立发言的信心，培养其积极的心态，勇于举手发言。

【教学目标】

1. 情感目标：提升学生课堂发言的信心与勇气，增强自信心。

2. 认知目标：了解阻碍课堂发言的心理原因，认识到可以突破阻碍。

3. 行为目标：掌握突破课堂发言"羁绊"的方法，勇敢表达自己的观点。

【教学思路】

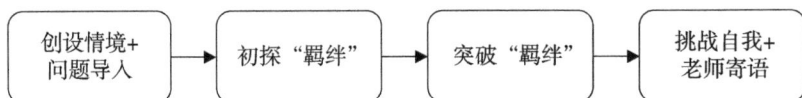

【教学过程】

一、创设情境 + 问题导入（3 分钟）

老师让学生回忆上周的课程内容并举手回答，选择其中没有举手的学生发言，询问学生当听到老师提问时的内心想法。

老师：在课堂上，当老师提问时，有的同学不想举手但又期待老师喊出自己的名字，有的同学祈祷老师不要喊出自己的名字，有的同学希望被喊到但又害怕答错。这些复杂的心理活动，可能成为阻碍大家发言的"羁绊"，使我们无法畅快地表达自己的想法。可能每个人都遇到过不敢发言的时刻。本节课我们一起来突破课堂发言的"羁绊"。

设计意图：通过创设老师点名提问的场景，调动学生关于课堂发言的情绪体验；

询问学生在老师提问时所产生的想法，引出本节课的主题。

二、初探"羁绊"（15分钟）

老师展示以下情景，并让学生对相关问题展开讨论。

小A无论上什么课都很紧张，担心被老师提问。一天，在小A喜欢的英语课上，老师问了一个问题。这时，在小A的脑海里有两个声音开始打架……

问题1：小A脑海里的两个声音是什么？（发言和沉默）

问题2：这两个声音具体会说些什么？

学生举手回答。老师邀请两名学生上台分别扮演小A脑海里的两个声音。一名学生扮演支持小A发言的声音，另外一名学生扮演不支持小A发言的声音，进行情景演绎。

老师：小A为什么会如此纠结？小A发言的"羁绊"可能是什么？

学生举手回答。老师总结小A不敢回答问题的原因，如担心被老师和同学评价、认为自己回答得不好等。

设计意图： 通过情景演绎，引导学生分析小A遇到的发言"羁绊"，增强学生的参与感，同时降低学生的防御心理。另外，学生还能从小A的案例中寻找共鸣，觉察自己在课堂上发言时的心理"羁绊"，为工作环节做铺垫。

三、突破"羁绊"（17分钟）

老师：你是否有与小A类似的经历？你认为小A不敢发言的"羁绊"是什么？请大家以小组为单位展开讨论，每个人都要在便利贴上写下自己在课堂上发言或不发言的内心想法，完成后贴在小组的学案纸（见文末）上，限时2分钟。

学生分组完成活动，活动结束后，每组派两名代表（一人负责手里拿着学案纸，另一人负责解说）到讲台上分享本组成员在课堂上发言或不发言时的内心想法，要求组内平时不怎么举手回答问题的同学进行解说。负责解说的同学分享解说时的感受，并抽取一张彩虹卡，分享彩虹卡上的内容和自己的感受。

教师小结： 根据各组的分享，大家在课堂上不发言的原因可能有以下几种。

- 不愿发言：觉得举手发言很幼稚、觉得发言没有好处、怕出风头、怕引起师生矛盾。

- 不会发言：口头表达能力不佳、思路不清晰、不知道正确答案。

• 不敢发言：担心说错、对当众发言感到紧张、畏惧老师的权威。

请各组派一名代表，这个代表可以是刚才被指定解说的同学，也可以是另外一个平常很少发言的同学，以抽签的方式选取其中一个原因作为小组要解决的问题。抽签结束后，每组有 5 分钟的时间进行组内讨论，总结出解决该问题的 3 ~ 5 个可操作的策略。每组派一名代表分享本组针对所抽到的原因总结出的可操作的策略。老师对以下两类不同的发言者提问。

问题 1：对两轮均发言的学生提问：在两轮发言中，你有什么不一样的感受？

老师引导学生总结自己成功发言经验时，有利于提升学生发言时的自我效能感。此时，对该学生的两次发言状态进行对比和评价，发现该学生第二次发言比第一次发言效果更好，并邀请其他同学给该学生鼓掌，以示鼓励。

问题 2：对只分享策略的学生提问：对此次发言你有什么感受？

老师引导学生总结他人成功发言的经验会给自己树立信心，有利于提升学生发言时的自我效能感。此时，老师对该学生的第一次发言进行评价，并邀请其他同学给该学生鼓掌，以示鼓励。

教师小结：总结学生的发言并板书以下。

不愿发言→将发言看作机会

不会发言→培养发言能力

不敢发言→锻炼发言勇气

设计意图：通过抽取彩虹卡的游戏和师生的鼓励帮助学生获得支持与勇气，这一设计体现了自我效能感的影响因素——言语劝说和情绪唤醒。此外，老师对同一名学生前后发言的状态进行对比并给予评价，同时引导其他学生吸取他人成功发言的经验并尝试发言，这一设计体现了自我效能感的影响因素——成功经验和替代经验。在课堂互动过程中，老师引导学生勇敢尝试举手发言，达到学以致用的效果。

四、挑战自我 + 老师寄语（5 分钟）

在课堂结束阶段，老师鼓励学生上台分享收获与感受。老师邀请学生完成课后挑战任务，记录自己未来一周发言的次数，观察自己的变化。

老师：最后，老师希望每名同学都能分析自己在课堂上不发言的可能原因，并找到应对方法，突破课堂发言的"羁绊"，勇敢地表达自己的想法。

　　设计意图：将总结课堂内容的任务交给学生，再次为学生提供发言的机会，鼓励学生敢于尝试与突破。通过布置打卡任务，将课堂内容延伸到学生的实际生活中。

【 课程迭代 】

　　在最初的版本中，由学生讨论自己在课堂上不发言的原因及应对策略，导致课堂过于依赖学生的生成，无法真正照顾到平时不发言的学生。同时，课堂缺少专业心理学理论的支撑，也缺乏积极思考的氛围。

　　之后，笔者在专业理论方面和课程提问的设计上做了调整。在专业理论方面，课程从如何提高学生发言频率的角度出发，以影响自我效能感的四个因素——积累成功经验、观察他人成功经验、情绪唤醒和积极的社会支持——为理论依据，将理论渗透到课堂互动中，这有利于教师归纳总结学生的课堂生成。在课程提问的设计上，课程增加了邀请再次发言的学生和较少发言的学生回答问题的设计，通过在课堂上进行练习和分享感受的方式达到学以致用的效果。除此之外，课程还通过设置打卡任务将课堂内容延伸到课堂之外，鼓励学生尝试发言并进行记录，使学生真正做到突破课堂发言的"羁绊"。

【 教学反思 】

　　本节课的优点有以下两个方面。在选题方面，课程聚焦于课堂上常见的发言问题。在方法方面，运用彩虹卡这一工具为学生赋能，将提高自我效能感的策略应用于学生发言的过程中，通过积累成功经验（前后两次发言的对比）、观察他人成功经验（观察其他同学发言后自己尝试发言）、情绪唤醒（成功发言后体验到的喜悦）和积极的社会支持（教师的引导与同伴的鼓励），提高学生的自我效能感。

　　在实际授课过程中，教师还需注意以下两点。首先，本节课的工作阶段依靠学生的生成，教师需要从学生的分享中总结大家不发言的原因，再找出针对性的对策，这对教师的引导与总结能力是一个考验。其次，学生的学习效果难以得到全面检验：课堂只能引导部分不发言的学生尝试发言，因此还需要教师在日常教学中多观察，引导并鼓励不发言的学生尝试实践本节课所学的内容，做到学以致用。

【专家点评】

本节课从鼓励学生在课堂上发言入手，不仅提高了学生对课堂的适应性，还让学生进行了自我觉察，课程主题的切入点小且常见。

本节课导入的环节简洁明了，直奔主题，易触发学生的感受；转换环节的情景演绎活动通过心声碰撞外化学生的感受；在工作环节，教师借助彩虹卡为学生赋能，并在自我效能感的理论支撑下，通过成功经验、他人替代经验、情绪唤醒等方法，在鼓励学生发言的过程中逐步提高学生发言的自我效能感；在总结阶段，教师通过对学生的寄语及课后打卡任务的设置，将课堂内容延伸到日常生活中，提高了学生的参与度。课程设置环环相扣，教学过程逻辑清晰。

本节课还设置了丰富的师生互动、生生互动环节，尤其在工作环节，既有小组讨论，让学生能够共同出谋划策、集思广益；又有全班分享，为平时不发言的学生提供发言的机会，还在分享中体现了师生互动，在一问一答之间树立学生的自信心。互动形式丰富，为学生营造了温暖的心理课堂氛围。

（点评嘉宾：周芸婷，江苏省无锡市梁溪区心理教研员）

【参考文献】

［1］邵琪.学生课堂发言自我效能感的影响因素与培养策略［J］.教学与管理（小学版），2012，（5）：2.

［2］Bandura A. Self-efficacy：toward a unifying theory of behavioral change［J］. Advances in Behaviour Research & Therapy,1977，1（4）：139-161.

【学案纸】

突破课堂发言的"羁绊"

发言

不发言

小问题，大讲究

北京市育英学校　林丽

【驱动问题】

如何让学生的提问更有效、更有创造力？

【基本信息】

适用学段：初中一年级

准备道具：几何图形组成的图案、动物图片、学案纸

【设计思路】

《中小学心理健康教育指导纲要（2012年修订）》明确指出，初中阶段的心理健康教育工作主要包括帮助学生适应中学的学习环境和学习要求，培养正确的学习观念，发展学习能力，改善学习方法，提高学习效率。初中阶段的学习内容增多，单纯地被动识记知识的学习方式已无法满足学生的学习需求。发现和提出问题的学习行为更能促进学生进行有意义的学习，激发学生的学习动机。学生的提问行为不仅体现了学生思维的独立性，高水平的提问还能显示出学生的创造性见解。学生的提问有助于监控自己的学习状态，促进学习，改变被动学习的状态，使学生获得自主性发展，培养其思维能力和发展个性。

在初中阶段，随着年级的升高，学生在课堂上主动提问的次数减少。在课堂上，学生提出的问题大多数为事实性问题，而分析性问题较少，创新性问题更少。阻碍学生提出深层次问题的因素包括学生的不合理观念、对权威的服从、信息障碍、技能障碍等[1]。

因此，本节课旨在帮助学生掌握如何提出更有效、更有创造力的问题的方法，培养学生的问题意识、质疑精神，提高学生提问的能力和所提问题的质量。

【教学目标】

1. 情感目标：体会提出好问题的成就感，培养问题意识和质疑精神。

2. 认知目标：了解问题的类型，掌握提出更有效、更有创造力的问题的方法。

3. 行为目标：学会运用有效提问的方法。

【教学思路】

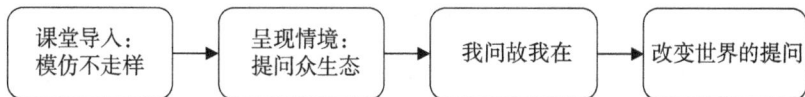

【教学过程】

一、课堂导入：模仿不走样（5分钟）

老师准备一幅由多个几何图形组成的图案（如下图所示），邀请一名学生上台并用语言描述该图案，其他学生根据其描述尝试在纸上画出该图案，画出的图案与原图越相似越好。学生共有两次画图机会：第一次大家只能听描述，不许提问，根据自己的理解去画图；第二次大家可以提问，根据台上学生的回答画图。当两次画图完成后，老师呈现原图，让学生对比自己两次画出的图案，哪一幅更接近原图。让学生讨论为什么第二次画出的图案要比第一次画的更像。

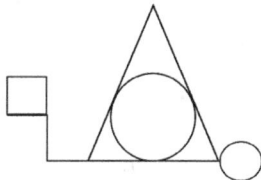

几何图形系列

教师小结：大家有没有发现，虽然第一次画图时，你们非常认真，但画图结果却不尽如人意。当第二次画图过程中可以提问时，大家从提问和回答中得到了更多精确的信息，从而使画出的图案更接近原图。爱因斯坦说过，提出一个问题往往比解决一个问题更加重要，提问是一切进步和成就的开始。今天，我们就一起来学习如何提问。

设计意图：借助游戏的形式吸引学生的注意力，激发学生参与课堂的热情，同时创设问题情境，引发学生思考，并引出课程主题。

二、呈现情境：提问众生态（10 分钟）

老师呈现以下情境，邀请学生分角色朗读以下内容，并以小组的形式讨论不同的提问心态。

在生物课上，老师刚讲完生物的特征并问同学："大家还有什么问题吗？"很多同学其实并没有完全理解，他们的想法如下。

A 同学心想：我有点不太明白，但我第一个提问的话会不会被其他人认为太想出风头啊，还是等一等，看其他人会不会提问。

B 同学心想：有一个知识点老师讲得太快，我没太明白……可是，A 的成绩不如我，他都没举手，如果我举手提问，大家会不会认为我太笨了？还是算了。

C 同学心想：怎么都没人举手啊，我想问的这个问题好像太简单了，老师会不会对我有意见？

D 同学心想：奇怪，老师刚才好像讲错了，怎么没人问？大家都觉得没问题吗？还是我错了？算了，老师不会错的，别问了。

E 同学心想：大家都不问，真是急死我了，谁帮我问一下？

F 同学心想：老师刚才有没有讲第三点？我再问老师的话，老师肯定会发现我上课开小差了，还是算了吧。

G 同学心想：别问了，赶紧下课。

H 同学心想：过去这么久了都没人提问，我一提问就会耽误下课，肯定要被同学说。

……

10 秒钟过去了、30 秒钟过去了……没有一个人举手。老师想：没人提问，看来这节课的内容大家都掌握了！

教师小结：其实，你的提问不仅能帮助自己，还能帮助其他人。有问题时，我们要大胆一些，勇敢质疑。

设计意图：通过呈现课堂众生态的具体案例，引发学生的共鸣，促使学生反思大家不爱提问的现象，并客观地分析原因，改变不合理的想法，进一步营造提问的良好氛围。

三、我问故我在（20分钟）

各组派一名代表作为提问者，提问者通过合作猜测一个人的名字。首先，老师将这个名字展示给其他学生，但提问者并不知晓。接下来，几名提问者通过封闭式的问题来不断缩小名字的范围，如"他是中国人吗"，其他同学回答"是""否"或"不确定"。经过不断提问，提问者得出答案。活动结束后，老师让学生思考提问者提出的哪些问题是好问题及为什么。

老师组织提问大风暴活动。每组选出一名组长，负责主持活动和记录问题。老师提供一张小狗的图片，学生在组内按照顺时针的方式针对这张图片随意提问，每人提出一个问题，但在提问的过程中不要评价这些问题。最后各组进行讨论并分享。

教师小结： 在刚才的活动中我们发现，如果提出的问题能够帮助我们更有效地获取信息，那么这个问题就是好问题。问题可以分为事实性问题、分析性问题、假设性问题。事实性问题是对既定事实的提问，常以"什么""多少""哪里""几个"为疑问词；分析性问题是针对原因、原理、过程的提问，常以"为什么""如何""怎么"为疑问词；假设性问题是改变已知的条件的创新性提问，常以"如果""假设"为疑问词。不同类型的问题使我们获得信息的效率和精准度不同，对思维的训练程度也不一样。

设计意图： 通过游戏促进学生思考如何更有效地提问，引导学生对好问题进行分析和讨论，进一步归纳出如何让提问更有效。学生以小组合作的形式练习提问，并尝试提出分析性问题和假设性问题。

四、改变世界的提问（5分钟）

老师讲述牛顿与苹果的故事，并问学生：还有哪些改变世界的提问？

学生举手分享自己了解的改变世界的问题。

教师小结： 如今的科技日新月异，社会的发展更需要创造性的问题。请大家多提问，提出好问题！最后，老师设计了课后选做练习"我的智慧问题手册"（见文末学案纸），请感兴趣的同学将学习和生活中遇到的问题记录下来，并尝试解决。

设计意图： 激发学生提出创造性问题的动力，使学生在生活中多提问。

【课程迭代】

本节课的内容在理解上有一定的难度，并且容易让学生感到枯燥。因此，如何增强本节课的体验感，让学生在活动中有感受、有生成、有收获，是笔者在进行课程迭代时首先考虑的重点。本节课的初版以教师讲授为主，这导致学生体验感不佳，他们感觉课程内容枯燥，缺乏学习兴趣。因此，笔者在进行课程调整时，增加了更多具有体验性的活动，让学生切身体会到提问的快乐和提出好问题的成就感，激发他们提问的动力。因此，本节课在迭代时设计了我问故我在等游戏。我问故我在游戏为学生创设了具体情境，有助于学生在游戏中思考如何提问更有效。通过对好问题的分析和讨论，学生能够自行归纳出提出好问题的原因。学生从课堂中获得的结论是自己从活动中感悟、讨论、归纳出来的，所以体会更加深刻。

【教学反思】

基础教育课程改革提倡培养学生的独立性和自主性，引导学生质疑、调查、探究，在实践中学习，并将"提出问题"作为科学探究的首要环节。

提问是一项需要培养的重要能力。在一次实际授课中，学生针对小狗的图片共提出了 28 个问题，但只有 2 个问题是分析性问题，26 个问题为事实性问题，没有人提出创造性问题。由此可见，培养学生提问的能力非常有必要，并且要帮助他们掌握有效提问、创造性提问的方法。

为了更好地促进学生的发展，需要将本节课与学科教学更好地结合起来。本节课后续可以引导学生思考不同的提问类型在课前、课中、课后等环节如何应用，引导学生思考在面对语文、数学、英语等不同的学科时，提出什么样的问题可以帮助自己提高学习效率。

【专家点评】

本节课的亮点主要体现在以下几个方面。

1. 选题契合时代需求。心理课不仅要关注学生的情绪调控、人际关系、自我认识等主题，也应该为学生的学业发展服务。本节课基于《中小学心理健康教育指导纲要（2012 年修订）》的要求，以学会提问为切入点，选题巧妙，着眼于帮助学生提高提问的能力，从而提升学生的思维品质和创造力。

2. 教学设计科学，体验性强。本节课设计了趣味性强、能充分调动学生思维的游戏，学生能够在体验中感受到认知冲突，从而更深刻地意识到提问的重要性、思考如何提问更有效，这让心理课的氛围更加浓厚。在破解教学重点时，教师对具体案例问题进行了分类，让学生有了感性的认识，理解了什么是假设性问题，进而将问题具体化，打破思维定式。

3.操作性强，可迁移性高。本节课为学生提供了问题分类的视角和工具，指导学生掌握提问的方法，并且课堂内容与学生学科内容学习相结合，有助于其在日后的学习中运用所学到的方法。

（点评嘉宾：鄢荣农，北京市海淀区教师进修学校心理健康教育教研员）

该课曾获北京市心理健康教师技能提高培训项目优秀设计奖

【参考文献】

［1］欧阳文.学生无问题意识的原因与问题意识的培养［J］.湘潭大学学报（哲学社会科学版），1999，（1）：128-130.

【学案纸】

小问题，大讲究

姓名：＿＿＿＿＿＿ 班级：＿＿＿＿＿＿ 学号：＿＿＿＿＿＿

我的智慧问题手册

时间	问题内容	问题类型	问题来源	解决过程	后续问题

学习好习惯养成记

福建省福州鳌峰学校（福州市台江榕博中学）　陈婧怡

苏州大学　方美欣

【驱动问题】

如何帮助学生养成良好的学习习惯？

【基本信息】

适用学段：初中二年级

准备道具：学案纸、便利贴

【设计思路】

著名的心理学家杜威认为，理性的习惯可以帮助个体主动调整自身状况以应对新情况，这样的习惯是一种"助力器"。良好的学习习惯能促进学习行为的产生，提高学习效率。初中生处于智力发展的黄金期，思维活跃，良好的学习习惯也有助于锻炼初中生的创造性和批判性思维，帮助他们适应新阶段的学习和生活[1]。

《中小学心理健康教育指导纲要（2012 年修订）》指出，初中阶段的心理健康教育需要帮助学生适应中学阶段的学习环境和学习要求，培养正确的学习观念，发展学习能力，改善学习方法，提高学习效率。其中，养成良好的学习习惯是提高学习效率的有效途径。

初中生正处于青春期，其各项生理机能逐渐成熟，但心理方面的成熟状况相对落后，容易造成冲动、叛逆的性格特征，进而引发自控力不足的问题，导致在养成良好学习习惯的过程中遇到诸多障碍。因此，教师在新学期开学之际需要对学生进行学习习惯方面的指导。詹姆斯·克利尔在《掌控习惯》一书中提到，习惯的形成需要四步：提示 – 渴求 – 行动 – 奖赏，即让它显而易见、让它有吸引力、让它简便易行、让它令人愉悦[2]。

本节课围绕习惯形成的四个步骤，通过我说你做、小华的故事等活动，引导学生发现自身存在的不良学习习惯，并在对小华的故事的讨论中形成对改变习惯的渴求。在调整不良学习习惯环节，学生审视自身的学习习惯，借助"习惯四部曲"尝试改变不良学习习惯。最后，除了坚持好习惯的收获所带来的自然强化，本节课还增加了一定的外力支持（打卡奖励）帮助学生保持好习惯。

【教学目标】

1. 情感目标：感受到改善学习习惯带来的喜悦、自信等积极情绪。

2. 认知目标：认识习惯养成的规律，觉察自己当前的学习习惯存在的优点与不足。

3. 行为目标：通过四步法改善自己的学习习惯，提升学习效率。

【教学思路】

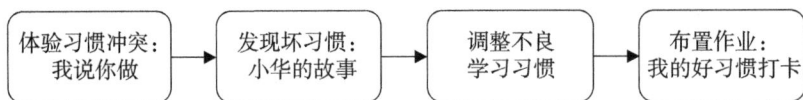

【教学过程】

一、体验习惯冲突：我说你做（4分钟）

老师：请同学们听指令，做出与指令相同的动作。例如，听到"举右手"，便举起右手；听到"拍左腿"，便拍拍左腿。

老师依次说出口令"看黑板""坐下""拿出语文书"等，学生根据老师的指令做出相应的动作，并请动作都做对的同学举手。

老师：请同学们听指令，并做出与指令相反的动作。例如，听到"举右手"，便举起左手；听到"拍左腿"，便拍拍右腿。

老师依次说出口令"看讲台""起立""翻开语文书"等，学生根据老师的指令做与指令相反的动作，并请动作都做对的同学举手，然后请同学回答以下问题。

问题1：大家觉得哪一轮游戏更简单？

问题2：为什么大家觉得第二轮游戏比较难？

老师：我们习惯了依照指令行事，一旦习惯养成后，我们行动的效率就会提高。但如果规则改变了，而我们仍坚持原来的习惯，就会感到很别扭、不舒服，甚至会出现很多冲突，我们行动的效率也会下降。在学习过程中，我们有时需要改变学习习惯，从而适应新的学习内容或科目。

设计意图：通过游戏引入学习习惯这一话题；通过体验学习习惯的冲突，引导学生意识到学习习惯需要适应已经变化的环境，否则会出现冲突或矛盾。

二、发现坏习惯：小华的故事（15分钟）

老师呈现小华的故事（见文末学案纸），即小华开学前后的学习状态和生活状态。

老师：小华都有哪些学习习惯？大家可以从"小华在何时、何地做什么"的角度来思考。

学生举手回答。

老师：小华的学习习惯有哪些是值得我们学习的，有哪些是需要改善的？

学生举手回答。

老师：请大家回想自己近期的学习情况，思考自己有哪些做得好的或有待改变的学习习惯。

学生结合自身实际情况举手回答。

教师小结：一些习惯会对我们的学习产生不良影响，如写作业的时候玩手机。为了让学习和生活变得更简单、舒适、高效，我们需要改变不良学习习惯，让学习习惯更好地为我们服务。接下来，让我们把注意力转移到自己身上。

设计意图：引导学生辨析良好学习习惯和不良学习习惯，发现他人和自己身上存在的不良学习习惯。在此基础上，强调不良学习习惯可能会让生活和学习效率下降。

三、调整不良学习习惯（18分钟）

老师：请大家在小组内用接龙的方式说出如何改变不良学习习惯。第一人找到小华目前存在的不良学习习惯，并用这样的句式提出建议："如果小华……那么他就……"。例如，"如果小华睡前少玩手机，那么他就能更早入睡。"接着，下一个人在此基础上继续用"如果小华……那么他就……"的句式提出建议。例如，"如果小华能更早入睡，那么他就有更充足的睡眠时间。"以此类推，直至所有人都提出建议。

学生分组完成上述任务。

老师：原来改善一个小小的不良习惯，会带来如此令人惊喜的结果。不过，要养成一个好习惯并不是一件容易的事。《掌控习惯》一书中提到，好的学习习惯养成有以下步骤：提示－渴求－行动－奖赏。它可以成为我们将不良习惯变为好习惯的"转换器"。

第一步：提示——让行为显而易见。将你的行动按照以下公式进行改写："我将于××时间在××地点做××"。例如，"我将于晚饭后在书桌前练一页字""我要在早晨6点半起床在书房看××书的第×章"。这样改写让时间和地点变得显而易见，会使我们更可能付诸行动。

第二步：渴求——对自己产生吸引力，以提高行为发生的概率。例如，将想要练的字放在书桌上，或者将目标学校和目标成绩写下来贴在书桌上时刻提醒自己。

第三步：行动——可以理解为让行为简单易行并不断重复。例如，你想在1个月内背完中考单词，将目标具体化，每天只背10个单词。

第四步：奖赏——即时满足，完成任务后给自己一个小奖励，如买一本喜欢的书。

老师：请同学们思考，如果你要养成一个习惯，根据以上步骤你会怎么做？请将你的想法写在学案纸上"我的不良习惯转换器"部分。

学生思考并记录，然后举手分享。

教师小结：养成好习惯贵在坚持。坚持养成好习惯，才能让我们的生活变得像举左手、举右手一样简单。

设计意图：通过帮助小华改变不良学习习惯的活动，引导学生认识到改变不良习惯带来的积极影响；通过介绍养成好习惯的步骤，引导学生反省，并运用四步法改变不良习惯，尝试养成好习惯。

四、布置作业：我的好习惯打卡（3分钟）

老师发放"我的好习惯打卡"作业纸（见文末），请学生课后完成打卡活动。学生坚持15天或完成15次便可以拿打卡单找老师兑换神秘小礼物。

【课程迭代】

本节课旨在帮助学生养成良好学习习惯，因此导入阶段的我说你做活动从简单的举手、拍腿改为翻开语文书等学生每天都要做的事情，更能促进学生在游戏中体会旧习惯与新环境之间的冲突。另外，针对养成好习惯这一话题，如果一开始就让学生找出自身的不良学习习惯，容易让学生感到"被否定"。而采用由他人（小华的故事）到自己的方式，可以降低学生的抵触心理，也可以让学生从小华的故事中反思自己的学习习惯。最后，本节课的重点和难点在于学生对习惯养成四步法的理解和使用，将"四步法"变成"转换器"，引导学生充分讨论它的用法并逐步进行尝试，可以让学生的不良习惯在"转化器"的帮助下得到改正，这更有助于学生内化四步法。

【教学反思】

基于对课程设计、学生学情的综合考虑，本节课在初中二年级上学期开学初开展比较合适。本节课在课程设计和学生学情方面有以下特点。

在课程设计方面，本节课结合理论和实践，根据《掌控习惯》一书中习惯形成需要四步（提示–渴求–行动–奖赏）这一理论设计教学活动，具有创新性和"心理味"。在开学初开展本节课，能帮助学生从假期过渡到开学，逐步接受"开学了"这个事实，并掌握养成良好学习习惯的方法，以更好地完成学习任务。

在学生学情方面，在开学初，学生需要调整行为习惯，如转变作息、整理书桌等，以迎接新学期的到来。与初中一年级学生相比，初中二年级学生更容易出现学习心态散漫的问题，所以在初中二年级上学期开学时开展本节课，有助于学生养成良好的学习习惯，以适应开学状态。

但是，本节课仍存在一些不足之处。在课后作业的设计方面，对不同的学生来说，他们的学习习惯和需要改进的地方可能不同，因此，教师应事先评估学生所设定的目标的可行性，再让学生开始打卡，否则可能会出现打卡任务失败。此外，可以增加奖励机制或设置一些需要与同学、教师互动的作业，以提高学生的参与度和积极性。

【专家点评】

初中生已经初步形成了一定的生活习惯和学习习惯，其中一些习惯对他们的成长和发展具有积极的影响。但受年龄和经历的限制，他们身上会存在一些模糊或不稳定的习惯，需要教师进一步的引导。本节课旨在协助学生更有效地改进不良学习习惯，并为接下来的学习奠定更坚实的基础。

本节课以你说我做的暖身活动开始，使学生认识到习惯对每个人的深远影响。然后，通过小故事展示，引导学生观察到每个人身上的好习惯和不良习惯。在此基础上，引入习惯形成的四步法，帮助学生清晰地理解习惯的形成机制，从而更自觉、有效地养成好习惯。

授课者利用日常生活中的实际案例，以便让学生有更切身的体会。通过对案例的深入探讨，学生可以更深入地理解习惯的养成过程和需要注意的问题，并积极寻找培养良好习惯的方法，从而更好地将其应用到日常生活中。这种启发式的教学方式可以提高学生的课程参与度，增强他们的学习兴趣和学习效果。

总体来说，本节课的开设对初中生的学习习惯养成和学业发展具有重要的影响。通过教师的精细规划和引导，学生可以更有效地调整自己的学习习惯。同时，这种课程设计方式也可以为其他学科的教学提供有益的参考，推动教学质量的持续提升。

（点评嘉宾：许颖，上海市曹杨第二中学附属学校心理高级教师）

【参考文献】

［1］崔玲玲. 初中生学习习惯发展评价的研究［J］. 教育测量与评价（理论版），2014（5）：22-26.

［2］克利尔. 掌控习惯：如何养成好习惯并戒除坏习惯［M］. 迩东晨，译. 北京：北京联合出版公司，2019.

【学案纸】

学习好习惯养成记

小华的故事

新学期开学后，初中二年级的小华是这样度过的。

第一天放学。

晚饭后，小华立刻坐到书桌前。假期凌乱的书桌此时已变得井井有条。原来，开学前一天，小华将书桌里里外外整理了一遍，做好迎接新学期的准备。现在，小华将手机放置在一旁，开始写作业。

"滴滴滴"，是什么声音？

原来是休息时间到了，小华给自己设定了番茄钟，每认真学习 1 小时，就可以休息 15 分钟，现在到休息时间了。

休息时间，小华可以稍微放松一下，做自己想做的事情。

作业终于写完了，小华伸了一个懒腰。接着，他把明天要用到的书和作业放进书包里，整理好后，洗漱完就上床了。睡前，他打开手机玩起了游戏。

第二天早晨。

7：00，在妈妈的"嘶吼"下，小华"被迫"起床了，他睡眼惺忪地刷完牙，吃了早饭。

8：00，小华进入教室，把书包往地上一丢，就趴在桌上睡着了。

班主任进来了，敲了敲小华的桌子。小华被叫醒，抬起头摇晃了一下脑袋，闭着眼睛掏出书包里的英语书，随便翻开一页，开始了早读。

9：00，第一节课上到一半，英语老师在台上讲课，小华在下面昏昏欲睡。

原来，小华从假期开始每天晚上都熬夜打游戏，昨晚虽然按时上床，但仍玩手机到凌晨 2 点。最终小华实在撑不住，躲在打开的书本后睡着了。

英语老师把小华叫醒，并叫小华及其家长放学到办公室。

我的不良习惯转换器

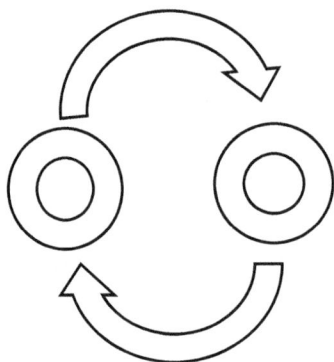

我需要调整的习惯：

① _____

② _____

不良习惯转换器

第一步：提示

第二步：渴求

第三步：行动

第四步：奖赏

调整方法：

提示

渴求

行动

奖赏

【作业纸】

我的好习惯打卡

恭喜你坚持 15 天（完成 15 次）"我的好习惯打卡"，

快找老师兑换一份神秘小礼物吧！

灵感盗贼追踪记

海南省临高县临高中学　张惠

【驱动问题】

如何提高灵感出现的频率？

【基本信息】

适用学段：初中三年级

准备道具：学案纸

【设计思路】

灵感是指瞬间产生的富有创造性的突发思维状态，又称顿悟。在心理学中，顿悟说是一种学习理论，由德国心理学家苛勒提出[1]。顿悟的产生主要与个体当前的情绪状态、知识结构、解决问题时所需知识在大脑中的清晰程度有关。

《中小学心理健康教育指导纲要（2012年修订）》指出，初中阶段的心理健康教育需要培养学生正确的学习观念，改善学习方法，提高学习效率。初中三年级学生面临升学压力，在解决学科问题时，经常由于无法获得解题灵感导致对学习厌倦，学习信心降低，久而久之，学习状态也会受到影响，这对复习备考十分不利。本节课主要针对上述学情，结合顿悟理论及《中小学心理健康教育指导纲要（2012年修订）》的相关要求进行设计，旨在让学生了解影响解题灵感产生的因素，并找到获取灵感的方法，进而掌握改善学习效果的策略，增强对解题的信心，收获学习的快乐与成就感。

【教学目标】

1. 情感目标：增强对解题的信心，收获学习的快乐与成就感。

2. 认知目标：了解灵感及影响灵感产生的因素。

3. 行为目标：了解学习中的思维停顿因何而生，找到处理思维停顿并产生解题灵感的方法。

【教学思路】

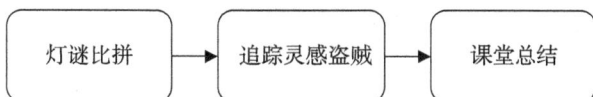

灯谜比拼 → 追踪灵感盗贼 → 课堂总结

【教学过程】

一、灯谜比拼（5分钟）

老师准备6组灯谜（如下所示），学生以小组为单位猜灯谜。

- 无花果（打一花名）——谜底：梅花
- 找到一半（打一字）——谜底：划
- 蜜蜂钉在挂历上（打一成语）——谜底：风和日丽
- 雨余山色浑如睡（打一字）——谜底：雪
- 有意无心（打一字）——谜底：音
- 举头望明月（打一城市名）——谜底：仰光

老师：要想猜对灯谜，我们需要什么？

学生举手回答。

老师：面对同一道题，不同的人获得解题灵感的速度是不一样的，其中的差异从何而来？本节课我们就来了解这个问题。让我们一起进入今天的课堂。

设计意图：通过猜灯谜活动，激发学生的学习兴趣，引出本节课的主题，也为讲解灵感的影响因素之一——知识结构——做铺垫。

二、追踪灵感盗贼（33分钟）

老师：灵感又称"顿悟"，即在解决问题的过程中，思维停顿后的"豁然开朗"。它的产生主要与个体当前的情绪状态、知识结构和解决问题时所需知识在大脑中的清晰程度有关。灵感的获得在解题、写作文、发明创造等过程中都十分重要[2]。那么，我们有没有办法提高灵感出现的频率，让它在我们需要的时候出现呢？接下来，我们就一起来了解我们的灵感是如何被偷走的？我们又该如何把需要的灵感捕捉回来？

老师请学生结合自己的经验及灵感的定义分析以下人物的行为。

小华：这道题我好像会做，但是忘了。

小红：这道题超纲了吧，我们都没学过，怎么做？

小丽：这道题看上去好麻烦啊，我都不想计算！

小明：反正都不会，我选择放弃！

老师：同学们觉得他们怎么了？

学生思考并举手回答。

老师：同学们说得很有道理。接下来，让我们看看到底是什么偷走了他们的灵感。首先是小华和小红，虽然他们的感慨不太一样，但偷走他们灵感的"盗贼"一样，即知识结构缺陷：小华的问题是对知识结构掌握不熟练，小红的问题是知识结构不完整。

（一）灵感盗贼一：知识结构缺陷

老师：知识结构是什么？假设把知识点比作珍珠，那么它们耀眼却零散，只有用细线将其穿起来，才可串成珠帘。知识结构建构的过程就是将所有的知识点连在一起，形成完整的知识体系的过程，它可以促使"顿悟"的实现[3]。要想猜出"举头望明月"这个灯谜，我们需要的知识结构有两点：一是理解"举头望明月"这句诗的意义，二是知道有仰光这个城市，多数同学由于不知道仰光这个城市，限制了灵感的产生。另外，掌握知识结构的熟练程度也会影响灵感产生的速度，所以同学们的回答有快有慢。那么，你们认为可以用什么方式来弥补知识结构缺陷呢？

学生寻找解决方式并举手回答。

老师：我们已经了解了知识结构缺陷这个灵感盗贼了，现在这个灵感盗贼向我们发起了挑战，我们一起看看吧。

老师请学生分组讨论并尝试列出解答如下数学题（老师可根据学生实际情况做出调整）所需的知识点，然后结合小组讨论的知识点，思考自己对每一个知识点的理解和掌握熟练程度如何，看看大家能否找到自己在这道题上不能快速获得解题灵感的原因并完成学案纸（见文末）。5分钟后，各组派一名代表把解题所需知识点写在黑板上。

如下图所示，二次函数的图像与 x 轴交于 $A(-3, 0)$ 和 $B(1, 0)$ 两点，交 y 轴于点 $C(0, 3)$，点 C、D 是二次函数图像上的一对对称点，一次函数的图像过点 B、D。

①求 D 点的坐标。

②求二次函数解析式。

③根据图像直接写出使一次函数值大于二次函数值的 x 的取值范围。

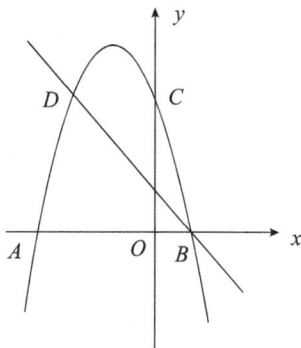

老师：通过找出解题所需的知识点，并明确自身对知识点的理解和掌握熟练程度，我们可以更清晰地知道自己无法获得解题灵感的原因，从而对症下药。完全理解知识点，但反应较慢的同学应该多加练习，半知半解的状况可能会导致解题不太熟练或解不出来，所以应该先完全理解知识点，再开始练习。至于完全不理解知识点的同学，更应该在加深理解后再开始尝试练习，直至熟练。

（二）灵感盗贼二：工作记忆容量不足

老师：经过刚刚的挑战，相信同学们对如何应对知识结构缺陷这个灵感盗贼已经心中有数了。接下来，我们再一起看看偷走小丽灵感的盗贼又是什么？我们应如何应对它？小丽遇到的问题看上去与小明一样，存在情绪问题——嫌麻烦，但实际上，情绪问题只是表象，工作记忆容量不足才是限制她获得灵感的主要原因。

1.速算竞赛

老师邀请学生进行速算比赛（幻灯片中闪现不同的算数题，如 $5 \times 5=?$ $50 \times 36=?$ $369 \times 999=\cdots\cdots$），请学生以最快的速度说出答案。

老师：为什么大家说出答案所需的时间越来越长了？

学生举手回答。

老师：这就是工作记忆容量对我们的影响，工作记忆是指在短时间内我们的大脑既要存储记忆，又要对记忆进行加工的过程。我们的大脑因受到记忆组块的限制，导致工作记忆容量不足，从而影响了运算速度。最后一道题大部分同学需要动笔才能得出答案，嫌麻烦的同学可能会放弃计算。同学们刚才都采取了什么方法得到答案？

学生举手回答。

教师小结：在面对需要快速记忆并加工的任务时，我们可以借助草稿来扩充工作记忆容量；或者将记忆内容进行优化，用更简便的方式重新组织记忆内容，提高工作记忆的效率。举个例子，假设你正在学习历史，要记忆很多年份和事件，如果你只是死记硬背，可能会很吃力，但如果你尝试把这些年份和事件联系起来，形成一个故事或一个场景，就会更容易记忆。

2. 今天星期几

老师：我们已经了解了工作记忆容量不足这个灵感盗贼了，现在这个灵感盗贼向我们发起了挑战，我们来一起看看吧。请同学们尝试根据今天所学的内容完成这个挑战！

A、B、C、D、E、F、G 七个人在争论今天星期几。

A：后天是星期三。

B：不对，今天是星期三。

C：你们都错了，明天是星期三。

D：胡说！今天既不是星期一，也不是星期二，更不是星期三。

E：我确信昨天是星期四。

F：不对，你弄错了，明天是星期四。

G：不管怎么样，昨天不是星期六。

老师：他们之中只有一人说对了，请问谁说对了？今天到底星期几？

学生举手回答。

老师：同学们的思路都很不错。常见的思路是先转换 7 个人分别说的是星期几，然后一一进行假设，找出只被提及一次的日子——星期天，D 说得正确，从而确定答案。这道题解题过程较复杂，受工作记忆容量的影响，如果只在脑海中做假设，就极易出错，推算比较快却错了的同学大多是混淆了 D 和 G 的发言。在这种情况下，细心动笔、多做验算能避免大脑工作记忆容量的限制，提升解题的准确性。

（三）灵感百宝箱

老师：今天我们完成了一系列灵感挑战，同学们对捕捉灵感应该有一定的心得，现在请同学们将心得分享出来，共同创造一个"灵感百宝箱"，帮助未来的我们稳定而高效地获得灵感。

　　老师请各组成员初步收集捕捉灵感的方法，限时 2 分钟。之后，依次请各组分享收集到的方法，并将本组的方法简明扼要地写在黑板上，前一组提及的方法后面小组不再重复分享。最后，全班同学共同完成班级"灵感百宝箱"。

　　设计意图：通过举例说明灵感挑战练习，引导学生理解灵感产生的原理及获得灵感的方法。

　　三、课堂总结（2 分钟）

　　老师：本节课我们主要了解了什么是灵感及影响灵感产生的两个因素——知识结构和工作记忆容量，也通过活动找到了获取灵感的方法。在本节课的最后，老师还想提醒同学们，所有的方法都应该建立在良好的情绪及精神状态之上。遇到问题时，我们首先要做的是学会放松，调节情绪，不要轻易放弃。正确的方法与良好的情绪都是获得灵感的必要因素！

　　【课程迭代】

　　本节课的初版设计与终版设计的区别主要是最终版课程加入了小红等四人的感慨，并以此为线索展开教学。初版课程的设计让学生没有代入感，教师讲解过多，课堂氛围相对沉闷，学生对各个环节讨论的参与度也因此受到影响。经过修改，最终版课程以学生的口吻加入了小红等四人的感慨，这让学生更能产生共鸣，更愿意参与课堂互动。

　　本节课最难修改的是挑战环节的例题，为了贴合学生实际，做好学科融合，在选择例题时笔者特意参考了相关学科教师的意见，根据不同班级学生的情况修改了多版例题。为了做好课堂引导，教师本人要熟悉每一道例题的解题思路。

　　【教学反思】

　　进入初中三年级，学生升学压力增大，许多学生的学习态度逐渐由散漫转变为积极，期望通过短时间的努力让学习成绩快速提高。常有学生在解决学科问题时，由于无法获得解题灵感导致对学习丧失信心。本节课主要针对该情况进行设计，以谁偷了灵感为线索展开活动，让学生了解小红等四人关于解题灵感的烦恼，从心理学的角度带领学生了解阻碍解题灵感出现的问题，以及相应的解决对策。

当然，本节课也存在一些不足之处。首先，在两个挑战活动的问题设置上，选择的问题较难，对学生的学习能力及教师本人的相关解题能力是一个考验，在一些班级，常常需要教师手把手进行引导，学生才能逐步理解应该如何完成挑战。在这种情况下，让学生收获解题成就感这个目标就较难达成。另外，本节课的内容相对较多，学生分享时间较少。

【专家点评】

本节课的课程设计亮点主要体现在几个方面。

1.课程主题符合学生学情。初中三年级阶段的多数学生都需要更明确的学习方法指导来帮助他们树立学习信心。

2.对"顿悟"这一概念的诠释和课堂目标的切入点也与常规课堂有所不同，选题新颖，原创性强，与学科学习融合得恰到好处，让人耳目一新。

最后，提出一些建议，教师可以考虑在现有教学流程的基础上，增加一些更具互动性的环节（例如，加入课堂小调查，看看有多少学生曾遇到与小红等人相同的困惑，等等），以更好地激发学生的学习兴趣，活跃课堂氛围。在教学过程中，教师应进一步加强指导，特别是在学生进行小组讨论和交流分享时，应给予更加具体的指导和帮助，确保学生的学习效果得到有效提升。

（点评嘉宾：杨馥兰，海南省临高县初中心理健康教育兼职教研员）

【参考文献】

[1] 莫雷.教育心理学［M］.北京：教育科学出版社，2007：45-46.

[2] 金洪源.学科能力发展障碍诊断技术的理论基础——知识分类顿悟观与减轻中小学生作业练习负担［J］.鞍山师范学院学报，1999（2）：5.

[3] 马立丽，金洪源.提高学科学习能力的元认知策略与培养［M］.沈阳：辽宁科学技术出版社，2016：123-143.

【学案纸】

灵感盗贼追踪记

解题所需知识点 （小组讨论）	对该知识点的理解程度 （个人）	对该知识点掌握的熟练程度 （个人）

积极应对学习压力

北京市大峪中学　崔倩倩

【驱动问题】

如何帮助学生积极应对学习压力?

【基本信息】

适用学段:初中一年级

准备道具:气球、学案纸、彩笔

【设计思路】

《中小学心理健康教育指导纲要(2012年修订)》指出,中小学生正处在身心发展的重要时期,随着生理、心理的发育与发展,社会阅历的逐渐丰富,思维方式的变化和面临的社会竞争压力的增加,学生在学习、生活、自我意识、情绪调适、人际交往和升学等方面会遇到各种各样的心理困扰或问题。初中年级心理健康教育内容包括帮助学生适应中学阶段的学习环境和学习要求,培养正确的学习观念,发展学习能力,改善学习方法,提高学习效率。

进入初中,学习科目增多,难度增大,对学生的自主学习能力要求提高,一系列变化使学生的学习压力有所增加。相关调查结果显示,初中一年级学生对学习感到焦虑这一状况较为普遍,约有48.7%的学生具有较大的学习压力。也有班主任反馈,部分学生遇到随堂小测试不理想、写作业有困难等情况时,情绪容易出现波动。

本节课旨在对学生进行应对学习压力方面的辅导,帮助学生逐步适应初中的学习特点与学习节奏,积极应对与缓解学习压力。

【教学目标】

1.情感目标：接纳学习压力，缓解因学习压力产生的不良情绪，增强对压力的掌控感。

2.认知目标：了解学习压力的类型、来源，了解想法对情绪的影响。

3.行为目标：通过小组讨论获取新的视角，尝试缓解学习压力，调整对压力的不合理认知。

【教学思路】

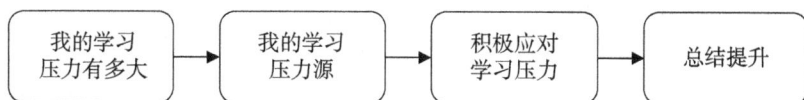

【教学过程】

一、我的学习压力有多大（3分钟）

老师邀请全体学生起立，并给每人发一个气球。学生根据自己感受到的学习压力的大小吹气球，感受到的学习压力越大，就将气球吹得越大。吹完后，用手捏住气球嘴，确保其不漏气，并提醒学生在此过程中不要将气球吹爆并注意安全。

老师：你的气球有多大？和其他同学的气球相比呢？你觉得你或其他同学的气球和自己一开始预想的有什么不一样？

学生举手回答。

教师小结：通过吹气球游戏，我们发现每个人的学习压力不一样，这说明学习压力程度是一种主观感受，每个人感受到的压力不尽相同。因此，我们要试着做到不根据自己的标准来评价他人。

设计意图：以吹气球的方式使学生放松心情，释放压力，同时调动其参与的积极性，为后面的环节做铺垫。

二、我的学习压力源（10分钟）

老师将学生分成几组，让学生结合刚才的游戏过程和结果，思考并在组内讨论：在生活中，有哪些人或事给我们的学习带来了压力，将这些人或事写在学案纸（见文末）的相应位置，然后由各组派一名代表进行总结和分享。（小组交流结束后，将气球里的气轻轻地放掉。)

教师小结：我们发现学习压力来自不同的方面。按照不同的来源，学业压力可以分为竞争压力、他人期望压力、任务发展压力、挫折压力及自身发展压力[1]。

设计意图：通过小组分享，引导学生意识到学习压力的普遍性，体验到学习压力是正常的；引导学生了解学习压力的来源，为接下来明确应对压力的方法、增强自身对压力的掌控感等教学内容做铺垫。

三、积极应对学习压力（25分钟）

老师：通过刚才的讨论与分享，我们更清晰地认识了学习压力。接下来，我们将借助同伴的力量，寻找应对学习压力的方法。请同学们在组内传递自己的学案纸，其他组员在学案纸的云朵上以积极的视角写下你对这种压力的看法和感受。例如，你写的是"爸爸、妈妈总是希望我能考进班级前5名，这让我压力很大"，那么其他组员可以用积极的视角写下"爸爸、妈妈非常重视对你的教育，希望你的努力有回报"。其他同学也可以提出解决方法或送上一句鼓励的话。每个人依次书写，直至学案纸又回到自己手中，并从中选出自己最喜欢的一朵云。

学生根据要求完成学案纸，然后举手分享自己最喜欢的云朵并说明理由。

老师：感谢同学们的精彩分享。在面对学习压力时，换一个视角、尝试新的方法都可能带来变化。老师也为同学们带来了一个神奇的练习，我们一起来试试吧。接下来，请大家跟随老师的话语，完成"我的压力气球"练习。

指导语：找一个舒服的姿势坐好，背挺直，双肩放松，抬头挺胸，慢慢地闭上眼睛。刚才我们吹起了学习压力气球，无论它是什么样的，都在向我们传递一些信息，它在告诉我们什么呢？请你试着与它待一会儿，听一听它遇到的困难和挑战，试着安慰它、陪伴它、拍拍它、抱抱它并告诉它：你辛苦了，你真的很不容易。同时，请你向它表达感谢：谢谢你的到来，谢谢你告诉我这么多信息，谢谢你让我知道我对学习有多在意，我有多努力，也谢谢你让我知道了我的不足，知道了接下来需要努力的方向。谢谢你。听到我们的感谢，气球变得欢快、轻盈，它的颜色也变得越来越柔和，模样变得越来越可爱，它慢慢地飞向空中，微笑着向我们告别，越飞越高、越飞越高，渐渐消失在云朵中。最后，让我们把注意力慢慢地放在自己的呼吸上，慢慢地睁开眼睛。

　　练习结束后，老师请同学们把压力气球画在学案纸上云朵的下面，并进行涂色，看看它发生了怎样的变化。在完成绘制后，请同学们给自己的作品取一个名字并进行分享。

　　教师小结：心理学家艾利斯认为，人不是被事情困扰着，而是被对事情的想法困扰着。通过小组活动，我们拥有了更多的视角，积极的视角能够帮助我们找到更多的解决方法。同时，对情绪的理解与接纳可以帮助我们缓解不良情绪，让我们有更多的力量和信心应对挑战。

　　设计意图：通过上述练习，帮助学生将压力、问题与个人分开，让学生学会自我理解与接纳，学会自我关爱，提升内在动力。通过小组分享，引导学生认识到用不同视角面对同一事件会给我们带来不同的感受，帮助学生进一步打破固化思维，消除情绪困扰。

四、总结提升（2分钟）

　　老师：本节课的压力解决方法不仅适用于应对学习压力，也适用于调节其他压力或情绪。在接下来的一周里，请同学们观察自己的学习压力，分析它的来源，感受它的变化，实时记录自己对压力的想法，尝试用新的、更加积极的想法来替换它，或者用新的方法应对它。

【课程迭代】

　　在本节课最初的版本中，笔者在导入环节运用了吹气球游戏，效果很好，学生参与度很高。但在冥想环节，笔者没有再次提及气球，只是让学生试着感受学习压力，让学生与自己的这些感受相处、对话，虽然学生参与度也较好，但是有一种跳脱的感觉，前后关联度不大，导致吹气球游戏好像只是为了热身而热身，没有更多深层的意义。课程结束后，学生只记住吹气球了，对其他部分的内容印象不深刻。

　　经过多次修改，笔者最终确定了现在这个版本，与最初的版本相比，课程最大的变化是将气球贯穿整节课。由最开始的吹气球游戏引出学生现在学习压力的大小，再过渡到冥想放松阶段，帮助学生释放压力，让压力气球飞走。气球由实物转变为意象，既便于学生想象、放松，又将气球作为贯穿整节课的主线，让学生在气球与学习压力之间建立了连接。

此外，最终版本课程使用的学案纸也结合了气球这一图形，让学生用颜色记录自己的情绪，并觉察自己对压力的想法，这一活动既锻炼了学生的认知调节能力，颜色填充的环节也发挥了一定的情绪释放与调节功能，帮助学生更好地调节自己的学习压力。

【教学反思】

本节课着重引导学生对学习压力进行觉察与转化。依据学生的学情，笔者建议将本节课安排在初中一年级上学期期中考试后进行，这样可以帮助学生调节考后状态，确立合适的目标，从而更加有方向、有力量地开展后面的学习活动。根据学生的需要，教师也可以将本节课安排在考试之前，帮助学生缓解考试焦虑，制订切实可行的复习计划，提高学习效率，稳定考前心态。具体的实施时间应结合学生需要灵活进行调整。

【专家点评】

本节课的亮点主要体现在以下几个方面。

1. 活动多样有趣，减压赋能并举。让学生通过气球的大小将自己内在的学习压力外化，这一活动非常新颖有趣，能够很好地调动学生的积极性，同时也起到了很好的释放压力的作用。通过看到其他同学的气球，帮助学生将自己的"特殊"问题"普遍化"，进一步起到减压效果。冥想环节不仅巧妙地将学生从兴奋状态引导至安静状态，而且让学生在放松的同时感受到自己正在被赋予能量：在面对压力时，自己能逐渐将对消极情绪的抵触心理转化为对其接纳与感恩的心态，由被动无奈地接受情绪转化为主动而有力地面对情绪。

2. 内容紧扣学情，环节层层递进。本节课贴合学生想要缓解学习压力的实际需求，教学内容层层深入：释放内在压力 – 了解压力来源 – 觉察压力反应 – 调整压力认知，让学生逐渐由感性体验变为理性认知，由被动反应变为开始思考如何主动调节压力，循序渐进地引导学生掌握情绪调节的知识与技能。

3. 教师的态度温和、包容，注重实践落实。在整节课的教学过程中，教师态度温和、包容，有很好的亲和力，对学生的分享能够及时予以回应，现场生成了很多资源。教师对学生情绪的调节并没有停留在本节课，而是以课后实践的形式，推动学生能够学以致用、不断练习，切实掌握恰当的情绪调节方法，帮助学生提高自己的情绪调节能力。

（点评嘉宾：张慧萍，北京市门头沟区教育研修学院中学心理健康教育教研员）

该课曾获北京市第十二届中小学心理健康教育优秀成果评选活动课例类成果二等奖

【参考文献】

［1］陈旭.中学生学业压力、应对策略及应对的心理机制研究［D］.重庆：西南师范大学，2004.

【学案纸】

积极应对学习压力

姓名：_____　　班级：_____　　学号：_____

我的学习压力源：_____

_____

作品名：

第六章

生涯规划

本章的主要目标是唤醒学生的生涯规划意识，使学生能够树立对生涯规划的正确态度和积极理念，主动进行自我探索和外部探索，明确自己在职业性格、兴趣、能力等方面的特点，了解与生涯发展相关的外部信息，掌握收集与整合生涯信息的方法，培养其生涯选择与生涯管理的能力，在此基础上尝试对自己的未来做出初步的规划，并在生涯的动态发展过程中不断实践和调整自己的规划。

在本章，常见的主题包括生涯意识的唤醒，关于职业性格、兴趣、能力、价值观的自我探索，关于大学、专业、工作等的外部探索，生涯决策的方法、生涯管理能力的培养等。这些主题旨在引导学生增强对自己的认识和对社会的了解，提高自己的生涯探索能力，同时学会整合各方面的生涯信息，选择适合自己的发展方向，最终调动自我发展的内驱力，有方法、有方向地为个人的发展做好积极的准备。

初中生处于生涯发展探索的初期，他们的心理开始从幼稚走向成熟，开始逐渐思考"我是谁""我要到哪里去"等深层次的问题。初中生也将面临中考，初中毕业后，部分学生会升入普通高中，部分学生可能会进入职业院校并进行专业技能的学习。因此，对初中生的生涯教育应结合学生的实际需求进行更深入的引导，使学生提升对自我的认知，储备一定的生涯信息，掌握生涯探索的方法，增强生涯发展的主观能动性和自我效能感。

《我的兴趣星域》聚焦兴趣探索这一话题，引导学生有意识地将兴趣与职业选择相结合，初步探索早期职业发展目标。《性格话未来》让学生通过对自我性格的探索感受性格与生涯发展的关系，从而引导学生进一步完善自己的性格，推动自己的生涯发展。《披荆斩棘的录取通知》在游戏中引导学生感受职业发展的历程，激励学生有意识地尝试参与提升职业能力的活动。《梦想的根与枝》以电影素材为依据，启发学生思考家族职业对个人职业发展的影响，面对家人的期待与自我内心选择之间的冲突，探索恰当的处理方法。《有效目标赢未来》以目标管理 SMART 原则为框架帮助学生学会制定有效的目标，并通过 WOOP 策略增强学生执行目标的信心。

在本章的课例中，教师们从不同的切入点出发，选取了符合学生心理特点的教学素材，辅以情境体验、趣味活动、团体探究等生动的课堂形式，呈现出了各具风采的生涯课堂。在生涯课程的具体实践中，读者还应积极学习前沿的生涯理论，熟练掌握各种生涯工具，从学生的实际需求出发，以理论为依据，以工具为载体，巧妙地创设学生乐于参与的生涯活动，这样才能让学生在体验中认同生涯规划的理念，感悟生涯规划的意义，主动以负责任的态度对待自己的生涯发展。

我的兴趣星域

浙江省杭州市星澜中学　秦佳佳

【驱动问题】

如何培养学生的职业规划意识和生涯适应能力？

【基本信息】

适用学段：初中二年级

准备道具：学案纸、星形卡片、彩笔、透明 A3 板贴

【设计思路】

《中小学心理健康教育指导纲要（2012 年修订）》指出，初中心理健康教育需要培养学生的职业规划意识，帮助他们树立早期职业发展目标。在当今这个快速发展的数字化时代，新兴职业层出不穷，培养数字化时代下学生的职业规划意识和生涯适应能力不仅会助力学生自主发展，也有利于社会的创新发展。对初中二年级学生来说，"我想成为怎么样的人"是这个阶段的重要话题之一，而兴趣是个性心理倾向的一部分，对兴趣的探索有助于学生加深对自我的认识。此外，初中二年级学生也开始关注升学和未来，此时开展职业启蒙教育，可以帮助学生找到兴趣和职业的结合点，进行深入的自我探索，树立生涯规划意识，增强学习动力。

本节课以升学、择业中的兴趣与职业为教学内容，以兴趣星流图为主线，通过一系列活动，帮助学生了解自身兴趣所在，并将兴趣与未来职业相结合，让学生意识到兴趣及其对未来职业生涯的重要影响；引导学生思考兴趣与职业之间的关系，为探索与自己兴趣相符的职业做准备，设计并充实自己的人生。

【教学目标】

1.情感目标：体会兴趣带来的愉悦感和成就感，树立生涯规划意识。

2. 认知目标：梳理兴趣及其发展层次，有意识地将兴趣与职业选择进行有机结合。

3. 行为目标：在生活中有意识地把兴趣逐步发展为能力，初步尝试探索职业发展的目标，提高生涯适应能力。

【教学思路】

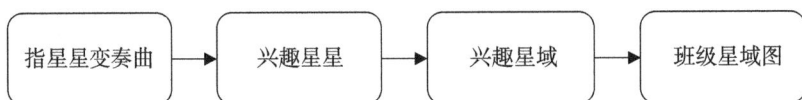

指星星变奏曲 → 兴趣星星 → 兴趣星域 → 班级星域图

【教学过程】

一、指星星变奏曲（5分钟）

老师播放自制的指星星视频，学生根据视频中出现的图片和指令做出相应的动作和表情，合作完成指星星变奏曲。当出现某一指令时，学生用双手的食指指向班里相应的同学，如出现"指星星（阅读）"时则指向喜欢阅读的同学。

视频简介：随机出现以下动作指令——摊手、拍掌1次、拍掌2次、拍桌子1次、拍桌子2次、指星星（画画）、指星星（阅读）、指星星（编程）、指星星（手工）、指星星（收集手办）、指星星（视频制作）、指星星（做实验）、指星星（动漫）。配乐为《布谷鸟》，时间为2分钟，其中每当"指星星"指令出现时，音乐暂停5秒钟。

老师：在刚才的游戏中，在哪一个指令出现时，同学们都指向了你？这颗星星（即兴趣）是从什么时候开始出现的？你有坚持不下去的时候吗？

学生举手回答。

教师小结：听完同学们的分享，我发现即使需要花费很多时间和精力，大家依然很喜欢这些星星，而这些星星就是我们平时所说的兴趣。有人说，一生中最幸福的事就是做自己喜欢的事情。那么，你们都有哪些兴趣呢？今天，老师就邀请大家一起来探索兴趣星域。

设计意图：通过趣味游戏调动学生的情绪，活跃课堂气氛，引出兴趣这一主题。

二、兴趣星星（8分钟）

老师："兴趣"就是一颗特别的星星，它会唤醒我们的活力和能量，推动我们持续探索某个领域，给我们带来愉悦感和成就感。无论多么辛苦，无论花费多少时间，我们依然乐在其中。请大家根据以下要求，按顺序完成学案纸（见文末）上的内容，限时 5 分钟。

①写出自己的 6 颗兴趣星星。

②在这颗星星下面写出你最享受该兴趣的哪个方面？例如，阅读——静下心来感受思想的洗礼。

③尝试用不同颜色的彩笔对自己的兴趣星星进行涂色或装饰，让它更加闪耀。

学生组内成员两两欣赏对方的兴趣星星，限时 30 秒。

老师：在你的兴趣星星中，哪一颗星星最让你乐此不疲？你最享受这颗星星给你带来什么样的体验？你选择用什么颜色来点缀它？这个颜色对你来说有什么含义？

学生举手分享。

教师小结：同学们分享了很多兴趣，其中有很多兴趣是我们通过感官就能体验到的，它给我们带来了愉悦感；也有一些兴趣让我们产生了更深层次的感受，如成就感。为什么会有这些不同呢？让我们继续探索。

设计意图：通过任务驱动学生梳理自己的兴趣，引导学生思考不同兴趣给自己带来的体验和感受。

三、兴趣星域（25 分钟）

老师：其实，每个人的兴趣星星都是流动的。今天，老师就给大家介绍一种模型——兴趣星流。

（一）认识兴趣星流图

老师介绍兴趣星流图。

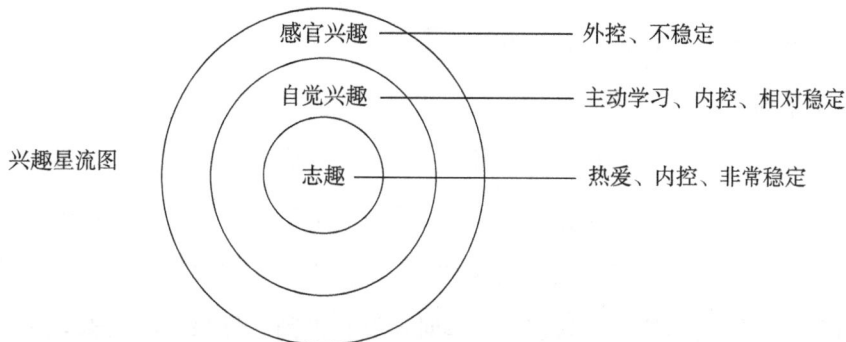

兴趣星流图

- 感官兴趣。所有的兴趣最开始都属于感官兴趣。它会让我们在平淡的学习和生活中感到愉悦、放松，但这类兴趣受外界控制且不稳定，可能会随着流行元素的改变和新奇感的流逝而消失，如喜欢看电视剧、喜欢收集卡片等。

- 自觉兴趣。当我们对感官兴趣进行主动学习，付出更多的时间和精力时，它就变成了自觉兴趣。自觉兴趣会在不确定的生活中给我们带来相对稳定的愉悦感和成就感，为我们打开新事物的大门，如从追剧发展到写影评、了解影片的拍摄流程及技巧等。

- 志趣。如果你能够主动探索某个兴趣的相关知识，努力提升自己在这方面的能力，同时，持续坚持和热爱这一兴趣，未来也想从事与之相关的工作，那么这一兴趣就进入了兴趣星流图最核心的地带，变成了志趣。

老师：以刚才同学们分享的编程这一兴趣为例，在你决定付出时间和努力后，它就变成了乐在其中的自觉兴趣，当你持续坚持和热爱它，它就可能变成你的志趣。同学们，你们的兴趣星星目前处在星流图的哪个圈层呢？现在请大家对自己的 6 颗兴趣星星进行筛选：哪些是你愿意付出更多的时间和精力的兴趣，请将它的序号填写在学案纸上自觉兴趣圈层中；接着，请你在自觉兴趣中选择 2 个你坚持的、热爱的、即使面对困难和失败依旧不会放弃的兴趣，放在志趣圈层中。完成后说一说你的志趣是什么？

学生举手回答。

老师：现在，让我们的探索更深入一点。大家畅想一下，如果这些志趣伴随着我们的成长一直发展下去，它们可能会变成什么？

学生举手回答。

老师：没错，志趣可能会变成我们的事业。请你结合刚刚筛选出的志趣，思考这些志趣可以帮助你在未来从事什么职业？

学生举手回答。

老师：除了大家说的职业外，在当今这个快速发展的数字化时代，我们可以看到层出不穷的新兴职业。我们来看看图片中的内容（例如，课件展示：编程＋动漫＝徐逸创立"B站"等），猜猜它们之间会碰撞出什么火花？很多时候，创新来源于不同领域的交叉和碰撞。我们的一些兴趣也许暂时还没有得到父母和身边人的支持，但我们依旧可以在不耽误学习和影响生活的情况下保持这个兴趣。这种来自内心的热爱就像指南针，它会指引我们学习更多的知识与技能，将兴趣发展成能力。当你把兴趣与未来职业结合起来时，它就会迸发出更多的可能性。

（二）完成兴趣星域图

老师：了解了这么多与兴趣相关的内容后，让我们再回到自己的志趣星星上。同学们，当我们想让自己的志趣星星发展成未来的职业时，我们可以做些什么？请以你的 2 颗志趣星星为中心，发散思维，思考与之相关的职业（3 ~ 4 个），完成学案纸上的兴趣星域图，然后用喜欢的颜色为你的星星进行涂色或装饰，让它们更加闪耀。

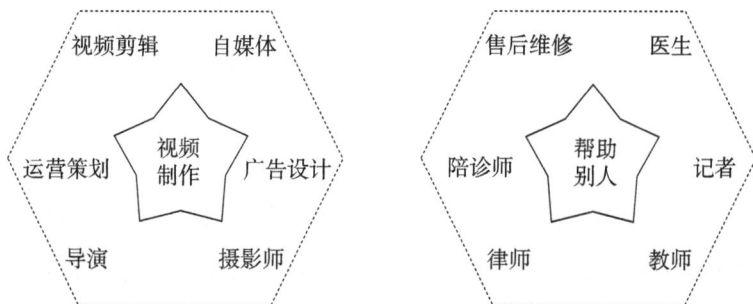

兴趣星域图实例

学生根据要求完成学案纸上的内容。

（三）点亮兴趣启明星

老师让学生在组内进行分享，步骤如下。

①组内成员分享各自的兴趣星域图，看看你们的星星之间有什么相同点和不同点。

②选择一颗最能代表小组的兴趣星星，作为本组的兴趣启明星，这颗星星可以是小组成员最感兴趣的，也可以是小组成员的兴趣星域图中重合度最高的。

③请各小组进行头脑风暴，探究小组的兴趣启明星与小组成员在上一环节所列举的其他职业能否建立联系，为兴趣启明星延伸出 5 个职业方向，然后各组派一名代表上台分享。

教师小结：通过大家的集思广益，我们看到原来大家的兴趣星星可以和这么多职业相关联。

设计意图：通过制作兴趣星域图，集思广益，整合小组资源，输出成果，引导学生在个人兴趣与成长发展之间找到结合点，形成职业规划意识，进行多元职业设想。

四、班级星域图（7分钟）

老师：根据本节课的收获，请同学们在星形卡片上写下你们的兴趣及与其相关的 5 种职业。写完后，请你们将卡片贴到小组星域图上。小组成员贴完后，请各组代表将小组星域图拿到讲台上展示，组成班级星域图，并用 1 ~ 2 句话谈谈你在本节课中的收获（播放歌曲《夜空中最亮的星》）。

教师小结："聚是一团火，散是满天星。"希望大家在未来都能怀揣着自己的兴趣星星，一步一步跟随自己的热爱，踏入更多的"星域"，发挥无限可能！

设计意图：将学生的兴趣星形卡片进行汇总，增加课堂仪式感。引导学生对志趣和职业进行总结，明确自身热爱的领域，找到努力的方向。

【课程迭代】

从最早的猜兴趣谜语到指星星变奏曲，再到放弃用视频、图片举例说明兴趣的发展历程……在不断打磨下，本节课的逻辑逐渐清晰。从课程最初版本到最终版本，课程改动最大的地方是兴趣星域环节。在最初版本中，教师引导学生自我探索，制作兴趣星星，然后让学生在课程的最后将其贴到黑板上。这样的课程设置仅仅是给学生的兴趣星星提供了一个展示的空间，并没有深刻的含义。在最终的版本中，课程在该环节加入了小组团体动力，让学生先反思自身的兴趣星流，再制作自己的启明星，通过小组讨论和思维碰撞，引导学生与小组成员共同进行多元化的职业设想。这一设置更加凸显了学生的主体地位。同时，该环节还将小组星域图汇聚成班级星域图，从"我的兴趣星空"到"我们的兴趣星空"，促进了班级凝聚力的提升。

【教学反思】

本节课以兴趣与职业为主线，通过指星星变奏曲、兴趣星星、兴趣星流、兴趣星域等活动，帮助学生明确自己热爱的领域，初步树立职业规划意识。本节课主要有以下几方面的亮点。

1. 活动设计方面。活动设计贴合学生实际，将星星贯穿课程的整个环节，结构清晰。通过任务引导学生探索自身的兴趣及其发展阶段，感受兴趣给自己带来的情绪体验。本节课从感官兴趣到志趣再到职业，层层递进，引导学生对自己的兴趣星星进行自我探索，划分层次，最终找到自己未来最想坚持的志趣。

2.课堂氛围方面。在实际教学中，本节课以活动和体验为主，教学过程轻松愉快。课堂中丰富的视频、音乐、星星道具等素材，使学生积极投入课堂中。最后，教师将所有学生的兴趣星域汇总呈现在黑板上进行升华，增强了课堂仪式感。

值得注意的是，在本节课探索志趣的过程中，可能会出现有学生选择打游戏、当明星等作为自己未来的志趣，在思考职业时也会提到游戏陪练、网红等。当出现此类情况时，教师需要在尊重学生的基础上根据实际情况加以引导，帮助学生认识到每一种职业背后都需要努力和付出，给予其正向的价值引导。

【专家点评】

《我的兴趣星域》是一堂较为扎实的心理课，通过指星星、画星星、说星星等互动游戏营造轻松和谐的课堂氛围，引导学生探讨自己的兴趣，让心理课堂瞬间成为学生畅想的开放空间，让学生能充分探索自己兴趣的发展与可能性，产生无限的想象力和创造力。本节课的课程设计构思严谨、层层深入，基于创新的角度，引导学生从兴趣到志趣进行联想、思考和自我探索，揭开兴趣与未来职业生涯之间的巧妙关联，唤醒学生的生涯规划意识，引导学生根据自身的志趣树立早期职业发展目标，从而有效激发学生当下的学习动力，提升学生面向未来的生涯适应能力。在打磨课程的过程中不难发现，教师善于组织学生进行小组合作、自我探究，将学生的学习自主性发挥得淋漓尽致，这也是本节课的难能可贵之处。本节课的活动流程设计可操作性强且富有创意，闪烁着心理教师的智慧，体现了其匠心。

（点评嘉宾：魏旋，浙江省杭州市拱墅区教育研究院心理健康教研员）

该课曾获浙江省杭州市学校心理健康教育教师技能大赛（初中组）一等奖

【学案纸】

我的兴趣星域

姓名：_____ 班级：_____ 学号：_____

兴趣星星

请尽可能多地写出自己的兴趣星星。在星星下面写出你最享受这个兴趣的哪个方面？然后用你喜欢的颜色装饰星星。

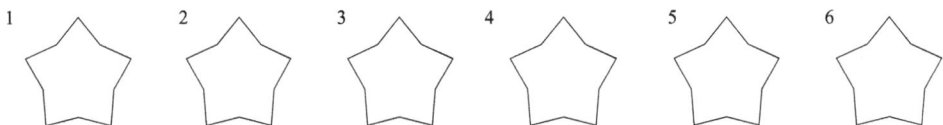

1   2   3   4   5   6

兴趣星流

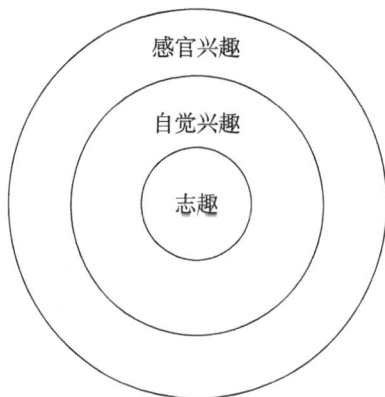

感官兴趣

自觉兴趣

志趣

兴趣星域图

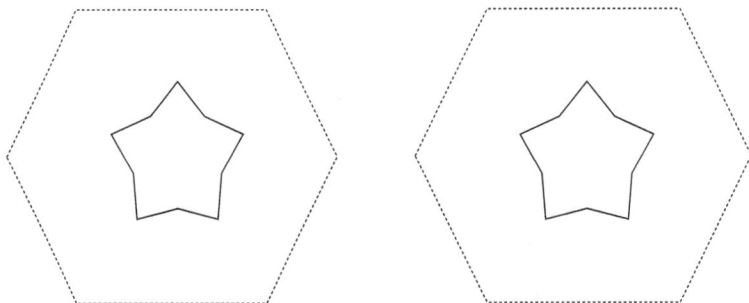

性格话未来

江苏省太仓高级中学 董杰

【驱动问题】

如何引导学生探索性格与生涯发展的关系？

【基本信息】

适用学段：初中三年级

准备道具：学案纸、性格词汇卡牌

【设计思路】

性格是一个人稳定的态度和习惯化的行为方式，其中部分是在后天社会环境中逐渐形成的，具有很大的可塑性。性格也是影响个体环境适应能力、人际关系的重要因素，更是学生生涯发展中自我探索的重要部分。性格与生涯规划密不可分，不同的性格适合不同的职业，而不同的职业对个体性格的要求也不一样。当性格与职业适配时，我们的职业幸福感、生活幸福感才会逐渐提升[1]。因此，在进行生涯规划之前，学生应该先了解和认识自己的性格特征。

笔者在对初中三年级学生的调研中发现，很多学生对自己的性格认识不够全面，还有些学生对性格与生涯发展关系的认识比较狭隘。因此，本节课旨在让学生了解自己的性格，感受性格对生涯发展的助推作用，形成不断完善、优化自己性格的意识，以助力自己的生涯发展。

【教学目标】

1. 情感目标：激发探索性格的意愿，形成对未来生涯的好奇心。
2. 认知目标：了解性格与未来生涯发展的关联性，了解探索和完善性格的途径。
3. 行为目标：帮助学生在生活中不断完善自己的性格，助推自己的生涯发展。

【教学思路】

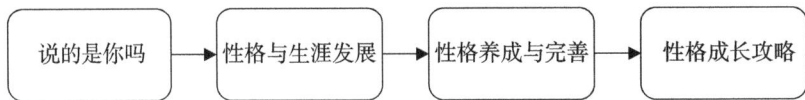

【教学过程】

一、说的是你吗（5分钟）

老师在课前让学生完成学案纸（见文末）上的性格探索。

老师呈现描述性格的词汇，如谨慎、主动积极、优柔寡断、独立、内敛等，请符合描述的同学用双手在胸前比"○"，不符合的比"×"。

老师：有没有同学一直比"○"或一直比"×"？看来大家的性格各不相同。接下来，我邀请几名同学用三个关键词介绍一下自己的性格特征。

学生举手回答。

教师小结： 每名同学都有自己的性格特征。性格是一种相对稳定的心理特征，是一个人在稳定的态度和习惯化的行为方式中所表现出来的人格特征[2]。它主要体现在我们对自己、他人、事物的态度和言行举止中。今天，让我们一起走进性格，畅谈未来！

设计意图： 通过比手势活动调动学生的积极性、活跃课堂气氛，引导学生理解性格的内涵。

二、性格与生涯发展（15分钟）

老师：有这样一个人，她18岁进入牛津大学化学系学习，毕业后到化学实验室工作，可一直表现平平。之后，她调整了自己的职业生涯规划，全身心投入政界，后来被誉为"铁娘子"。同学们猜到她是谁了吗？

学生举手回答，老师揭秘这个人是撒切尔夫人。老师播放撒切尔夫人的相关视频，并提出问题：她的性格是怎样的？学生进行小组讨论并举手分享。

老师：像大家所说的，刚毅、勇敢、自律、有主见、善于与人打交道等都是撒切尔夫人的性格特征。那么，除了政治家，你觉得撒切尔夫人还适合做什么工作呢？大家可以从以下职业中选出你认为适合撒切尔夫人的。

学生进行小组讨论并举手分享讨论结果。

• 教师	• 会计师	• 研发人员	• 职业规划师	• 程序员
• 设计师	• 网页设计师	• 咨询顾问	• 理财顾问	• 摄影师
• 品牌推广员	• 演员	• 旅行家	• 主持人	• 主播
• 健身教练	• 工程师	• 化妆师	• 厨师	• 编辑
• 外交官	• 导游	• 作家	• 网络写手	• 记者
• 游戏设计师	• 律师	• 法官	• 人力资源师	• 翻译
• APP 开发者	• 秘书	• 网络营销人员	• 跨国采购代理	• 美食家
• 医生	• 操盘手	• 自媒体运营人员	• 导演	• 心理咨询师

老师：同学们都非常善于思考，为撒切尔夫人挑选了许多职业。那么，如果撒切尔夫人选择始终从事与化学相关的工作，你认为她会有什么不一样的人生呢？如果你认为撒切尔夫人继续从事与化学相关的工作也不错，理由是什么？

学生举手回答。

老师：根据同学们的分析，撒切尔夫人的确有可能胜任与化学相关的工作。认为撒切尔夫人不合适继续从事与化学相关的工作的同学的理由是什么呢？

学生举手回答。

教师小结： 每种性格并非只匹配一种职业，任何领域都需要各种各样性格和特质的人。但如果我们找到了适合自己性格的职业，在工作中会更加得心应手，性格也会助力我们未来的发展，所以把自己放在对的位置上很重要。同学们，你了解自己的性格吗？你希望自己具备怎样的性格特征呢？接下来，我们就来探索自己的性格。

设计意图： 通过榜样人物的生涯历程启发学生思考性格与生涯的关系，通过小组讨论引导学生辩证地看待性格与工作的关系。

三、性格养成与完善（15 分钟）

老师：接下来，我们进行一个性格卡牌游戏，梳理自己的性格资产。

游戏规则如下。

①给每人随机发 4 张性格卡牌，2 人一组进行"石头、剪刀、布"游戏。

②赢的人有权看对方的卡牌，并拿走一张自己想要的卡牌，同时退给对方一张自己的卡牌（必须从自己原有的卡牌中挑选，并且最后大家拥有卡牌的数量是一样的），输的人不能看对方的卡牌。

③限时 3 分钟，游戏结束后，大家回到各自的座位上。

注意：在游戏过程中，每个人都要参与，直至游戏结束，并且不能拒绝他人发起的挑战。

老师：你得到或换走了哪张卡牌？你对哪张卡牌最满意或不满意？为什么？你是否有自己手中的卡牌上所写的性格特征？

学生举手回答。

老师：在现实生活中，你对自己的哪些性格特征满意或不满意？

学生在学案纸（见文末）上"我的性格资产"中完成上述问题，并举手分享。

老师：在刚才的活动中，如果有人拿到了独立、行动派、追求效率、强势的性格卡牌，大家觉得这样的性格特征怎么样？

学生举手回答。

老师：苹果公司联合创始人乔布斯就拥有这样的性格特征。接下来，我播放一段视频，我们一起看看乔布斯的性格对其职业生涯的影响。看完视频后，请大家分享自己的发现或感想。

学生举手分享。

教师小结：每种性格都有两面性，我们很难说某种性格绝对好或绝对坏。例如，独立、有主见的人有时可能会固执己见；活泼、积极的人有时可能会做事欠考虑、不够稳重；追求效率的人有时可能会忽略与他人的关系等。对此，我们可以发挥性格优势，弥补性格劣势，并根据不同的场合、情境调整我们的行为和表达方式，让性格适配环境。

设计意图：引导学生在交换性格卡牌的游戏中探索个人具备的和期望具备的性格特征，借助榜样人物的性格引导学生感受性格的两面性。

四、性格成长攻略（10 分钟）

老师：我们应该如何发展自己满意或改善自己不满意的性格特征呢？请各组分别从"目前不满意的性格"和"符合自己期待的性格"两个方面出发，探讨我们可以如何发展它们。你可以将发展路径具体到"在平时的校园和课外生活中，可以通过哪些方式帮助自己不断探索性格、完善性格"。

学生分组讨论并举手分享。

老师：如同学们所说，在校园里有很多场合可以帮助我们了解自己、探索自己。例如，有的同学觉得自己胆小，那就可以通过参加社团、志愿者活动、文艺表演等，寻找锻炼的机会。老师也有一份性格发展攻略图（如下图所示）与大家分享。请同学们进一步思考：就你个人而言，你会如何发展与完善自己的性格。

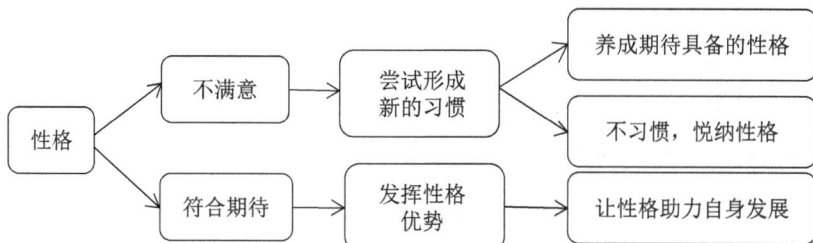

性格发展攻略图

学生填写学案纸上"性格成长攻略"中的内容，并在课后补充学案纸上"遇到的挑战"和"调整：觉察与反思"两部分内容。

教师小结：性格可以助力我们的生涯发展。我们要全面地认识自己，积极探索外部环境，主动选择适合自己性格的环境，最大化地发挥自己的性格优势。当性格成为生涯发展的阻碍时，我们可以通过实践完善自己不够满意的性格。自我探索是一个持续的、动态的、不断完善的过程，希望今天这节课能在大家心里种下一颗生涯发展的种子，拓宽视野，丰富见识，积极地探索和发展自己，不断完善自己的性格，以帮助自己获得更好的发展。

设计意图：引导学生思考如何在实际的学习和生活中悦纳、完善自己的性格。

【课程迭代】

在确认主题后，起初笔者将课程的立足点放在让学生了解性格、探索性格与职业之间的关系上，通过让学生描述自己的性格关键词，再绘制性格与职业星空图的方式开展课程。但是笔者发现，这种设计思路让课程的启发性与层次性都略显单薄，学生并不能获取对自己的性格和未来职业生涯的新认知。后来，笔者又尝试在探索性格与生涯的关系环节增加榜样人物，并通过任务引导学生在榜样人物的案例后补充自己的性格。待学生梳理出性格与生涯的适配关系、多元关系后，课程的层次性有所提高，但课堂结构仍不够完整且内容较多。再后来，笔者基于学生发展指导"意识的唤醒、方法的指导、行动的探索"理念，重新组织课程架构，先梳理出性格与生涯的主要关系，再引导学生从主动选择和主动适应两个层面，探索性格对生涯发展的助推作用。修改后，课程通过榜样人物引领、小组讨论、游戏活动等方式，引导学生在课后进行积极的探索与实践。

【教学反思】

本节课的教学设计基于"性格在生涯中的重要作用"和"性格可塑性"两个重要理念，突出性格与生涯发展之间的关联，引发学生思考。在备课的过程中，虽然笔者尽可能地运用丰富的教学方法，通过榜样人物案例、卡牌等活动引导学生思考性格对生涯的影响，但总感觉课程很难落地。为了让本节课更贴近学生的实际生活，并促使学生做出具体的行动，笔者做了以下尝试。

首先，充分挖掘案例的应用价值，引导学生对案例展开深入讨论。

其次，课程丰富了学生的活动体验。笔者设计了性格卡牌交换游戏，用多样的活动提升学生的课堂参与度，帮助学生进一步了解自己的性格，并进行自省。

值得注意的是，本节课主要以生涯发展的视角引导学生思考性格与生涯之间的关系，但性格探索对学生来说是一个过程，建议教师在本节课前或课后，利用班会课或心理课开展几节以了解、接纳性格为主要内容的性格探索课程，这样更有利于学生全面看待自身性格，从而更好地发展自己。另外，在案例选择方面，也可以增加校园人物，这样更贴近学生的实际生活。

【专家点评】

本节课设置巧妙，有课前准备活动、课中主题活动、课后探索活动。课前准备活动既让学生对自己的性格有了初步探索，又让他们前期对性格相关词汇进行了积累，有助于他们进一步思考与分享性格话题。课中主题活动采用卡牌游戏的形式，新颖有趣，充分调动了学生参与的积极性。同时，在讨论环节，教师引导学生结合自身性格与对性格的期待，树立完善性格、开发潜在性格的意识，鼓励学生尝试养成新的习惯。课后探索活动则聚焦具体行动，有记录、有反思，强调自我探索是一个持续的过程，体现了课程的完整性、延续性。本节课的教学环节层层递进，教学形式丰富多样，课程结构完整，条理清晰。

在课后探索活动中，教师引导学生将本节课的学习成果进行转化，并应用于现实生活。在该环节，教师需要更明确、细致地引导学生。例如，在学生探索如何将行动具体化、如何完善性格时，教师可以通过举例等方式帮助学生更好地进行理解，并给学生更多分享的机会。

总体上，本节课的热身活动能活跃课堂气氛，引发学生的探究欲；主题活动以学生为主，让学生从主动选择到主动适应，由认知调整到行为改变，层层递进，让学生更加了解自己；课后探索活动能让学生更好地学以致用，达到课后辅导的效果。最后，课程如果能增加关于本土的生涯案例会更好。

（点评嘉宾：孙进鹏，江苏省太仓市招生办公室、

太仓市学生发展指导中心副主任）

该课曾在江苏省太仓市学生发展指导研讨活动上进行展示

【参考文献】

[1] 汪会，胡正波.性格特征对职业生涯规划的影响研究 [J].基础教育论坛，2022（4）：6-7.

[2] 董章霞，陆美芳.护士情商培养与临床护理 [J].淮海医药，2008（6）：553.

【学案纸】

性格话未来

姓名：_____　　班级：_____　　学号：_____

性格探索（课前完成）

请同学们在符合自己性格特征的词语上画圈。

• 勇敢	• 有恒心	• 缺乏耐心	• 有上进心	• 追求效率	• 无主见
• 半途而废	• 追求完美	• 忽略人际	• 稳健谦和	• 独立	• 灵活性差
• 害羞	• 热心	• 顺从	• 讲义气	• 善于沟通	• 有同情心
• 耿直	• 喜怒无常	• 敢于冒险	• 抓小失大	• 表现欲强	• 冲动
• 细心	• 幽默	• 善解人意	• 悲观	• 大大咧咧	• 懒散
• 固执	• 责任心强	• 主动积极	• 注重人际	• 内敛	• 自律
• 理性	• 敏感	• 认真踏实	• 行动缓慢	• 有主见	• 被动
• 要求苛刻	• 活泼	• 坦率	• 避难求易	• 专断	• 情绪稳定
• 耐心	• 自尊心强	• 优柔寡断	• 循规蹈矩	• 好高骛远	• 有求必应

性格补充：_____

我的性格资产

我最满意的是_____

我最不满意的是_____

性格成长攻略

• 想要完善的性格特征（目前不满意/影响自己发展的性格特征）	• 如何做（具体行为）	• 遇到的挑战	• 调整：觉察与反思 _____ ◦是否需要完善行为计划 ◦调整后的行为 ◦改善效果评价

披荆斩棘的录取通知

上海市第八中学　龚卉婷

【驱动问题】

如何激发学生探索职业能力的意识？

【基本信息】

适用学段：初中三年级

准备道具：角色属性卡（每人1张）、回形针（每人6个）

【设计思路】

新一轮的中高考政策改革对学生的生涯规划能力提出了新的要求，即学生需要尽早地进行生涯探索，提前规划未来的发展路径。根据舒伯的生涯发展理论，初中生处于生涯发展成长阶段的能力期，这个时期的学生的主要任务是开始考虑自己的能力和工作要求[1]。而实际上，初中生普遍对职业的概念比较模糊，有的学生已经有了理想职业，但对理想职业应具备的能力认识不清晰，结合当下的学习和生活进行生涯规划的能力也较弱。在过往的教学中，笔者也发现学生对找某一具体工作的过程不够了解，很多学生大概知道自己想要从事什么样的职业，但是对该职业需要的能力及自己如何通过努力实现职业目标缺乏体验和思考。

基于以上学情，本节课通过创设生动的课堂情境带领学生走进职业发展的历程，引导学生初步明确职业要求，体验求职的过程，进而反思自己如何确定及达成职业目标，并在生活中有意识地发展自己的职业能力，进行职业探索。

【教学目标】

1.情感目标：体验职业发展中取舍的过程，感受职业发展的不易，增强提前规划职业发展路径的意愿。

2.认知目标：了解职业环境中需要的多种能力，熟悉未来职业选择的过程。

3.行为目标：在生活中持续探索职业属性，有意识地尝试提升职业能力的活动。

【教学思路】

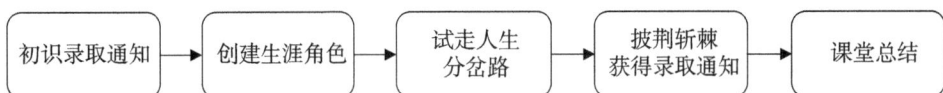

初识录取通知 → 创建生涯角色 → 试走人生分岔路 → 披荆斩棘获得录取通知 → 课堂总结

【教学过程】

一、初识录取通知（2分钟）

老师：今天这节课我们从一个英文单词说起。有没有同学了解"offer"这个单词？

学生举手回答。

老师：我们平时听到人们说的 offer 的全称是 offer letter，中文意思为录用信、录取通知。在职场环境中，offer 也被用来代指一份工作的录用通知。那么，在职场中，如何能够拿到心仪的录取通知？我们为此要做哪些准备呢？

学生举手回答。

教师小结：没错，像大家说的，要想在未来的职场中脱颖而出，我们需要具备一定的学历、相应的能力等。今天，我们将在游戏中体验职业选择的过程。

设计意图：激发学生的兴趣，引出课程主题。

二、创建生涯角色（5分钟）

老师：我们将通过一个沉浸式角色体验游戏，尝试求职的过程，争取拿到理想的录取通知。请同学们从以下 6 个角色中选择心仪的角色进入游戏，每个角色都有属于自己的 6 种初始能力，分别是体力、智力、创造力、表达力、领导力、执行力，请大家在手中的角色属性卡（见文末学案纸）上，用回形针标注你选择的角色的每种能力的初始值（角色能力值见下表）。例如，如果你选择了"和蔼可亲王小丫"这个角色，那么你需要对照下面的"角色能力值"在角色属性卡上依次用回形针标注"王小丫"的体力值为 2、智力值为 2、创造力值为 1、表达力值为 4、领导力值为 1、执行力值为 3。

6 个角色

- 和蔼可亲王小丫
- 古灵精怪王小美
- 敢作敢当王小能
- 聪明能干王大聪
- 体魄强健王大力
- 勤奋努力王大娃

角色能力值

	王大娃	王小能	王大力	王小美	王大聪	王小丫
体力	1	1	6	2	2	2
智力	3	2	2	2	4	2
创造力	2	2	1	4	1	1
表达力	1	2	1	3	1	4
领导力	1	5	1	1	2	1
执行力	5	5	2	1	3	3

学生根据要求选择角色，并在角色属性卡上标注 6 种能力的初始值。

老师：请同学们分享一下自己的选择，并回答你们为什么选择这个角色？你们觉得它会给自己带来什么优势？

学生举手回答。

教师小结：大家都选择了喜欢的角色。接下来，请大家带着这个角色体验一场职业发展之旅。

设计意图：用游戏的形式激发学生的兴趣，引导学生思考不同的能力在求职过程中发挥的作用。

三、试走人生分岔路（12 分钟）

老师：上述 6 个角色最终都通过努力学习考上了理想的大学，我们的故事就从这里开始。首先恭喜大家顺利考上大学，在大学里，我们经常需要独自做出选择，而这些选择也会指引我们走向不同的人生分岔路。下面我们来看 3 个生涯选择的情境，你在相应的情境中会如何选择？每个选择都会使能力值发生变化，大家需要根据自己的选择在角色属性卡上调整能力值。

呈现情境和选项如下。

王同学经历 12 年寒窗苦读，进入了理想的大学，他非常开心。

情境 1：他通过学校论坛了解到，入学后最受同学们关注的一件事就是参加社团节，各个社团都在这一天招新。王同学知道，进入不同的社团意味着认识不同的人、经历不同的课余生活。于是在社团节上，王同学转遍了每个社团的摊位。经过了解他发现，推理社的谜题挺有意思，排球社很有活力，辩论社是学校明星社团。但同时，王同学担心参加社团会花费太多精力，占用学习时间，他非常纠结。请你帮他做出选择。

A. 推理社　　　B. 排球社　　　C. 辩论社　　　D. 不参加社团

触发结果（　　　）

A. 沉迷逻辑思维谜题（智力 +1）

B. 在排球社中掌握了打排球的技巧（体力 +1）

C. 在校级辩论赛中成为最佳辩手（表达力 +1）

D. 发现省下来的时间并没有被利用起来（执行力 –1）

情境2：大学的专业课总是伴随着各种各样的作业。这天，老师布置了一个小组作业，需要大家自由组队，完成任务才能拿到学业成绩。王同学环顾四周，看到已经有一些同学组建了团队，他观察发现A组同学很有想法，思维很发散；B组同学很严谨，对团队的要求很高；C组有一名专业知识很突出的同学，和他一组肯定成绩不会差；D组配合度高，但是缺乏向心力，需要有人带头。他知道如果加入不同的小组会有不一样的挑战，请你帮他做出选择。

A. A 组　　　B. B 组　　　C. C 组　　　D. D 组　　　E. 自己一个人完成

触发结果（　　　）

A. 与组员唇枪舌剑到大黑（创造力 +1）

　　但是想法过于天方夜谭无法实现（执行力 –1）

B. 由于缺乏指挥者做了不少无用功（领导力 –1）

　　反复打磨和完善作业得到了老师的表扬（执行力 +1）

C. 与专业知识突出的同学一组果然轻松，用省下的时间健身（体力 +1）

　　但是完全没有学会怎么完成任务（智力 –1）

D. 被迫成了小组长最后顺利完成任务（领导力 +1）

　　小组成员讨论不积极，无法开拓思路（创造力 –1）

E. 没有小组成员可以商量（表达力 –1）

　　一个人完成所有任务累到生病（体力 –1）

全面掌握了所学专业知识（智力 +1）

成功克服拖延的毛病（执行力 +1）

情境3：时光飞逝，王同学进入了大四。这天，导师找到他，想请他帮忙完成一个项目，但他发现这个项目和自己的研究方向不一致，如果帮忙就只能做一些内容重复、机械、事务性的工作。但他转念一想，导师的评价对自己能否毕业非常重要，思量再三，你觉得他会做出怎样的选择？

A. 答应帮忙　　B. 直接拒绝　　C. 邀请他人帮忙　　D. 表面答应实则糊弄

触发结果（　　）

A. 不敢表达自己的想法（表达力 –1）

老老实实地完成了导师交给自己的任务（执行力 +1）

B. 勇敢地表达了自己的想法，发现导师并没有责怪自己（表达力 +1）

错过了学习研究流程的机会（执行力 –1）

C. 邀请学弟、学妹参与研究，安排任务（领导力 +1）

忙于协调任务，安排参与者的工作，没时间锻炼身体（体力 –1）

D. 想了很多借口来搪塞导师（创造力 +1）

导师发现了他没有认真完成任务，对他印象变差（智力 –1）

老师：体验完上述三个情境后，你的各项角色能力值发生了哪些变化？是哪些选择导致了这些变化？

学生举手回答。

教师小结：不同的选择会影响我们的个人能力。当下的每一个选择都会对我们的未来产生影响，希望大家不会为自己的选择而后悔。

设计意图：引导学生了解对事件的不同抉择会影响我们的能力发展，促使学生思考提升能力的方法。

四、披荆斩棘获得录取通知（21 分钟）

老师：每年的毕业季大部分毕业生都会忙于找工作。在这些人中，有人在选拔中败下阵来，也有人在一轮轮的选拔中脱颖而出，一路披荆斩棘获得心仪的录取通知。现在我给大家呈现一些职位（如下所示），请同学们仔细观察一下，并根据自己能力值看看可以拿到哪些录取通知。

录取通知 1	录取通知 2
要求：创造力至少 6 分、表达力至少 4 分 工作时间自由，环境舒适，对学历要求不高，收入差异较大，如网络主播、自由撰稿人	要求：体力至少 8 分 能够实现自我价值，竞争压力大，社会关注度高，收入差异较大，如篮球运动员、电竞选手
录取通知 3	录取通知 4
要求：表达力至少 5 分、智力至少 3 分 工作稳定，注重协调合作，竞争压力较小，收入中等，如老师、社会工作者	要求：领导力至少 6 分、智力至少 3 分 工作压力较大，工作时间较长，需要处理复杂的人际关系，收入较高，如企业管理、行政人员
录取通知 5	录取通知 6
要求：执行力至少 5 分、体力至少 2 分 工作比较稳定，工作内容挑战性不大，收入中等，如会计、图书管理员	要求：智力至少 6 分、表达力至少 2 分 工作比较稳定，能够实现自我价值，收入中等，如科研人员、网络运营人员
录取通知 7	录取通知 8
要求：创造力至少 4 分、领导力至少 3 分、智力至少 4 分 工作环境多变，看重经验积累，压力较大，收入较高，如销售经理、产品经理	要求：智力至少 5 分、执行力至少 3 分、体力至少 2 分 工作时长较长，工作压力大，工作领域更新迭代快，收入较高，如程序员、精算师
录取通知 9	录取通知 10
要求：创造力至少 4 分、表达力至少 4 分、领导力至少 2 分 工作时长较长，工作领域更新迭代快，收入差异较大，如电视编导、演艺经纪人	要求：执行力至少 6 分、领导力至少 2 分 工作稳定，工作时长不固定，需要奉献精神，收入中等，如警察、公务员

老师：请同学们用"石头、剪刀、布"的形式自由选择竞争对手，进行四轮比拼，胜者可以获得 1 个能力值，败者失去 1 个能力值，能力值加减维度大家自由决定，任意维度属性能力值降为 0 后不可再减少。例如，A 同学赢了 B 同学，A 同学可以选择他需要的创造力值 +1，B 同学可以选择他不需要的领导力值 –1，但如果 B 的领导力值已经是 0，就只能选择其他能力 –1。四轮比拼过后，如果你还不满意自己的能力现状，可以通过减少体力值来换取一次比拼机会。

学生按上述要求开展活动。

老师：我们来回顾一下刚才的活动过程，你是如何选择加减能力值以提升自己想要的能力值的？

学生举手回答。

教师小结： 对比职位要求与角色属性卡上各维度最终的能力值，如果上述 10 个职位中有你心仪的职位，并且你的角色属性达到了要求，请你拿走这张职位卡，代表你获得了录取通知。如果你的角色属性达不到要求，或者没有你心仪的职位，请你把自己的角色属性卡贴在黑板上，代表你还在披荆斩棘，努力寻求录取通知。

设计意图：引导学生尝试在职业能力的培养方向上进行取舍，有选择、有意识地针对目标职位培养相应的能力。

五、课堂总结（5分钟）

老师：经历了一场披荆斩棘的寻求录取通知之旅，你有什么感受和收获？你对自己未来的职业发展又有怎样的思考呢？

学生举手回答。

教师小结：今天，大家通过沉浸式的角色扮演游戏，体验了未来职业生涯的选择对我们的能力产生的影响，也通过比拼体验了在有限的职业选择面前，披荆斩棘获得录取通知的过程。无论最后有没有拿到录取通知，我们在课堂上都只是初步体验了获得录取通知的历程，真实的职场环境远比课堂上的游戏更复杂，需要我们不断地了解某一职业的属性，有针对性地提升职业能力，以适应未来社会发展的需求。

设计意图：强化学生的课堂体验和收获。

【课程迭代】

本节课从准备到最终成型经历了很长时间，期间笔者不断对其修正。改动最大的部分是课程的游戏设定，最初版课程的游戏中没有创立游戏角色环节，学生需要以自己为主角，以第一人称的形式进行游戏。但是在实践过程中，笔者发现了两个问题。首先，当学生为自己设定角色时，很难平衡自己的能力值设定，有的学生不知道如何分配能力值，还有的学生不遵守游戏规则，将自己的每一项能力值都设得很高，从而使后续比拼能力值环节失去意义。另外，学生为自己创建角色后，很容易按照自己的现实目标去寻找录取通知，但游戏中并不一定包含那么多的职业，导致学生对课堂呈现的游戏剧情、提供的录取通知选项缺乏兴趣。因此，修改后，本节课增设了角色创建环节，把活动转变成第三人称，并且为不同的角色赋予初始属性值，明确了不同角色的个性特质与兴趣方向，解决了上述两个问题。

【教学反思】

基于帮助学生体验求职过程，激发学生探索自身职业能力的兴趣这一目标，本节课设计了两个主要活动。

一是"人生分岔路"。本节课安排了三个选择情境，情境中的不同选项对应不同的能力值变化。这就像我们玩模拟人生游戏，不同的选择决定了角色能力的升降。在设计不同选项时，笔者希望给学生一个参考，使学生了解面临类似情境时我们可能有哪些选择，不同选择又会分别对应怎样的结果。

二是"石头、剪刀、布"的比拼环节，这个环节是希望学生认识到，如果我们能够自主决定自己的能力值变化，那么对能力值进行增减时需要考虑哪些因素。这个环节可能会出现很多情况，如"我原本能够拿到录取通知，结果四轮比拼我都输了""当拿不到最心仪的录取通知时，我需不需要退而求其次"等。这一环节通过带有比拼性质的活动，引导学生了解职业发展是一条披荆斩棘的道路。

在这些活动中，学生可以讨论的话题非常多，学生在体验的过程中也会遇到不同的情况，决策时需要考虑的因素也很多。因此，在最后分享和总结时，教师可以让学生充分表达自己在游戏中的感想或收获，相信每个人都有不同的感受。

【专家点评】

本节课的亮点主要体现在以下几个方面。

1. 内容贴合学情，学生参与度高。初中生对求职的概念一知半解，因此在规划未来时也很难思考可能存在的影响因素。本节课以角色扮演游戏为主线，引导学生体验角色积累各种能力和求职的过程，弥补了传统生涯课程重规划轻体验的缺陷。课程内容符合学生实际发展的需要与兴趣，活动内容结合了相关理论，与真实情境贴合度高，既能唤起学生的参与热情，又能提高学生的生涯规划能力。

2. 环节设计新颖，组织策略多样。本节课的环节设计主要分为情境选择和比拼两个部分，模拟了求职的前期准备与后期竞争的过程，形式丰富、有趣，寓教于乐。而在课堂组织方面，教师适时呈现情境选择的结果，并设计角色属性卡、设置用体力值兑换比拼机会等机制，帮助学生理解游戏设计的意图，感受求职过程中每一次抉择的重要性及其结果，提高了学生在课堂中的专注度，让学生在轻松愉悦的氛围中高效学习。

（点评嘉宾：刘金艳，上海市第四期双名工程攻关计划成员，黄浦区心理骨干教师）

【参考文献】

[1] 金树人.生涯咨询与辅导［M］.北京：高等教育出版社，2007.

【学案纸】

披荆斩棘的录取通知

姓名:＿＿＿＿＿＿　班级:＿＿＿＿＿＿　学号:＿＿＿＿＿＿

角色属性卡

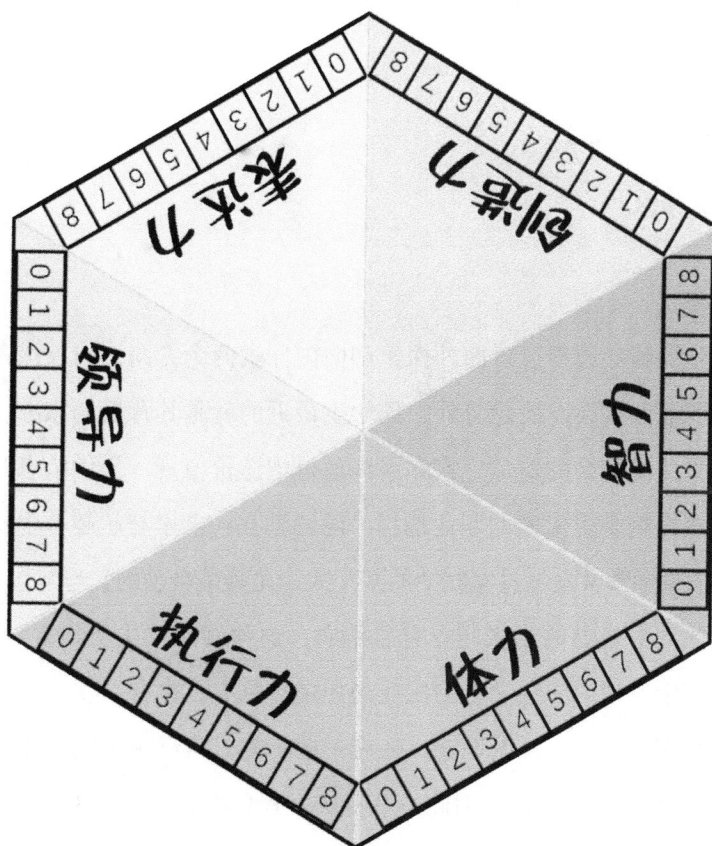

梦想的根与枝

华东师范大学第二附属中学松江分校 李文丹

【驱动问题】

如何引导学生感受家庭职业对个人择业的影响？

【基本信息】

适用学段：初中三年级

准备道具：学案纸

【设计思路】

初中生的生涯辅导通常包含向外探索和向内探索两个方向，向外探索的内容除了专业、大学、职业和社会发展趋势外，离学生最近的就是其背后的家庭。家庭成员的职业是学生最早认识社会的窗口，家庭可以通过塑造价值观、提供信息和资源、提供榜样示范等方式影响学生未来的职业选择。阿德勒在《自卑与超越》中指出，在孩子心中，最常见的目标常常是超过家庭中的某个人，尤其是自己的父母[1]。

初中生会隐约对自己的未来职业有所偏向，这种偏向往往受到重要家人的影响。笔者在校园调查中发现，一些学生的职业理想来自家人，也有一些学生明确表示自己不想从事与某个家庭成员一样的职业，还有一些学生对自己未来的职业没有想法，表示听从家人安排或"到时再看"。因此，笔者认为有必要安排一节课澄清家庭对个人职业选择的影响，并使学生思考如果自己的理想与家人意见相冲突时应该如何抉择。电影《寻梦环游记》讲得正是主人公在选择职业时面临家庭期望和个人意愿冲突的故事，因此笔者考虑借用这部电影中的主线故事开展教学。本节课以电影《寻梦环游记》为载体，借助电影情节推动课程环节，以米格的家族职业树为示范，让学生绘制自己的家庭职业树，澄清父母或家族中的重要人物对自己产生的影响，并引导学生理解家人基于自身职业经验对自己的期待，当家人的期待与学生的内心选择发生冲突时，寻求更合适的处理方法。

【教学目标】

1. 情感目标：提升对个人职业探索的重视程度，接纳家人对自己的职业期待，感受爱与祝福。

2. 认知目标：梳理自己的家族职业，了解家族职业对个人职业选择的影响。

3. 行为目标：当家人的期待与自己的内心选择发生冲突时，寻求更合适的处理方法，并在与家人相处时进行实践。

【教学思路】

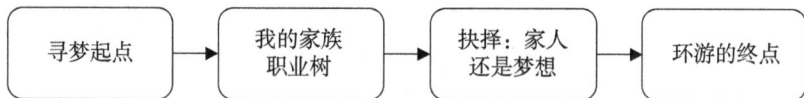

寻梦起点 → 我的家族职业树 → 抉择：家人还是梦想 → 环游的终点

【教学过程】

一、寻梦起点（7分钟）

老师：大家看过电影《寻梦环游记》吗？我先播放其中的一个小片段，大家猜一猜我们今天要探讨的话题是什么？

视频简介：米格的曾曾祖母开始时是做鞋子的，她将手艺传给了曾祖母可可，曾祖母再传给祖父母，祖父母再传给米格的父母。米格家四代做鞋子，是一个做鞋世家。但只有一个人例外，那就是米格的曾曾祖父——埃克托，他有一个音乐梦想，年轻时为此"抛弃"了妻子和孩子（也就是米格的曾曾祖母和曾祖母），为追求梦想而离家，再也没有回来，这也导致音乐成为米格一家的诅咒。

学生观看完视频后举手回答。

老师：没错，这部电影可以从死亡、梦想、亲人等角度给我们启发。但是，今天我们要探讨的是家族职业对每个人职业选择的影响。家人的职业是我们最早认识社会的窗口，也在一定程度上影响着我们未来的职业选择。如果你是电影中的米格，你会选择继承家业，还是追求音乐梦想？选择继承家业的同学请举手。如果选择继承家业，你有哪些优势和劣势？如果选择追求音乐，有哪些好处和问题？

学生举手回答。

教师小结：有时家人的职业会助力个人职业发展，但有时也会限制个人的职业探索，如米格的家庭就限制他追求音乐梦想。不管助力还是限制，家庭成员对我们的职业选择都会产生一定的影响。

设计意图：以电影导入课程话题，激发学生的兴趣，提升学生对职业探索的重视程度，使学生意识到家人的职业影响着个人的职业选择。

二、我的家族职业树（16分钟）

老师：回到我们自身，你的家人对你的个人职业选择产生了哪些影响呢？让我们一起来绘制一棵自己的"家族职业树"吧。

活动简介。

①画出祖父母，在图形的上方标明他们与自己的关系，在下方写出他们的工作或职称（如果不了解祖父母的工作或职称情况，可以暂时空着）。

②用同样的方法画出自己的父母、哥哥或姐姐，并进行相同的标注。

③画出对你影响较大的其他家人，如姑姑／姑父、舅舅／舅妈、堂兄／堂嫂、堂姐／姐夫等。

学生按照由长及幼或由近及远的顺序在文末的学案纸上绘制家族职业树。

老师：绘制结束后，请大家思考并填写学案纸上的家族职业反思录。填写好后，分享你在绘制家族职业树和填写家族职业反思录后的发现，以及你的家族成员的职业对你选择职业有怎样的影响。

学生举手分享。

教师小结：我们听到了一些同学的职业理想及其家人的职业对自己的影响，谢谢大家的分享。通过梳理自己的家族职业树，我们了解到家族中总有一个或几个人对我们的职业选择产生重要影响，这种影响有的是正向的推动力量，有的是反向的阻碍力量。我们应该怎么面对这些影响呢？让我们一起跟随电影来看看米格的抉择。

设计意图：引导学生梳理自己的家族职业，了解家族职业对个人职业选择的具体影响。

三、抉择：家人还是梦想（12分钟）

老师播放《寻梦环游记》中米格面临家人期待与自身梦想相矛盾时两难抉择的视

频片段。此时，米格陷入了家人和梦想之间的抉择困境。

老师：假如你是米格的朋友，你会给他什么建议？请以第二人称对米格说出你的想法。

学生举手回答。

老师：作为米格的朋友，有人支持米格追寻自己的梦想，有人则站在家人的角度表达关心和期望，也有同学在帮米格想办法说服家人。电影中的米格通过努力先后得到了曾曾祖母的三次不同的祝福。第一次祝福——你要保证永远不碰音乐。第二次祝福——永远别忘了我们是一家人，我们有多爱你，至于你的音乐梦想，你决定就可以了，但我给你的花瓣是希望你以后的人生能够记住我。第三次祝福——没有任何条件。米格获得祝福的寻梦之旅是如何完成的？有同学可以总结一下吗？

学生举手回答。

老师：通过总结，我们可以发现在寻梦环游的过程中，家人和梦想不再是截然对立的关系，打破这种对立状态的是家人之间浓浓的亲情。老师这里也有一些寻梦路上的小贴士，给像米格一样迷茫或面临艰难抉择的同学。

- 认识自我、明确方向。职业选择的第一步是更好地认识自我，确定适合自己能力和兴趣的职业发展方向。如果有多个职业适合，你可以将这些职业的优势和劣势都罗列出来，分析自己在哪个职业中获得快乐、幸福感或成功的机会更多，同时要充分知晓选择的代价并接受它。

- 尊重父母，有效沟通。职业选择的第二步是通过有效的沟通理解彼此的想法。当我们和父母的想法产生冲突时，经常会陷入争吵中，然而争吵不仅不能解决问题，还会使我们为了反驳父母产生非理性的想法。那么，如何进行有效沟通呢？当你的选择遭到父母反对时，你可以试着先尊重父母的期待，通过沟通了解父母的感受和需要，在沟通中分析事情的利弊，这不仅能帮助你厘清思绪，也能让你获得父母的理解。

- 参考家人的意见，对自己的人生负责。职业选择的第三步是每个人都要为自己的人生负责，其他人的建议终归只是建议。家人想要帮助我们做职业决策，很大程度上是因为他们觉得我们还是孩子，思考不够周全，无法对自己的人生选择负责。因此，我们需要获得更多的生涯信息，让自己的思虑更加周全，学会以对自己负责的态度告诉父母：我们长大了。

设计意图：引导学生理解家人对自己期待背后的原因，感受家人的爱与祝福；当家人的期待与学生内心的选择发生冲突时，寻求更合适的处理方法。

四、环游的终点（5分钟）

老师：请大家用一句话总结今天的课程对你未来的生涯之路有何启示？

学生举手回答。

教师小结：一首英文歌《Remember Me》送给大家！《寻梦环游记》之所以是"环游"，我想既是米格在亡灵的世界环游了一圈，也是在追寻音乐的路上环游了一圈，最终，他还是会回归家庭，回到爱与价值的起点。希望大家也可以得到家人的祝福，顺利开启属于你们的寻梦环游记。

设计意图：总结课堂启示，鼓励学生运用本节课所学的知识指导自身的职业探索。

【课程迭代】

本节课的课程设计几经易稿。由于借用电影情节可以延伸出很多可以讨论的点，因此笔者纠结于本节课要聚焦于哪个教学目标，以及如何安排诸多课堂活动。在最初版的课程中，笔者联系语文阅读"乡土中国"课上学生的家谱图作业，将教学重点放在探索家族职业对个人职业的影响上，这样的设置让学生能够比较容易理解家族和乡土社会对个人的影响。而当课程聚焦于原生家庭时，学生更多表现出对父母的"吐槽"和无可奈何上。因此，在第二版中，笔者尝试将抉择环节改用教育戏剧的方式进行现场演绎，让每组派代表演绎米格与其家人的沟通过程。在课堂上，学生现场讨论非常激烈，表演生动形象，但这导致课堂的重点变成了"在发生冲突时，如何与父母进行有效沟通"，并且很难在有限的时间内深入讨论具体的沟通策略，这使本节课作为一节职业探索课显得有些偏题。于是，在最终的版本中，笔者将这一环节改成借用电影中米格回归需要"亲人的祝福"这一设定，让学生在梳理了家族职业对自身职业选择的影响后，尝试理解家人基于自身职业经验对自己产生的期待，感受家人的爱与祝福，借此总结出应对冲突的策略，最终将话题引向学生要为自己做出的决定负责，选择自己的人生。

【教学反思】

《寻梦环游记》这部电影大部分学生都看过，关于这部影片大家热议的方向大多集中在对死亡等生命议题的讨论。本节课以家族职业对个人的影响为切入点，让学生结合自身情况进行思考，学生发现：原来家族职业对个人职业的影响非常明显。此外，学生在探讨家人的期待和个人梦想之间冲突的应对方法时，很容易说出要坚持自己、与家人决裂等极端话语，这不利于学生处理个人意愿与家庭期待的冲突。因此，本节课最后借用电影中米格的寻梦之路及其与家人和解的过程，引导学生意识到努力获得家人的祝福也是一件很重要的事，从而选择一些折中的方案处理冲突，并在这一过程中提升对生涯探索的重视程度。本节课教学目标的达成需要建立在学生充分了解电影《寻梦环游记》剧情的前提下，在讨论环节需要学生结合具体剧情深入挖掘合理解决冲突的方式，因此，一部分不了解该电影的学生的课堂体验可能会受到影响。另外，由于时间关系，在最后的总结环节，教师没有将米格的经历启示带入学生的现实困境中进行讨论，这也是课程后续可改进的方向。

【专家点评】

本节课的亮点主要体现在以下几个方面。

1.学情分析精准，符合学生需求。初中阶段是学生自我同一性发展的关键时期，初中生开始思考人生的意义，确定人生目标，关于未来的职业选择也是他们思考的一个重要方面。影响初中生职业生涯规划的因素有很多，家庭就是其中之一。在实际生活中，我们经常看到有些学生苦恼于自己喜欢的职业和父母所期望的不同，甚至反差较大而引发家庭冲突。本节课从生活中常见的这一现象入手，深入探讨了家庭对初中生职业生涯规划的影响及初中生应该如何面对家庭的影响，十分契合学生的心理发展需求。

2.教学形式与教学内容完美结合。在本节课，教师运用心理影视赏析这一充满趣味性、新颖性的方式为学生营造了更具有安全性、包容性的课堂环境。同时，对剧情的探讨也能激励学生不断探索自己的职业规划，让生涯规划教育的效果更加持久。

（点评嘉宾：周利娜，中学心理高级教师，山东省兼职心理教研员）

【参考文献】

［1］阿德勒.自卑与超越［M］.杨惠，译.北京：世界图书出版有限公司北京分公司，2019.

【学案纸】

梦想的根与枝

姓名：_____ 班级：_____ 学号：_____

家族职业树

家族职业反思录

1. 我的家庭成员从事最多的职业是_____

2. 我的家庭成员的职业集中在_____

（技术、管理、服务、学术等）领域，这个领域的优点是_____

_____，

缺点是_____

3. 在家族中，_____（谁）对职业的想法对我产生了深刻影响，因为____

_____

4. 我的家人希望我从事的职业是_____

5. 我会考虑的职业是_____

6. 我绝不会考虑的职业是_____

7. 我看重的职业能使我获得_____

我的思考：

_____

_____

_____

有效目标赢未来

福建省清流县第一中学　吴华燕

【驱动问题】

如何引导学生制定合理、可执行的学业目标?

【基本信息】

适用学段：初中三年级

准备道具：学案纸、两个没有嘴巴的人物头像

【设计思路】

《广东省中学生涯规划课程指导纲要（试行）》指出，初中阶段的生涯规划课程要引导学生掌握目标管理、时间管理等方法，做好初中的学业、生活规划。目标的设置和执行不仅是保证学生顺利完成学习活动的重要条件，也是学生学业规划乃至生涯发展中的关键环节，它能够帮助学生增强自我管理能力，用更负责任的行动创造自己想要的未来。初中三年级学生的学习科目多，在学习过程中容易忙而乱，有些学生缺乏目标管理的主动性，随意制定目标；有些学生虽然制定了目标，却难以持之以恒地执行；还有些学生缺乏制定目标的方法和技巧。因此，本节课以体验式学习理论为教学理念，采用改编后的找不同游戏，设置层层递进的任务目标，将心理游戏与多媒体教学相结合，引导学生在参与过程中观察、探究、发现，感受目标管理 SMART 原则的重要性，学习如何制定有效的目标，并指导学生结合自身实际情况制定合理的学习目标，最终运用 WOOP 策略增强自己的执行意愿，以实现目标。

【教学目标】

1. 情感目标：激发实现目标的意愿，增强为目标努力的信心。

2. 认知目标：了解目标与成功的关系，学习目标管理 SMART 原则。

3.行为目标：学会为自己制定合理有效的目标并尝试在生活中付诸行动。

【教学思路】

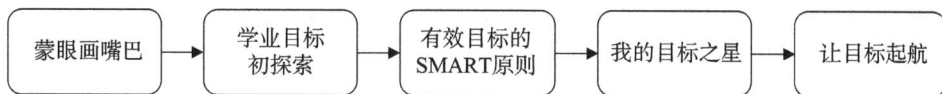

蒙眼画嘴巴　→　学业目标初探索　→　有效目标的SMART原则　→　我的目标之星　→　让目标起航

【教学过程】

一、蒙眼画嘴巴（3分钟）

老师：今天我们的课堂上来了两位朋友，就在这里（在黑板上展示两个没有嘴巴的人物头像），大家看看他们少了什么？

学生举手回答。

老师：下面请两名同学为这两位朋友添上嘴巴，其中一名同学蒙上眼睛作画，另一名同学正常作画，其他同学观察他们的作画过程及结果有什么不同。

两名学生上台作画，其他同学观察并举手回答。

老师：很明显，蒙上眼睛的学生画出的嘴巴显然没有未蒙眼睛的学生画得好，这是为什么呢？

学生举手回答。

老师：由于眼睛看不到，在画的时候我们没有方向，下笔的时候也无法找到准确的目标位置，这导致画嘴巴的过程变得十分困难，完成的效果也不理想。因此，是否有清晰的方向和明确的目标会在很大程度上影响我们完成任务的效果。在日常生活中，你觉得目标是否重要，为什么？

学生举手回答。

教师小结： 大家都认可目标对我们的学习和生活很重要，目标为我们的人生提供了方向，也是我们实现梦想的动力。下面让我们一起了解如何通过制定有效的目标来赢得想要的未来。

设计意图： 以游戏的形式调动学生参与的积极性，活跃课堂氛围，导入课程主题。

二、学业目标初探索（5分钟）

老师：你曾经制定过什么样的目标？最后是否实现了？你为了实现这个目标坚持

了多久？

学生举手回答。

老师：每个人都制定过目标，如有同学要考全班前 10 名、有同学要每天早起背英语单词，当然老师也制定过目标。但很多人觉得目标没用，因为"立不住"。那么，为什么我们制定的目标却实现不了呢？

学生举手回答，老师根据学生的回答在黑板上进行总结。

老师：在日常的学习和生活中，我们常常因为制定的目标存在这些问题而无法实现。现在请大家根据自身的实际情况，试着制定一个合理、可行的目标。例如，你可以写出这个月最想实现的学习目标。

教师小结：合理、可行的目标是什么样的呢？接下来，我们就通过 SMART 原则学习制定目标的方法。

设计意图：引导学生认识到导致制定的目标无法实现的可能因素，并结合自身实际情况制定一个学习目标，为后面的活动做铺垫。

三、有效目标的 SMART 原则（12 分钟）

老师：制定一个有效的目标需要哪些条件呢？老师给大家设置了一系列任务，我们一起通过这些任务来探索何为有效的目标。

（一）具体化（Specific）

老师：请大家找出我喜欢的动物是什么？（老师根据任务要求准备相应的动物图片。）

几名学生举手回答但都不正确。

老师：如果把目标换成"请找出第四排第五个动物"，你是否能找出来？在这个过程中，你发现了什么？

学生举手回答。

老师：通过刚才的活动，我们发现了目标设置的第一个原则——具体化，即目标必须是具体的，要将抽象目标变成具体目标。以"我要好好学习"这一目标为例，该目标可具体为"我要好好学习→我要好好学习英语→我要好好提升英语的阅读理解能力→我要好好提升英语的课外阅读理解能力"。有了具体的目标，我们就可以更有针对性地制定达成目标的策略。

（二）可衡量（Measurable）

老师：请大家找出这两张图片中有几处不同（老师自备图片）？

学生寻找图片中的不同并举手回答。

老师：你们能否确定自己已经把图片中的所有不同之处都找到了？如果把问题换成"找出这两张图片中的 9 处不同"，你觉得两者会有什么不一样？

学生举手回答。

老师：这就是目标设置的第二个原则——可衡量，即目标必须是可以衡量和评估的，是可以用数量或标准描述的。以"我要提升英语的课外阅读理解能力"为例，如果想使该目标可衡量，那么可以将它变成"坚持每天阅读 3 篇英语课外短文"。

（三）可实现（Attainable）

老师：请大家在 20 秒内找出下面两张图片中的 10 处不同（老师自备图片）。

学生寻找不同。

老师：大家有什么感受？这个活动给你什么启示？

学生举手回答。

老师：这就是目标设置的第三个原则——可实现，即目标必须是在付出努力的情况下可以达成的。那么，什么样的目标才是可实现的呢？以英语阅读理解为例，如果我们的目标是"每天阅读 3 篇英语课外短文"，这是正常、可实现的目标；如果我们的目标是"每天阅读 50 篇英语课外短文"，这个目标就很难达成，就是无效目标。因此，有效的目标是我们付出努力能够完成的，这样完成后我们也会获得成就感，激励我们完成下一个目标。

（四）相关联（Relevant）

老师：如果我们依据"提高英语阅读理解能力"这个大目标设定小目标为"每天早晨 6 点到 7 点听英语广播"，大家觉得这个小目标怎么样呢？

学生举手回答。

老师：这就是目标设置的第四个原则——相关联，即目标不是孤立的，大目标和小目标之间是相互联系的。

（五）时间限制（Time-based）

老师：请在 15 秒内找出下面两张图片中的 5 处不同，15 秒后图片会自动消失（老师自备图片）。

学生寻找不同。

老师：大家有什么感受？

学生举手回答。

老师：大家有没有发现，这次你们是否注意力更集中、效率更高呢？这就是目标设置的第五个原则——时间限制，即目标必须有明确、合理的截止时间。目标有时间限制，可以让我们提高专注度，帮助我们更好地实现目标。例如，"坚持每天阅读 3 篇英语课外短文"这个目标可以改为"坚持在每天晚上 6 点到 6 点 30 分阅读 3 篇英语课外短文"。通过刚才的体验和举例，想必大家已经感受到了 SMART 原则的重要性。

设计意图：通过对找不同游戏进行改编，引导学生学习 SMART 原则，让学生在参与过程中观察、探究、发现 SMART 原则的重要性。

四、我的目标之星（12 分钟）

老师：请大家根据 SMART 原则，在学案纸（见文末）上修改在之前的环节中制定的近一个月最想实现的学习目标，并与同桌相互检查修改后的目标是否符合这五个原则。学生在学案纸上修改之前制定的目标，同桌之间相互交流并在班级内分享。

教师小结：我发现同学们一开始制定的目标比较模糊，根据所学的 SMART 原则加以修改后，大家把目标变得更小、更清晰具体、更具有操作性，大家想要完成目标的愿望也更强烈了。

设计意图：引导学生根据 SMART 原则对一开始制定的学习目标进行修改，增强目标的可行性，激发学生实现目标的愿望。

五、让目标起航（13 分钟）

老师：刚才同学们制定了更清晰、合理的目标，相信大家已经在心底播下了一颗"目标"的种子。接下来就请大家跟随老师的指导，一起制订目标起航计划，让目标生根、发芽、茁壮成长。你可以写一写，也可以画一画。

指导语：请你在学案纸"目标起航计划书"的第一格写上姓名、班级、学号，然后将你刚才设置的目标写在第二格"当前我的学业目标"中。我们刚才说目标就像一颗种子，那么你的目标是什么种子呢？你可以用写或画的方式，写上种子的名称或画出它的样子。一颗种子从生根、发芽到开花、结果，要经历很多风吹雨打。同样，我们在实现目标的过程中也会遇到困难和阻碍，那么这些阻碍可能是什么呢？它们长什么样子呢？请将这些阻碍写或画在第三格。遇到这些阻碍，相信你肯定不会认输，一定会坚持实现自己的目标，那我们可以用什么方法来呵护这颗种子呢？请你将解决的途径、方法写在第四格。这颗种子会在你的努力下茁壮地成长。此刻，你的内心感受如何？当实现目标时，你的状态是怎样的？请把这些内容写或画在第五格。最后在第六格，请你用一句话来激励自己，当你想放弃时，相信这句话能给予你力量。

学生完成学案纸并进行交流和分享。

教师小结：目标的执行过程并非一帆风顺。通过进一步制订目标执行计划，预见可能的困难和阻碍，我们可以更好地做好应对措施，增加实现目标的可能性。目标能够给予我们力量，让我们确定目标，然后努力去实现，相信在未来的某一天，你会遇见更好的自己！让我们与未来有约，让有效的目标成就我们的未来！

设计意图：结合具体事例，引导学生运用 WOOP 策略，预见目标在实施过程中可能遇到的困难和阻碍，探寻解决问题的途径，体会目标实现后的积极感受，以进一步增强学生执行目标的信心，激励学生实现目标。

【课程迭代】

本节课经过多次的修改和打磨，笔者对以下三个方面的改动比较大。

第一，对学生制定目标的内容要求。在初版中，笔者在让学生制定目标时，没有限制目标内容，学生可以自由选择学习、人际、情绪等方面的目标，也可以自由制定短期目标或长期目标。但在实际授课过程中，笔者发现学生制定的目标通常比较空泛、不聚焦、不深入。因此，在第二版中，笔者将对目标制定的要求改为聚焦在学习上。后来，笔者通过翻阅有关资料发现，与制订日计划、周计划的学生相比，制订月计划的学生学习成绩提高明显。因此，在最终版中，笔者让学生制定近一个月内最想实现的学习目标，这样学生在制定目标时就更有方向性了。

第二，学习 SMART 原则的方式。在之前的版本中，笔者通过视频、口头介绍和案例等方式来讲解 SMART 原则的概念及方法，学生多为被动接受，体验感不足。后来在其他老师的帮助下，课程改为设置层层递进的、关于目标的游戏活动，这一变化使课堂效果大大提高，学生反响也很好。

第三，对课程最后环节的改动。初版课程的最终环节是教师进行总结，并布置课后任务，鼓励学生相互监督，完成目标。但学生实现目标的意愿如何？有没有足够的信念和决心去实现目标呢？这是本节课的指导教师提出的问题。于是，笔者将本环节修改为让学生通过 WOOP 策略，进一步探究目标实现的过程，做好心理预设。WOOP 策略，即 W（Wish，愿望）：明确一个具体的、可实现的个人目标；O（Outcome，结果）：想象实现这个目标后的最佳结果；O（Obstacle，障碍）：识别可能阻碍目标实现的内部障碍，如习惯或先入为主的想法等；P（Plan，计划）：针对识别出的障碍，制订具体的行动计划。笔者还尝试将 WOOP 策略的操作融入指导语中，潜移默化地引导学生通过具体的计划和心理准备提高实现目标的可能性，在学生分享的过程中，笔者发现，这样做更能激发他们实现目标的动力。

【教学反思】

本节课的重点在于引导学生学习使用 SMART 原则做好目标管理，同时激发学生实现目标的动力。本节课具有活动有趣、理论贴切等优点，但在具体教学过程中，也需要注意以下问题。

教师要注意各个环节的时间把控，特别是前面的游戏环节，学生热情比较高，教师需要把控好时间，这样才有时间充分进行后续的制订计划及分享。

在找不同游戏中，教师要注意引导学生思考的方向。该环节的重点不在于完成相应的游戏任务、给出游戏答案，而是让学生思考游戏中两种不同的提问方式对自己完成任务的影响，因此教师要特别提醒学生感受提问方式的不同所带来的不同效果。

与其他主题的课程相比，学业规划的课程可能会让学生觉得乏味，特别是本节课聚焦于学习目标的制定，同时还融入了 SMART 原则，少数对学习不感兴趣的学生可能会产生抵触情绪。在课堂上，老师应包容和鼓励学生，尽量营造轻松活跃的课堂氛围，以增加学生上课的积极性。对没有明确学习目标的学生也应持接纳态度，多给予他们信任和鼓励。

【专家点评】

本节课的亮点主要体现在以下几个方面。

1.本节课课程设计新颖、有趣，各个环节清晰而深入。本节课注重调动学生学习的积极性，符合学生的心理规律，通过游戏的方式引导学生探究并学习制定目标的 SMART 原则，并使用隐喻技术描绘目标实现过程，让学习目标这一枯燥的话题变得轻松有趣，使学生能很好地进入课堂情境。

2. 参与性的活动层层递进，增强学生的体验感。在课堂上，教师不断引导学生将模糊的目标转化成清晰的目标，通过提问引导学生将抽象目标逐步具体到学科、时间分配、方法等细微之处，感受目标的具体化、可衡量、可实现等特点。

3. 教师的引导多样灵活，课堂成效便于迁移。在探讨和归纳环节之后，课程进行了实践性的迁移，使课程的效果更加有效。在学生重新修改自己的学习目标后，这节课并没有结束，而是让学生进一步深入探究如何实现目标。教师引导学生运用 WOOP 策略，深入探究目标实现的过程，这能有效激发学生的动力，增强学生实现目标的意愿和决心。

（点评嘉宾：郑玉娇，福建省三明市清流县教师进修学校心理健康教研员）

该课曾参加市级教学开放周活动

【学案纸】

有效目标赢未来

姓名:＿＿＿＿＿＿ 班级:＿＿＿＿＿＿ 学号:＿＿＿＿＿＿

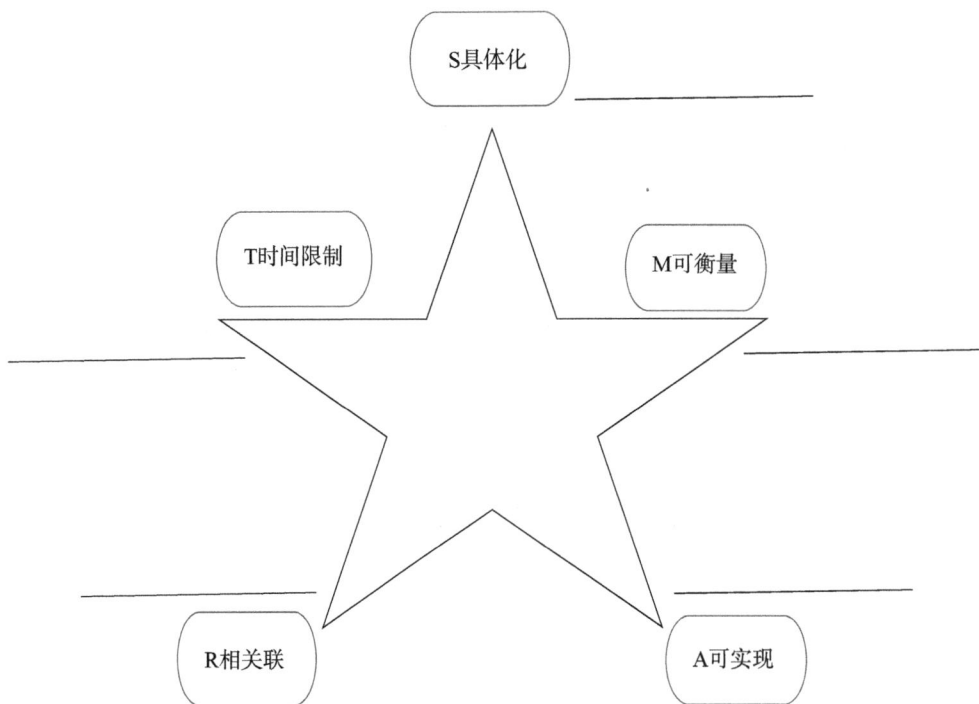

我的学习目标之星

目标起航计划书

姓名：
班级：
学号：

当前我的学业目标 ① ②

可能遇到的阻碍 ③

解决的途径 ④

实现目标 ⑤

激励自己的话语 ⑥

第七章

生命成长

本章的主要目标是帮助学生理解并珍爱生命，懂得保护自己，学会尊重他人，焕发生命能量，以良好的状态投入学习和生活，实现积极成长。通过本章内容的学习，学生能够感受到生命的独特性与多样性，体会生命的美好，懂得关爱自己和他人。在自我探索、与他人联结、迎接挑战等过程中，学生得以尝试构建积极的关系，感受积极的体验，激发自身的内在能量，不断寻找生命的意义和价值，以促进身心健康成长。

在本章，常见的主题包括生命教育、青春期教育、性教育、积极心理、潜能激发等。这些内容可以引导学生充分认识生命，懂得生命的意义，学会尊重自己与他人；正确处理情感，预防伤害的发生；培养积极的心理品质，形成积极的生命观和人生态度，促进身心和谐发展。

初中生面临身心发展的巨大挑战，他们的自我意识逐步增强，开始对异性产生好奇心，情绪起伏较大，容易感到迷茫，也容易做出冲动行为。此时教师需要引导学生正确处理两性关系，寻找自己的生命价值，积极应对校园欺凌事件等，并学会在忙碌的学习生活中创造积极的体验，形成积极向上的生活态度。

《朦胧的"爱"》以小军的信为切入点，引发学生的共鸣，引导学生澄清自己的内在需要，学会正确处理对异性的情感。《做一个温暖的人》通过让学生扮演校园欺凌事件中的不同角色，引导学生体验校园欺凌事件中当事人的感受，提高学生的共情能力，以预防校园欺凌事件的发生。《我的生命价值星图》通过让学生绘制生命价值星图和梳理生命价值清单，促进学生理解生命、感悟生命，深入探索生命的价值。《幸福实验室》和《乐享茶饮铺》都以积极心理学的 PERMA 模型为理论基础，分别请学生制作"幸福药水"和创作茶饮"快乐水"，以提升学生的积极体验，引导他们提升感受幸福的能力。这两节课的侧重点有所不同，前者以结构化的形式引导学生按理论模型制作"幸福药水"，并引导学生关注自己容易忽略的幸福元素；后者则将理论模型渗透于茶饮的制作过程，并未提及具体的理论。教师可以由此看出同一理论在不同课程中的不同用法。

本章的课程内容丰富，关注学生对生命的思考与感悟、对成长的体验与领悟，相关课例契合学生需求，教学方法适切，课堂效果良好。面对生命成长这一较抽象的主题，教师注重学生的活动体验，巧妙地采用多种方式为学生创设有效情境，提升学生的参与兴趣，让学生真实地感受生命之美，体会成长之乐。在这种理论与实践并行、感性与理性兼备的课堂中，学生的生命定能焕发活力，实现积极成长。

朦胧的"爱"

江苏省无锡市广勤中学 贾燕燕

【驱动问题】

如何让学生正确对待异性之间的感情？

【基本信息】

适用学段：初中二年级

准备道具：学案纸、心形便利贴

【设计思路】

青春期是性发育的重要时期，这一阶段的青少年渴望与异性相处，喜欢接近异性，出现了朦胧的恋爱意识。然而，受多种因素影响，青少年在情感探索方面存在既渴求又不能将其表现出来的压抑心理，这使他们很容易被影视剧、书刊、短视频上的不良信息误导。所谓"堵不如疏"，教师需要教育学生正确对待异性之间的感情。在异性交往主题的心理课上，教师可以通过营造良好的课堂氛围，让学生在讨论中获得启迪、在角色扮演中体验情感、在言语和非言语表达中抒发感悟，促使其反思自身行为并正确把握情感问题，从而推动学生身心健康发展。

学生应意识到自己对异性产生好感是一件正常且自然的事，同时也要懂得自己对异性朦胧的"爱"可能并不是真正的爱情，明白"爱"的产生主要是因为自己的青春期心理需求在作祟。学生要能够慎重对待自己对异性的情感，掌握正确处理异性情感问题的基本方法。本节课中的案例取材于学生的实际生活，通过视频导入、角色扮演、案例分析、爱情理论等活动，引导学生理性对待并正确处理异性情感问题，促进学生的身心健康成长。

【教学目标】

1.情感目标：慎重对待异性之间的情感，愿意反思并正确把握情感问题。

2.认知目标：认识到对异性产生好感很正常，理解初中生对异性的情感与爱情的区别。

3.行为目标：掌握处理异性情感问题的基本方法，学会在生活中处理异性情感问题。

【教学思路】

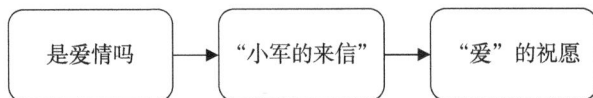

【教学过程】

一、是爱情吗（5分钟）

老师播放视频《是爱情吗》（老师自备视频），之后请学生回答问题。

视频简介：一名男生和一名女生从小在一起长大，两人感情深厚。但是到了中学后，他们对彼此之间的情感产生了困惑，想知道两个人之间的感情是不是爱情。

问题1：在视频中，你看到了什么？

问题2：你有什么样的感受？

教师小结：视频中的主角和你们一样，享受着长大的美好，但也面临着新的困惑。现阶段，大家开始慢慢关注异性，对异性有好奇心，有的同学可能已经对异性产生了朦胧的情感。请问这是爱情要来临了吗？当爱情来临时，我们应该怎样应对呢？让我们一起走进今天这节课——朦胧的"爱"。

设计意图：通过观看视频，引导学生感受成长的美好，同时引出异性情感话题。

二、"小军的来信"（37分钟）

（一）"爱"的来信（5分钟）

老师呈现案例"小军的来信"，邀请一名学生扮演小军，朗读相关内容。

老师，您好：

不知道从什么时候开始，小兰就住进了我的心里。每天早晨我到教室的第一件事就是搜寻她的身影，仿佛只有看到她，我的心里才踏实。上课的时候，我也常常对着她的背影出神，根本听不到老师在讲什么。晚上在家里写作业时，我的脑海里也会冒出小兰的身影，我感觉我已经控制不住自己的想法了。我这是怎么了？我是爱上小兰了吗？我该怎么办？您能帮帮我吗？

小军

老师问学生是否有过类似的经历，并邀请学生谈谈自己的感受。学生分组讨论 1 分钟，然后各组派一名代表分享。

教师小结：看来大家都有自己的见解，那么究竟谁的说法正确呢？接下来，我们一起来寻找答案吧。

设计意图：通过学生的一封来信，引导学生理解现阶段对异性产生好感是一种普遍且自然的现象，鼓励学生思考自己对异性的情感。

（二）"爱"的碰撞（4分钟）

老师请学生对学案纸（见文末）上的异性交往场景进行连线并排序。学生完成后，老师讲解异性交往的心理发展过程，即个体主要会经历青梅竹马期、异性疏远期、异性接近期、异性眷恋期四个发展阶段。

- 青梅竹马期：也叫两小无猜期，一般在幼儿园、小学一年级或二年级，这个时期的男生和女生还没有完整的性别概念，男生和女生经常一起玩。
- 异性疏远期：一般在小学三年级或四年级，这个时期开始出现男生、女生分开玩，有时还会相互敌视对方。
- 异性接近期：初中阶段，男生和女生开始对异性产生好奇心，会关注异性，开始在意异性对自己的看法，希望在异性面前表现自己，以期给对方留下良好的印象。
- 异性眷恋期：上高中之后，男生和女生可能会较专一地倾慕、暗恋某个异性，渴望与之保持稳定的异性情感。

教师小结：进入青春期后，随着性意识的萌芽，我们开始关注异性，渴望接触、了解异性，甚至会对异性产生好感或爱慕之情。这其实是一件非常自然的事，但也很容易造成误会。有些同学直接把这种情感当作"爱"，就像小军一样，他认为自己遇到了爱情。但事实真的如此吗？

设计意图：将常见的异性交往模式与交往场景配对，让学生理解异性交往的心理发展阶段，明白自己对异性的好奇、爱慕都是正常的现象，促使学生进行自我接纳，引导学生坦然面对自己的情感。

（三）"爱"的面纱（10分钟）

老师呈现小军的"心动瞬间"，请学生进行讨论与分析。

- 心动瞬间一：记得有一次我在讲台上不小心被绊倒了，摔了个四脚朝天，同学们都哈哈大笑，我觉得很尴尬，恨不得找个地缝儿钻进去。这时，小兰刚好从教室外走进来，她没有笑，而是赶紧走过来帮我把散落的书本捡起来，还体贴地问我"你没事吧"，这让我觉得很温暖。

- 心动瞬间二：身边有同学在偷偷摸摸地谈恋爱，看到他们在一起时，我有时也会想，谈恋爱是一种什么样的感觉呢？如果我的女朋友是小兰该多好，她长得很漂亮。

- 心动瞬间三：我和小兰都是班委会成员，两个人经常在一起讨论学习上的问题。渐渐地，班里开始传我俩的绯闻，还传到了老师和家长的耳朵里。因此，他们反复找我俩谈话。我们觉得很委屈，我们明明没有谈恋爱，却被误会。我们感觉只有对方能够理解自己，所以相互倾诉。

学生每两组选取一个心动瞬间，并讨论和分析这是不是爱情。2分钟后，各组将讨论的内容写在心形便利贴上，并将便利贴贴在黑板上。

老师：小军的上述心动瞬间都不能称之为爱情，他产生的情感更多是为了满足自己的心理需求。那么，真正的爱情应该具备哪些要素呢？你认为什么才是真正的爱情呢？它和好感有什么区别？

学生举手回答。

教师小结：喜欢是彼此吸引的前提，我们称之为"亲密"要素。但真正的爱情仅有喜欢是不够的，它还有很多其他要素。例如，同学们提到的平等、尊重，以及维持长期关系的承诺等，这些对初中生来说还很难做到。可见，谈爱情不易啊。

设计意图：通过讨论小军的心动瞬间，引导学生澄清情感背后的真正心理需求，并理解爱情和好感之间的区别。

（四）"爱"的剧场（18分钟）

老师：在了解了爱情的要素后，请你们想一想，如果你是小军，你应该如何处理自己的情感呢？小军和小兰的故事会朝着哪个方向发展呢？老师在学案纸上列出了小军的三种可能做法和小兰的三种可能做法，请你们以小组为单位，将两人的做法进行组合，并据此进行故事续编，讨论这样做会给两人带来怎样的影响，将讨论的内容写在学案纸上。结束后，请各组派一名代表把续写的故事表演出来。

学生完成学案纸上的相关内容并分组进行分享。

老师：在处理情感问题时，我们需要考虑自己的做法对双方的影响，我们应选择不伤害双方的、妥当的处理方式。接下来，老师请大家分析三个情境，并归纳总结针对每个情境的较为合理的处理方式。老师会根据大家的回答进行补充。

情境1：发现自己对某名异性同学产生好感时，我们可以这样做……

补充：①冷静思考，确认情感"种类"，理解自己的内心需求；②"冷冻"情感，把它当作秘密，享受喜欢他人的感觉；③将情感化为动力，努力发展自己；④扩大社交面，从关注一个人到多接触不同的人……

情境2：如果异性向自己表达好感，我们可以这样做……

补充：①感谢对方，认为被人喜欢是一件高兴的事；②尊重对方，注意保密，避免炫耀；③慎重拒绝，注意态度要坚决、方式要委婉……

情境3：如果双方互有好感，我们可以这样做……

补充：①让情感"等待"，人是发展变化的，我们要给情感一个缓冲期；②双方共同进步，一起努力变得更优秀；③保留自己选择的权利，不着急做决定，让情感之花在未来绽放……

教师小结： 青春期的男生和女生相互吸引和欣赏是非常纯真和美好的事情。呵护这份美好，做出利于我们成长的选择，才是真正的"爱"、负责的"爱"。

设计意图： 结合对小军和小兰处理异性情感方式的分析，引导学生进一步理解青春期学生对异性的情感，并学会采取恰当的处理方式，顺利度过青春期。

三、"爱"的祝愿（3分钟）

老师播放背景音乐《亲爱的，那不是爱情》。

老师：请同学们折一架"爱"的纸飞机，并在上面写下自己对青春期"爱"的祝愿。

学生折纸飞机，在上面写下祝福话语并放飞纸飞机。

老师：青春期的情感是纯粹且美好的，让我们一起带着这份美好共同成长，在最美的时光遇见最好的自己，这就是我们对青春最好的承诺！

【课程迭代】

笔者对本节课的教学思路进行了反复调整。一开始的课堂更像活动的"堆砌"：讨论小军的来信、讨论异性交往的心理过程、分析日常生活案例、讨论爱情三要素、针对小兰收到的来信进行角色扮演、讨论处理方式等。整个课堂由于缺乏贯穿始终的主线，显得较为混乱。后来，笔者逐步确定以小军的情感发展为主线。最终版课程首先以"是爱情吗"这一问题引发学生对爱情的思考，再由小军的来信回归学生的生活实际，让学生理解异性情感存在的普遍性；之后，揭开"爱"的面纱，明确异性情感背后的心理需求；最后，通过"爱"的剧场，引导学生对小军和小兰之间可能发生的情感故事进行续编及演绎，并商讨对情感问题的恰当处理方式。与初版课程相比，最终版课程在修改后环节更流畅、自然，主题更加明确。另外，在"爱"的剧场环节，教师需要根据学生的不同反应进行有针对性的补充，这对教师的临场反应能力是一个考验。因此，教师可以提前给学生设置好小军和小兰的做法组合，再请学生续编故事，这样教师能够更好地把控课堂节奏。

【教学反思】

本节课整体效果良好，最大的设计亮点在于课堂从贴合初中二年级学生情感特点的小军的困惑为出发点，遵循学生的心理发展规律，层层递进地开展活动。根据小军的情感历程，引导学生思考，进一步分清爱情和好感的区别，并从实际出发探讨学生在面对情感问题时的恰当处理方法。课堂上的很多内容都由学生生成，教师在学生生成的基础上加以引导，对学生有很好的启发和指导作用。

本节课的不足之处在于：课程以小军的情感发展历程为主线，对没有类似经历的学生来说，可能缺乏一定的共鸣；活动形式以案例讨论为主，缺乏一定的活动组织，无法加深学生的课堂体验感；同时，情感是比较抽象、隐晦的，较难具象化呈现，课堂虽然以角色扮演的形式展开，但仍有一定的局限性。此外，在实际授课中，当学生谈到自己有类似情况时，教师应注意引导其他学生尊重和理解他人。

【专家点评】

本节课的亮点主要体现在以下几个方面。

1. 课程结构清晰，情境性强。本节课的课程设计从"是爱情吗"到"爱"的来信、"爱"的碰撞、"爱"的面纱，再到"爱"的剧场，循序渐进，条理清晰；以创设异性相处的情境为切入口，情境真实，符合初中生的心理需求。此外，教师注重学生的课堂生成，对学生的引导到位。

2. 内容贴合学生实际，实效性强。本节课内容来源于学生的实际生活，遵循学生的心理发展和认知特点，以初中二年级学生小军和小兰的故事贯穿全程，体现了以学生为主体、注重学生问题的收集、帮助学生解决实际问题的心理课宗旨；通过演绎及讨论的方式循序渐进地指导学生认识异性情感、理解异性情感、澄清异性情感，并帮助学生学会在不同情况下合理地处理异性情感问题，这对学生解决青春期异性情感问题具有很好的指导作用。

3. 活动形式丰富，体验性强。课堂活动有视频感悟、启发式问答、排序连线、小组讨论、角色扮演等多种形式，注重学生的体验，让学生在活动中体验，在体验中感悟，在讨论中获得启发，在演绎中进行反思。这些活动调动了学生参与的积极性，课堂氛围良好，学生在开放、平等、包容的课堂氛围中理解青春期情感、产生共鸣并获得启发。

（点评嘉宾：周芸婷，江苏省无锡市梁溪区心理健康教研员）

该课曾在无锡市"一师一优课，一课一名师"活动中获"市级优课"

【学案纸】

朦胧的"爱"

姓名:＿＿＿＿＿＿　班级:＿＿＿＿＿＿　学号:＿＿＿＿＿＿

"爱"的碰撞

请你对以下场景进行连线并排序。

男生与女生经常一起手拉手愉快地玩耍	异性眷恋期
男生与女生开始关注异性，在意自己的形象	青梅竹马期
男生与女生有暗恋的对象，渴望谈恋爱	异性疏远期
男生与女生对性别特别敏感，开始疏远异性	异性接近期

"爱"的剧场

小军可能的做法:

A.决定把这份爱意转化为行动……　　B.决定把这份爱意隐藏……　　C.决定把这份爱意告诉身边的人……

小兰可能的做法:

①拒绝这份爱意……　　②接受这份爱意……　　③一直不知道这份爱意……

故事可能发展的组合	对小军的影响	对小兰的影响

做一个温暖的人

北京师范大学实验华夏女子中学　王琰

【驱动问题】

如何让学生学会预防并应对校园欺凌？

【基本信息】

适用学段：初中一年级

准备道具：角色纸条、小组任务卡片、桌牌、想法纸条、马克笔、情绪卡片、计时器、学案纸

【设计思路】

近年来，校园欺凌事件引起了全社会的高度关注，校园欺凌问题的综合治理已经成为国家层面的一项重要工作。《关于开展校园欺凌专项治理的通知》《关于防治中小学生欺凌和暴力的指导意见》《中小学（幼儿园）安全工作专项督导暂行办法》《加强中小学生欺凌综合治理方案》等多项文件都强调加强中小学生欺凌综合治理的必要性，也强调教育预防在开展校园欺凌问题专项治理工作中的重要地位。心理课便是开展相关专题教育中的重要一环。

欺凌是一种强势者对弱势者的重复攻击行为。欺凌行为有三个显著特点：行为的故意性、行为的重复性和行为双方力量的不对等性。欺凌行为可以划分为直接欺凌（言语欺凌、身体欺凌等）与间接欺凌（关系欺凌、网络欺凌等）。校园欺凌即发生在校园内、学生上学或放学途中、学校教育活动中的欺凌行为。校园欺凌是一种群体现象，欺凌情境中的参与者包括欺凌者、被欺凌者、强化者（含协助者、起哄者）、局外人和保护者[1]。对校园欺凌的教育与干预应当结合不同角色的不同行为特征，有针对性、有重点地实施。

在对欺凌情境中众多参与者的教育和干预方式中，对强化者的教育重点是唤醒和增强其同理心。研究发现，个体的共情水平越高，其助人倾向就越明显。针对强化者存在的过度以自我为中心、缺乏对他人的同情与怜悯等心理特点，心理课应当着重培养他们的同理心，即共情他人的能力。课堂可以通过组织学生进行情境体验和角色扮演，引导学生换位思考，认识到欺凌的严重危害。

为预防校园欺凌事件的发生，降低学生的身心由此受到伤害的可能性，本节课将培养学生的共情能力作为课程设计的切入口，通过校园剧目引入、角色代入式的问题探讨等方式引导学生设身处地地感受、理解校园欺凌对所有参与者、旁观者造成的伤害与影响，从而达到预防校园欺凌行为发生的目的。

【教学目标】

1.情感目标：体会校园欺凌事件中不同角色的情绪和感受。

2.认知目标：意识到在预防校园欺凌行为方面每个人都能贡献力量。

3.行为目标：寻求预防及应对校园欺凌的策略。

【教学思路】

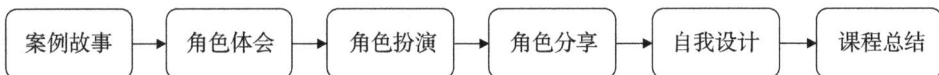

【教学过程】

一、案例故事（3分钟）

老师请学生阅读学案纸（见文末）上的案例故事，同时每名同学在小A、小B、小C、小D四个角色中抽取一个角色，抽到相同角色的同学组成一组，每组分别选一名组长和一名小组发言人。老师呈现校园欺凌事件中同学被孤立的故事，简单介绍人物背景。

设计意图： 通过案例故事激发学生的兴趣，引出课程话题。

二、角色体会（2分钟）

老师：请学生体验故事中不同角色的感受。

• 如果你是小A，看到班里的同学越来越孤立你，你会有什么心情？

- 如果你是小 B，从开始与小 A 在一起玩，到后来发生了一系列事情，在这一过程中，你的内心是怎么想的？
- 如果你是小 C，从跟着小 B 一起"吐槽"小 A，到发现班里同学都开始孤立小 A，你的心情如何？
- 如果你是小 D，看到了整个事件的发生过程，你的感受是怎样的？

老师：此刻，你可能会感觉有一些不舒服，因为欺凌是我们都不希望经历的事情。接下来，我们一起看看到底发生了什么，能否找到一些预防欺凌事件发生的方法。

设计意图：引导学生代入角色，体会角色的感受，激发学生对校园欺凌话题的好奇心。

三、角色扮演（9 分钟）

老师：假设你们就是小 A、小 B、小 C、小 D，请你们以小组为单位分别讨论以下两个问题，并把第一个问题的讨论结果（2 ~ 3 个）写在想法纸条（见文末学案纸）上，每张纸条上写一个关键词。同时，选择 3 ~ 5 张情绪卡片（情绪卡片词汇见文末学案纸），代表你们对第二个问题的回答。当小组讨论完后，每组将想法纸条和情绪卡片贴在黑板的相应位置上。

小 A 组

问题 1：我是小 A，我为什么会这样说话？

问题 2：在现在这种情境中，我有什么感受？

小 B/ 小 C/ 小 D 组

问题 1：我是小 B/ 小 C/ 小 D，我这样做是为了什么？

问题 2：在现在这种情境中，我有什么感受？

学生分组讨论，然后张贴想法纸条和情绪卡片。

设计意图：通过情境活动，引导学生通过不同角色的视角，觉察并思考校园欺凌发生的过程。

四、角色分享（20 分钟）

老师：请每组的发言人分享本组的观点，以"我是小 A/ 小 B/ 小 C/ 小 D，我这么做是为了……"进行分享。

各组发言人分享本组观点。

老师：在听完不同角色的想法并体验了他们的感受后，让我们回到当下，以"我是小 A/ 小 B/ 小 C/ 小 D，我这么做是为了……现在我感到……"的句式，分享在欺凌行为发生后自己的感受，每组限时 1 分 30 秒。分享结束后，请提醒自己："我是×××，我不是小 A/ 小 B/ 小 C/ 小 D，我只是站在角色的角度讨论问题。"

各组发言人分享本组观点。

老师：其他同学有什么想说的吗？此刻，你的心情是怎样的？

学生举手分享。

老师：大家都能体会到，在欺凌事件中，班级里没有一名同学能置身事外。那么，在现实生活中，我们可以做哪些事应对欺凌事件或预防欺凌事件发生呢？

学生举手分享。

老师：同学们，刚才大家分别扮演了欺凌事件中的当事人。我们可以发现，班级里没有一名同学是校园欺凌事件的获益者。在现实生活中，当我们经历校园欺凌、被他人欺负时，要懂得及时求助自己信任的成年人，不要因为自己受到欺凌而自责，因为没有任何原因可以让一个人成为被欺凌者。

设计意图：通过情境活动，引导学生体验校园欺凌中不同角色的感受，充分了解校园欺凌发生的过程和校园欺凌带来的影响。

五、自我设计（4 分钟）

老师：为了避免校园欺凌事件的发生，每个人可以做的事情有很多。现在，请大家静下心来，如果可以，请闭上眼睛，想一想面对校园欺凌事件，你可以做什么，请把它写在学案纸上的方框内。

学生书写行动策略。

设计意图：从角色扮演到回归现实生活，激发学生自我改变的意愿，并思考预防校园欺凌行为的策略。

六、课程总结（2 分钟）

老师：在本节课，老师能够感受到大家在面对校园欺凌事件时的温暖和智慧。如果每个人都努力用自己内心的温暖和智慧应对成长中遇到的难题，那么我们就能共同创造一个没有校园欺凌的环境。

【课程迭代】

在本节课的授课过程中，笔者邀请了经验丰富的教师与专家听课和评课，得到了很多专业的反馈。对比以往的版本，本节课的最终版进行了以下几点优化。

1. 初版课程在观点汇集环节采用的方式是引导学生为每个角色提出行动建议，但课堂时间有限，笔者将这一环节改成让学生从自己的角度思考可以做些什么以避免校园欺凌的发生，这样也能让学生尝试将课堂所学知识运用于实际生活中。

2. 为了给学生的讨论和分享预留更多时间，笔者对课程整体设计进行了精简，使学生在课堂上能够紧紧地围绕对校园欺凌事件中当事人的角色体验和感悟展开。同时，课堂环节的过渡方式也因多次调整而变得更加流畅。

【教学反思】

本节课的优势是课程选题将政策理论依据与学生的实际需求相结合，在设计上聚焦课程目标、逻辑清晰、准备细致、安排精巧。在本节课的实施过程中，教师创设了温暖、包容的课堂氛围，引导学生在共情的基础上思考预防校园欺凌的对策和方法。学生在课堂上受到触动，展开了充分的探讨，教学效果良好。

本节课在授课过程中有一个小插曲，有学生分享"也许我们可以孤立说话不考虑他人感受的同学"，对这个出乎意料的观点分享，教师当时的反应是直接进行了引导，告诉学生"用孤立的方式是不对的"。但从听课教师的反馈来看，这样的回应对发言的同学来说可能会有一种不被接纳的感觉，也未必能起到引导作用。教师可以用好奇的态度，问学生这样想的原因是什么，再进行引导。因此，当学生的课堂生成与教师的预设不一致时，教师需要思考如何用更妥当的方式，在接纳不同观点的同时引导学生展开更深层次的思考。

【专家点评】

本节课的亮点主要体现在以下几个方面。

1. 主题和素材贴近学生的实际生活和需求。不同程度、不同形式的校园欺凌现象存在于学生的实际生活中，教师选取的视频素材——关系欺凌——多发生于女生之间，符合学生学情。

2. 选取的理论恰当。对欺凌的心理学解读及减少欺凌现象发生的方法有很多，但一节课呈现的内容非常有限。教师通过梳理文献，比较精准、恰当地找到了"共情"这一理论依据作为课堂的支撑。学生之间出现欺凌现象的原因之一就是共情能力不够。

3. 活动设计巧妙，让学生全面了解欺凌。在共同探讨环节，学生先分角色讨论欺凌发生时其内心的想法及感受，然后分别展示讨论内容，在这一过程中，学生了解了欺凌发生时所有角色的心路历程，这有利于让学生全面了解欺凌现象的成因，进而提升学生的共情能力。

（点评嘉宾：马晓晶，北京市西城区教育科学研究院学生生涯指导中心研究员）

该课曾获北京市基础教育科学研究优秀论文二等奖

【参考文献】

［1］白玉萍，柳铭心 . 基于校园欺凌中不同角色的教育与干预策略［J］. 继续教育，2018，32（10）：3.

【学案纸】

做一个温暖的人

姓名：_____ 班级：_____ 学号：_____

案例故事

请你认真阅读并仔细体会不同人物角色的内心感受。

注意：本案例涉及的人物故事是在深度调研的基础上虚构出来的，请勿对号入座！

小 A 学习成绩一般，是一个喜欢想到什么就说什么的人。小 B 是班里的学习委员，她学习成绩好，在班里的人缘也特别好，说话比较有影响力。刚开始时，小 A 和小 B 经常在一起玩。但是在与小 A 相处的过程中，小 B 发现她说话总是很伤人，于是想要远离她。在一次音乐课上，小 B 被老师点名到讲台上唱一首歌曲，结果小 A 在下面大声地说："别人唱歌要钱，她唱歌要命！"

最近一段时间，小 A 和小 B 之间的关系变了。

第一幕

小 A 走到小 B 身边问：一起去卫生间吗？

小 B：我现在不想去。

小 A 走回到座位上，然后看到小 C 走到小 B 身边问她要不要去卫生间，小 B 开心地点头，然后两个人一起出去了。

第二幕

小 B、小 C 及另外两名同学围在一起说话（小 D 在边上写作业）。

小 B：哎，你们知道吗？昨天音乐课上她说我唱歌要命，这也太讨厌了！

小 C：就是，她以前也说过我长得又黑又难看呢！太讨厌了！

同学 1：我以前也被她说过很难听的话，她经常这样，真烦人。

同学 2：对呀，她总喜欢说别人的坏话。

小 B：你们知道吗？她其实特别爱说谎，嘴里没有一句实话，还特别爱炫耀。

此时，小 A 走进了教室，几个人看到小 A 后假装在聊学习，然后小声说："别说了，回头我们去'那里'聊。"几个人散开了。

第三幕

小 A：小 D，去吃饭吗？

小 D 还没来得及说话就被小 B 拉走了，小 D 在被拉走的同时一直回头看小 A。

渐渐地，小 A 发现越来越多的人开始孤立她。

想法纸条

我是小 A，我这样说是为了＿＿＿＿＿＿＿＿＿＿＿＿＿＿＿＿＿＿＿

我是小 B，我这样做是为了＿＿＿＿＿＿＿＿＿＿＿＿＿＿＿＿＿＿

我是小 C，我这样做是为了＿＿＿＿＿＿＿＿＿＿＿＿＿＿＿＿＿＿

我是小 D，我这样做是为了＿＿＿＿＿＿＿＿＿＿＿＿＿＿＿＿＿＿

情绪卡片词汇

内疚　委屈　痛苦　伤心　被拒绝　失落　自卑　不知所措　孤独　难过
愤怒　丢脸　无奈　发愁　嫉妒　心烦　矛盾　反感　担忧　好玩　快乐　得意
舒服　平和

面对校园欺凌事件，我可以：
＿＿＿＿＿＿＿＿＿＿＿＿＿＿＿＿＿＿＿＿＿＿＿＿＿＿＿＿＿＿＿＿
＿＿＿＿＿＿＿＿＿＿＿＿＿＿＿＿＿＿＿＿＿＿＿＿＿＿＿＿＿＿＿＿
＿＿＿＿＿＿＿＿＿＿＿＿＿＿＿＿＿＿＿＿＿＿＿＿＿＿＿＿＿＿＿＿
＿＿＿＿＿＿＿＿＿＿＿＿＿＿＿＿＿＿＿＿＿＿＿＿＿＿＿＿＿＿＿＿
＿＿＿＿＿＿＿＿＿＿＿＿＿＿＿＿＿＿＿＿＿＿＿＿＿＿＿＿＿＿＿＿

我的生命价值星图

广东省深圳市龙岗区坪地兰陵学校　王海虹

【驱动问题】

如何帮助学生寻找自己的生命价值？

【基本信息】

适用学段：初中一年级

准备道具：学案纸

【设计思路】

初中一年级学生进入了身心发展的加速期和过渡期，他们的思维趋于成熟，自我意识高涨，初步形成了稳定的自我概念。一方面他们渴望独立，另一方面由于各项能力不足，他们又不得不依赖父母，这会导致他们产生矛盾心理。此外，这一时期的青少年面临诸多青春期问题，他们的情绪具有两极性的特点，起伏较大。进入中学阶段后，生活环境的变化和学业压力的增加让学生更容易遭受挫折并产生消极的情绪体验，部分学生甚至会出现"生命无价值、无意义"的感受。在这一阶段，青少年易对未来感到茫然，自我效能感也不足。因此，教师对青少年进行积极的引导尤为重要。

本节课的主题为生命价值，课程依据体验式学习理论进行设计。体验式学习是指提供精心设计的活动、游戏和情境，让参与者在参与过程中进行观察、反思和分享，从而对自己、他人和环境获得新的感受和认识，并把它们运用到现实生活中。体验式学习理论强调以学生为中心的学习过程，学生要经历"探究－发现－反思－运用"等步骤，实现有意义的学习。本节课聚焦生命价值主题，通过热身游戏、绘制生命价值星图、寻找自己的生命价值关键词等活动，引导学生在体验中了解生命价值，理解生命价值的差异性，寻找自己的生命价值，并将所学内容运用到日常学习和生活中，形成热爱生命、积极向上的人生态度。

【教学目标】

1. 情感目标：提升探索生命价值的兴趣，形成热爱生命、积极乐观的生活态度。

2. 认知目标：了解生命价值，理解生命价值的差异性，树立追求生命价值的意识。

3. 行为目标：在日常学习和生活中，用自己对生命价值的理解来指导实际行动。

【教学思路】

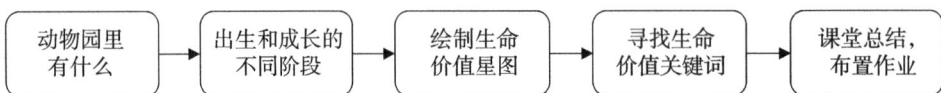

【教学过程】

一、动物园里有什么（5分钟）

老师说明热身游戏"动物园里有什么"的规则，并进行游戏。

游戏规则：老师提问"动物园里有什么"，随机指定一名同学回答，学生可以回答任何动物园里有的动物。

老师：同学们，动物园里有各种各样的动物，而动物和人类一样，都是生活在这个世界上的鲜活生命。今天这节课老师就和大家一起讨论有关生命的话题。

设计意图：通过热身游戏，调动学生参与课堂的积极性，营造活跃的课堂氛围，同时引出生命这一主题。

二、出生和成长的不同阶段（5分钟）

老师：大家结合自己的经历回想一下，一般在什么情况下会思考生命这一话题？

学生举手分享。

老师：很多人对生命价值的思考都始于挫败感，这很正常。然而，关于生命最初的记忆大多是美好的。关于刚出生时的记忆你还有吗？我们很少有关于自己1岁之前的记忆，对这一阶段的很多印象都来自与家人的交谈、照片、视频等。你还记得小时候谁照顾你比较多？你几岁开始换牙……

学生举手分享。

老师：伴随着这些变化，我们一天天长大。一些同学开始有了关于人生、生命的困惑，这其实也是成长的一种体现。那么，我们怎样才能更好地了解自己、理解生命呢？老师给大家带来了一个工具：我的生命价值星图。

设计意图：引导学生回忆成长历程，感受生命的美好，同时过渡到绘制生命价值星图环节。

三、绘制生命价值星图（10分钟）

老师请学生在学案纸（见文末）上绘制生命价值星图。

活动规则如下。

①六角星的每个角代表对自己比较重要的生活方面，如健康水平、人际关系、家庭氛围、班级贡献、学习状态、创造力等。

②六角星的中心代表每个方面的起点（0分），每个角的顶点代表每个方面的满分（10分），分值范围为0～10分。

③根据自身情况选择合适的点。

④然后，把六个点连起来，看看自己的六角星是什么样的。

老师请部分学生展示自己的星图，并邀请其他学生观察星图的特点及分享自己的观点。

老师：大家是否发现每个人的星图都不一样？你认为自己的星图会一直这样吗？

学生举手分享。

教师小结：每个人都有各自的成长经历，生命价值的体现也不同。同时，我们在每个成长阶段都会有不同的体验和变化，我们的生命也有着无限的可能性。

设计意图：通过绘制生命价值星图，引导学生更直观地看到自己的生命价值，促进学生理解、感悟生命的价值及差异性。

四、寻找生命价值关键词（18分钟）

老师：在成长的过程中，我们会有各种困惑，也会有各种感悟。我们在做选择或决定的时候，都会受个人生命价值的影响。接下来，让我们一起探索属于自己的生命价值。请同学们在学案纸上圈出生命价值关键词，先圈出自己优先考虑的10个关键词，之后再从中选出3个你认为必不可少的关键词并用星号做标记。

学生在学案纸上圈出自己的生命价值关键词。

老师：请同学们将圈出的关键词与在日常生活中可以采取的具体行动联系起来，并完成学案纸上的具体行动表。例如，如果你选择的关键词是"学习能力"，它们体现在日常生活中的行为可能就是认真学习、完成作业、多做练习等；如果你选择的是"爱"，那么在平时的生活中你就要从小事做起，主动关心他人、多做好事。

学生完成学案纸上的具体行动表，各组展开讨论和分享，交流自己的关键词和具体行动，最后派一名代表上台分享。

教师总结：成长是将生命中的一些"问号"逐渐拉直变成"感叹号"的过程。当我们逐个解决生命中的"问号"时，就拓展了生命的宽度。生命是美好的、多彩的、充满无限可能的，关于生命价值的答案没有固定标准，它体现在每一件事、每一个瞬间、每一个值得记住的故事中。

设计意图：呈现生命价值关键词，引导学生进行生命价值探索，寻找自己独特的生命价值。

五、课程总结，布置作业（2分钟）

老师：请同学们整理或收集能给自己带来生命意义启发的文字，思考自己对生命意义的理解。

【课程迭代】

课程设计需要服务于学生个性化的需求，所以了解并满足学生的需求是课程升级的一个重要因素。本节课最初的课程设计围绕对生命意义的讨论展开。然而，笔者在对初中一年级学生的学情进行分析后发现，不少同学无法获得他人的肯定，觉得自己从来没有被认可过。在此基础上，笔者将课程主题调整为对生命价值的探索，旨在帮助学生更好地寻求自己的价值感。

本节课最初的题目是《我的生命意义手册》，旨在让学生回顾从自己出生后各阶段的不同经历，总结每个成长阶段的生命意义。但这样的设置显得课程目标不够具体，课程内容比较空泛，于是笔者更改了课程目标，使其聚焦于让学生了解、探索自身的生命价值。

另外，最初的教学设计不够具体。例如，在探索出生和成长的不同阶段部分，教师的指导语不够清晰，导致学生的讨论不够深入，很难契合主题，从而影响了课堂的进程。因此，笔者对指导语进行了调整，使其更加具体、清晰。

【教学反思】

本节课的重点在于引导学生探索自身的生命价值，并将对生命价值的思考融入学习和生活中。

本节课还有一些环节有待改进。首先，在绘制生命价值星图环节，由于课堂时间有限，留给学生分享的时间太少，可能会使学生的体验不够深入。其次，教师要加强对学生的引导。个别学生在活动探索过程中思考不够深入，分享的内容不够具体。此时，教师应引导学生聚焦于探索自身的生命价值，并思考如何在生活中采取行动。例如，在寻找生命价值关键词环节，学生分享自己的关键词是"爱"，那么除了讨论乐于助人等内容，还可以深入引导学生思考怎样做才是乐于助人，真正将想法落实在行动上。

【专家点评】

关于生命价值的探索，一直是生命教育课程的难点，而本节课的设计用开放式的课堂，让学生自主探索和明确生命的价值。

1. 创设开放式课堂，营造良好的探索氛围。在本节课，教师创设了积极、安全的课堂氛围，将课堂还给学生，让他们尽情地在自我探索和小组研讨中发现生命的价值。开放式课堂的创设，为学生的深度思考提供了空间。

2. 助力看见我与他，贴合学生的发展特点。绘制生命价值星图、寻找生命价值关键词等环节，都让学生明确了自己的生命价值，也发现了自己与他人的不同，这一点非常贴合初中一年级学生心理发展的需求，也为他们深度参与课堂提供了内在动力。

3. 从课堂回归现实，课堂有效性得以呈现。本节课没有停留在明确生命价值层面，而是让学生将探索出来的生命价值付诸具体的行动中，非常接地气，课堂有效性得以充分呈现。

（点评嘉宾：陈静雯，广东省深圳市龙岗区教育科学研究院心理健康教研员）

该课曾获广东省深圳市龙岗区生命教育精品课优秀案例一等奖

【参考文献】

［1］史密斯.为什么没人早点告诉我［M］.薛玮，译.北京：中信出版集团，2022.

［2］工藤.我的人生意义手册［M］.张畅，译.北京：中信出版集团，2020.

【学案纸】

我的生命价值星图

姓名：_____ 班级：_____ 学号：_____

绘制生命价值星图

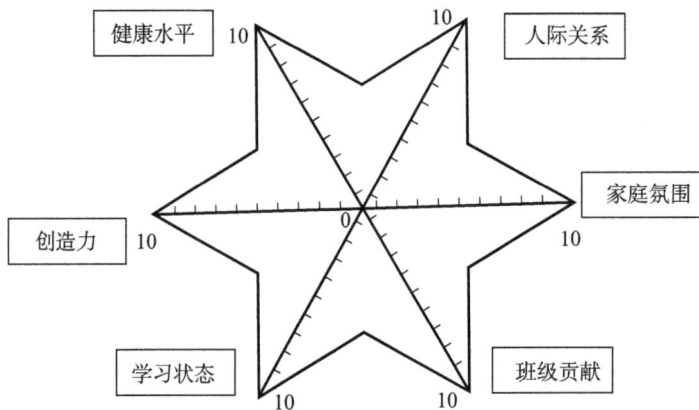

寻找生命价值关键词

先圈出你会优先考虑的 10 个关键词，之后再从这 10 个词中选出 3 个你认为必不可少的关键词并用星号做标记。

·接受能力	·勇气	·快乐	·责任心	·创造力
·和谐	·行动力	·好奇心	·诚实	·冒险精神
·决断力	·幽默	·真实	·卓尔不凡	·想象力
·平衡	·公平	·独立	·美丽	·信念
·个性	·挑战	·友情	·正直	·承诺
·节俭	·愉悦	·社区	·有趣	·正义
·同情	·慷慨	·友善	·奉献	·优雅

- 知识　　·坚定　　·成长　　·领导力　　·学习能力
- 韧性　　·单纯　　·逻辑　　·认可　　　·真诚
- 爱　　　·名誉　　·灵性　　·忠诚　　　·复原力
- 稳定　　·谦虚　　·尊重　　·毅力　　　·开放
- 责任　　·成功　　·乐观　　·安全感　　·诚信
- 组织能力·自我意识·财富　　·独创性　　·自力更生
- 智慧　　·耐心　　·自尊心　·平和　　　·服务他人

具体行动表

关键词	日常行动
学习能力	读书、学习、完成作业，检测自己的学习能力
爱	• 从小事做起，关心他人，日行一善 • 记住对他人来说重要的日期，如他人的生日等 • 花时间陪伴在乎的人

幸福实验室

广东省深圳市龙华区外国语学校教育集团　俞佳妍

【驱动问题】

如何帮助学生理解幸福的内涵？

【基本信息】

适用学段：初中一年级

准备道具：学案纸、玩偶

【设计思路】

初中一年级学生刚刚步入初中，面临在新环境中学习和生活带来的各种挑战。在这个过程中，学生容易只关注自身遇到的问题或困难，而忽略自己正拥有的幸福生活。同时，由于初中一年级学生认知思维的发展还不完善，他们对幸福的理解模糊而片面，缺乏深入的思考，不易感受到多维度的幸福，难以寻找和创造积极体验，这些都会影响学生身心的和谐、可持续发展。

本节课基于积极心理学家塞利格曼在《持续的幸福》一书中提出的幸福五元素理论[1]，旨在帮助学生认识和理解幸福，寻找和获得幸福感，多方面、多维度地创造积极体验，学会构建幸福生活，焕发生命能量，实现积极成长。

【教学目标】

1. 情感目标：感受日常生活中的小事带给自己的积极体验，增强幸福感。

2. 认知目标：理解幸福五元素，提升对幸福的认知，关注生活中的幸福元素。

3. 行为目标：学会在现实生活中创造积极体验，实现积极成长。

【教学思路】

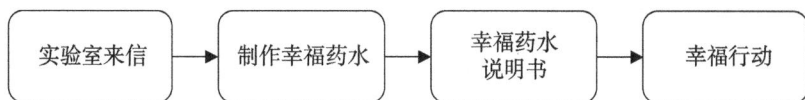

```
实验室来信 → 制作幸福药水 → 幸福药水说明书 → 幸福行动
```

【教学过程】

一、实验室来信（5分钟）

老师：今天老师要和同学们一起前往幸福实验室，你们会成为实验室里的研究员。下面请大家按照要求完成抓幸福游戏。

游戏规则如下。

①学生以小组为单位围成一圈，每个人抬起双臂，伸出双手并将左手掌朝下，右手食指朝上，右手食指与右侧同学的左手手掌接触。

②老师阅读来信，同学们认真倾听，当听到老师读到"幸福"两个字时，需迅速用左手抓住左侧同学的食指，同时将自己的右手食指缩回，避免被右侧同学抓住。

设计意图：通过改编后的抓手指游戏，活跃课堂气氛，并创设实验室这一课堂情境，激发学生的兴趣，引出后面的环节。

二、制作幸福药水（13分钟）

（一）幸福药水

老师：同学们，实验室来信要求幸福研究员完成的第一项任务是制作幸福药水。老师准备了几瓶制作好的幸福药水，请你们参照它们制作属于自己的幸福药水。

老师在黑板上呈现几瓶制作好的幸福药水示例。

- 1号药水：感谢邻居提供的伞。
- 2号药水：花时间做了咖喱饭。
- 3号药水：和朋友一起撸猫。
- 4号药水：解决了同学的求助。
- 5号药水：达成每天早睡早起的目标。

幸福药水制作要求如下。

①学生在学案纸（见文末）上的幸福药水瓶下的横线处写出最近让自己觉得幸福的事，一个幸福事件可以制作一瓶幸福药水。

②在幸福药水瓶上画出刚刚写下的幸福事件，画出人物、事物或事件。

③每人至少制作 3 瓶幸福药水，即要写出至少 3 件幸福事件。

（二）幸福传递

老师：各位研究员已经制作出了自己的幸福药水。接下来，请大家进行分享和传递。

传递要求如下。

①以击鼓传花的形式进行，当音乐暂停后，拿到玩偶的同学分享一件幸福的事，但避免和前面同学分享的内容重复。

②如果其他人分享的幸福事件自己也经历过（但没有记录），可以将其记录下来并制作成新的幸福药水。

注意：按座位以"S 型"进行传递，保护好玩偶，不能将其乱丢或扔在地上。

老师：现在请大家开始传递幸福，分享幸福事件。当你分享完后，老师会根据你的幸福事件的类别，请你将它写在黑板上其中一个幸福药水瓶上。

学生分享幸福事件，然后根据老师要求将其写在黑板上对应的幸福药水瓶上。

老师：黑板上 5 个幸福药水瓶上的幸福事件分别有什么特点？请大家讨论一下，并举手分享。

设计意图： 让学生回忆和捕捉日常生活中的幸福事件，在幸福传递中分享幸福，增加积极体验。

三、幸福药水说明书（17 分钟）

老师将学生分为 5 组，每组根据小组序号分别选择黑板上对应序号的幸福药水展开讨论，之后根据要求一起填写幸福药水说明书。

学生填写完成后，由各组代表在幸福药水展示会上分享本组的幸福药水说明书，并将其贴在黑板上相应数字的幸福药水瓶上。

老师：同学们都抓住了每类药水的特点，起了贴切而又有特色的名字。幸福实验室是怎么对幸福药水进行分类的呢？实验室的主要负责人、积极心理学家塞利格曼提出了幸福五元素理论，这五个元素分别是积极情绪、投入、关系、意义和成就。为了统一管理，我们将 1 号到 5 号药水分别叫作积极情绪药水、投入药水、关系药水、意义药水和成就药水。请大家快速对自己已有的幸福药水进行分类，了解自己拥有的不同类型药水的数量。

学生对幸福事件进行分类，完成后举手分享。

老师：在生活中，我们容易获得和发现一些类型的幸福，也可能会忽略其他类型的幸福。各位研究员，今天我们的最后一项任务就是书写我们的幸福行动，为自己增加不同类型的幸福药水！

设计意图：通过小组讨论和填写幸福药水说明书的活动，促进学生深入觉察幸福的内涵，初步理解幸福五元素理论，提升对幸福的认知，意识到自身容易忽略的幸福元素。

四、幸福行动（5分钟）

老师：请大家在学案纸上书写幸福行动，并请同学进行见证。

学生填写幸福行动，完成后举手分享。

教师总结：今天我们一起制作了幸福药水，发现了日常生活中的点滴幸福，认识到幸福是多种多样的，也寻找了自己容易忽略的幸福元素。最后，大家还书写了幸福行动，不断发现和创造幸福。恭喜研究员们顺利完成幸福实验室的三项任务，成为幸福实验室的优秀研究员！希望大家在以后的生活中依旧幸福满满！

设计意图：回顾整节课的内容，并通过书写幸福行动，引导学生在日常生活中实践所学内容，有意识地发现和创造多种类型的幸福，感受积极体验，实现健康成长。

【课程迭代】

在课程设计之初，笔者以幸福五元素理论作为本节课的核心内容，目的是加深学生对幸福的理解，让学生能够使用这一理论为自己创造更多的积极体验。

一开始，笔者采用讲授的形式让学生理解幸福五元素理论，学生通过个人思考、小组讨论的方式，挖掘自己忽略的幸福元素。在这个过程中，笔者发现尽管在讲授中融入了与学生有关的案例，但他们对理论的理解程度并没有达到预期的效果。这让笔者意识到，比起单纯地讲授和灌输新知识，只有通过自主探究的方式，才能让学生真正理解相关内容。

在第二版中，笔者将讲授改为小组讨论、生成的形式。各组对组员分享的幸福事件进行分类、归纳并总结特点，然后在教师的指引下总结得出幸福五元素理论。虽然这种形式比第一版更能让学生理解幸福五元素理论，但又产生了新的问题。一方面，学生对幸福的认知比较狭隘，写出来的幸福事件大多只体现了其中几个元素，因而总结时难以涉及他们普遍缺失的元素，这些元素最终只能由教师讲授。另一方面，让学生将幸福事件自行进行分类，再归纳总结出抽象的概念，这对学生来说难度比较大。因此，教师需要将这项任务进一步分解，让学生在探究过程中有更明确的目标。

在第三版中，笔者选择先呈现五个幸福药水瓶，并在学生分享幸福事件的过程中逐步提问，引导学生将自己的幸福事件依据类别填写在不同的药水瓶上。随后，再让各组领取一个药水瓶，对药水瓶内的幸福事件进行归纳总结。这不仅降低了任务的难度，使其更符合学生的认知水平，同时让学生在探究和生成的过程中充分涉及五个幸福元素。这一版本的设计让课程达到了预期的效果，学生不仅能够比较容易地理解幸福五元素理论，也能够很快地将其运用到实践中。

【教学反思】

在设计本节课之前，笔者发现幸福主题课程的内容大多集中在积极情绪这一维度，但在调查中笔者发现，其实学生并不是缺乏发现幸福的能力，而是对幸福的认知过于狭隘，寻找和创造幸福的方式和途径较为单一。因此，本节课引入幸福五元素理论，旨在帮助学生理解幸福的涵义，认识到幸福不仅局限于积极情绪，也来自关系、意义、投入、成就，从而能够从更多维度获取属于自己的幸福，实现健康成长。

本节课可作为积极成长幸福课的开篇，让学生了解不同维度的幸福，在之后的课程中，教师可以陆续地、具体地讲解每一个元素，或者结合课堂实际情况，着重讲解学生普遍缺失的幸福元素。

在本节课的幸福传递环节，教师需要进一步引导学生思考幸福事件所体现出的具体元素，这既能帮助学生有意识地梳理自己拥有的幸福元素，也能确保幸福事件被准确地放在相应元素下。这也能推动学生在后续环节对每类幸福药水进行更有效的总结和提炼。

幸福五元素的总结环节非常考验教师对学生现场生成的提炼能力。教师既要帮助学生理解抽象的概念，又要避免讲解时间过长。在学生发言的过程中，教师需要依据学生的话语和想法引导他们进一步深入探寻幸福元素，让幸福五元素理论融入师生互动中。

【专家点评】

本节课的亮点主要体现在以下几个方面。

1.主题契合学生的心理需求，贴近学情。本节课的授课教师在课前充分调研并了解学生的学情，并基于"学生对幸福的认知较为单一"这一学情，运用积极心理学的经典理论，引导学生发现生活中的"小确幸"，旨在为学生创造积极体验，帮助其健康成长。

2.巧妙创设情境，重视学生活动体验。本节课创设了幸福实验室的情境，紧紧围绕幸福这一主题，从制作幸福药水，到填写幸福药水说明书，到采取幸福行动，一气呵成。抓幸福游戏、击鼓传花说幸福、小组合作论幸福等多种教学活动，都让学生在活动中获得充分的体验，在体验中获得成长，内化于心，外化于行。

3.设问巧妙，利用学生生成推进课堂。本节课的核心理论部分，并非由教师直接讲授，而是在学生生成的基础上自然而然地呈现的。从一开始学生分享幸福事件，教师就有意识地让学生将幸福事件填写在不同的药水瓶上，巧妙地引导学生在小组讨论中寻找幸福事件的特点，又在不断的设问中进一步引导学生生成答案。最终，学生归纳总结出幸福的五个元素。这一设计充分利用了学生的生成来推进课程发展，体现了以学生为主体的教学理念。

（点评嘉宾：段新焕，深圳市龙华区教育科学研究院心理教研员）
该课曾获深圳市"2022年中小学心理健康教育活动月"班主任心理主题班会课二等奖

【参考文献】

［1］塞里格曼.持续的幸福［M］.赵昱鲲，译.杭州：浙江人民出版社，2012.

【学案纸】

幸福实验室

姓名:＿＿＿＿＿＿　班级:＿＿＿＿＿＿　学号:＿＿＿＿＿＿

幸福药水

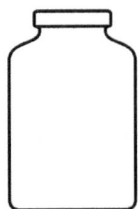

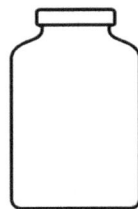

＿＿＿＿＿＿＿＿＿＿＿＿
＿＿＿＿＿＿＿＿＿＿＿＿
类型:

＿＿＿＿＿＿＿＿＿＿＿＿
＿＿＿＿＿＿＿＿＿＿＿＿
类型:

＿＿＿＿＿＿＿＿＿＿＿＿
＿＿＿＿＿＿＿＿＿＿＿＿
类型:

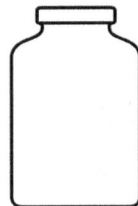

＿＿＿＿＿＿＿＿＿＿＿＿
＿＿＿＿＿＿＿＿＿＿＿＿
类型:

＿＿＿＿＿＿＿＿＿＿＿＿
＿＿＿＿＿＿＿＿＿＿＿＿
类型:

＿＿＿＿＿＿＿＿＿＿＿＿
＿＿＿＿＿＿＿＿＿＿＿＿
类型:

幸福药水说明书

药水名称：根据幸福事件的特点，为幸福药水取个名字，不超过 10 个字。

_____

_____

药水特点：归纳总结幸福药水上已有的幸福事件的共同特点。

_____

_____

原材料：写出至少三件符合此类幸福药水特点的幸福事件，注意不能和已有的幸福事件重复。

_____

_____

_____

研发小组：给自己的小组取个响亮的名字。

_____

幸福行动

我希望增加自己的_____（类型）幸福药水。

我打算去做_____事情。

我决定在_____时候开始去做。

行动人：

乐享茶饮铺

上海市罗星中学　徐妙驰

【驱动问题】

如何使学生理解和体验积极的生命成长？

【基本信息】

适用学段：初中一年级

准备道具：学案纸、空茶饮杯、便利贴

【设计思路】

在青春期这个充满挑战与变化的阶段，初中生的身心正在迅速成长，他们在探索自我、建立人际关系及养成独立思考习惯的过程中，会遇到各种各样的挑战。积极心理学提出 PERMA 模型，强调了积极情绪、投入、关系、意义和成就五个幸福构成要素[1]。本节课基于此模型进行架构设计，旨在培养青少年积极向上的个性特质，帮助其更好地适应成长中的变化。

本节课聚焦于青春期心理发展主题，通过创造和分享个性化茶饮的活动，引导学生在寻找自我认同、表达情感和建立关系的旅途中迈出重要的一步。在学生设计自己的茶饮时，教师需要让学生把个人成长故事、情感体验及与同伴间的互动融入创作，从而为学生带来"寓学于乐"的学习体验。每一种"茶底"代表学生在不同阶段的心理状态，"小料"则象征着他们的兴趣、爱好、成就和人际关系中的亮点。在制作茶饮的过程中，学生不仅要对茶饮的口味进行探索，更要对其成长经历进行回顾和反思。通过分享茶饮制作过程，学生也将有机会分享和聆听彼此的成长故事，学会欣赏彼此不同的生活经历，增强同理心，并在班级中建立起支持网络。

【教学目标】

1. 情感目标：感受、分享日常积极事件，提升对积极情绪的感受能力。

2. 认知目标：了解生活中积极情绪的来源，回顾、提炼近期的积极事件。

3. 行为目标：掌握挖掘、提炼生活中积极事件的技巧，促使自己在未来的人生中实现积极成长。

【教学思路】

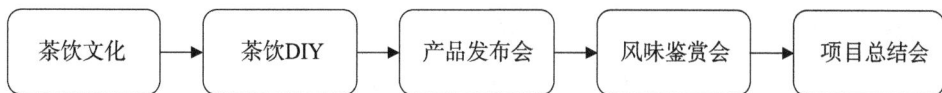

【活动过程】

一、茶饮文化（2分钟）

老师出示常见茶饮店铺的商标，引导学生思考为何茶饮店生意兴隆，深受大家的喜爱？请学生分享自己喜欢的茶饮的特点及喜欢的原因，学生举手分享。

老师：茶饮铺提供的丰富饮品是青少年学习和生活的"快乐水"，是成年人工作的"续命水"，也是每个人生活中甜蜜的点缀。今天，就让我们一起经营一家茶饮铺，给生活加点甜！

老师介绍茶饮铺，呈现经营公告。

经营公告：这是一家由全班同学共同经营的乐享茶饮铺。店铺上架的产品由同学们最近感受到的温暖、快乐事件组成。请大家根据对事件的感受，通过茶底和小料的组合，创作不同的饮品，使店铺的产品更加丰富，甜蜜满满。

设计意图：通过回顾茶饮常见的形态、口味等，引导学生聚焦茶饮带来的感受和体验，推动学生在后续的设计环节更好地展开想象。

二、茶饮DIY（10分钟）

老师：我们可以用不同的茶底代表不同的事件，将我们对某件快乐小事的最鲜明的感受当作小料，调制出富有个性的饮品。

• 茶底：最近让你感到快乐的一件小事，写下来并装进茶饮杯里。

• 小料：将在这件小事中你最强烈的感受当作小料。

• 品名：为茶饮起一个名字，标注其上架栏目及甜度，写上出品人。

茶饮 DIY 规则如下。

①茶底

• 茶类：红茶、绿茶、普洱茶、乌龙茶、花茶……

• 奶类：牛奶、酸奶、椰奶……

• 果汁饮料类：柠檬、芒果、葡萄、柑橘、桃子、牛油果、汽水……

②小料：奶盖、奶油、冰激凌、麻薯、芝士、坚果、果冻、奥利奥、西米……

③茶饮铺的饮品栏目：师生情谊特调、亲子生活甄选、成就梦想拼配、爱好特长趣饮、友谊小船精选、运动活力特饮、创意特调专区。

老师示范如何创作一杯茶饮，强调在制作茶饮时，需要围绕生活中的一件幸福小事，从茶底、事件、小料、感受、产品名称、上架栏目、甜度、出品人等内容进行思考，以引导学生明确创作一杯茶饮的策略及要点。老师示范结束后，让学生分享茶饮的上架栏目并说明原因。接下来，请学生独立制作自己的茶饮。

设计意图：引导学生展开想象，制作自己的茶饮，进一步提升学生对积极事件的感受能力。

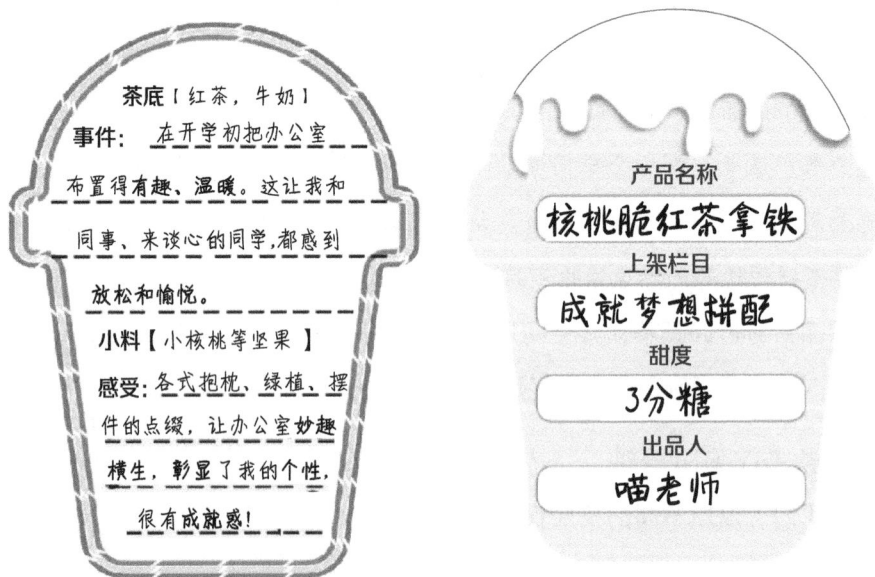

茶饮示例

三、产品发布会（8分钟）

老师邀请学生介绍自己制作的茶饮，并将其上架到班级货架上。学生举手介绍自己制作的茶饮，老师着重询问茶底、事件、小料、上架的栏目、饮品的甜度等内容。

设计意图： 让学生分享自己制作的饮品，让幸福在班级中流动。将学生的饮品上架到不同的栏目，激发学生参与活动的积极性。

四、风味鉴赏会（15分钟）

老师：目前班级货架上已经有了许多种茶饮，在这些茶饮的产品发布会上，同学们对上架栏目的选择、甜度的感受各有不同，相信大家还有更多有创意的饮品。下面以小组为单位，开展风味鉴赏会活动，时间为6～8分钟，要求如下。

①将小组成员制作的茶饮上架到小组饮品架上。

②在便利贴上填写风味鉴赏卡，感受组员制作的茶饮的口味，品评其甜度。

③讨论大家对同一茶饮的甜度的感受有何异同。

学生完成风味鉴赏会活动。老师请各组派一名代表就上架产品、品评风味、讨论口感的过程中大家的观察、发现和感受进行分享。

五、项目总结会（5分钟）

老师：在创作、分享、品味、感受同学们制作的茶饮的过程中，你收获了什么？大家制作的茶饮为你今后的"再创作"提供了哪些灵感？

学生举手分享。

老师：今天我们以班级为单位经营了茶饮铺。其实每个人的人生就像一家独立的茶饮铺，人生的旅途也是不断上架自己设计的新品、经营产品的过程。祝愿同学们在经营自己的"人生茶饮铺"的过程中，知足常乐、助人为乐、自得其乐、与人同乐。乐享经营，推陈出新，甜蜜常在！

设计意图： 通过小组活动，引导学生在组内交流自己经历的积极事件。以风味鉴赏活动，让学生交流对同一茶饮的不同感受，鼓励大家在倾听同学讲述积极事件的过程中进行联想和迁移，提升自己对积极事件的感知能力。同时，使学生认识到，即使面对同一件事，如果改变视角、方式、策略，也会有不同的感受。

【课程迭代】

在课程设计过程中，为了顺利引入情境，笔者花费了较大精力设计学生的课堂学习资料，并通过以下几种方式改善课堂设计。

1.加强课程的情境设计。通过呈现经营公告，突出店铺"产品丰富、甜蜜满满"的活动要求；以模拟经营的方式，激发学生参与活动的热情，提升学生的体验感。

2.加强课堂的活动指导。通过罗列茶底、小料等参考内容，避免学生的思维过于发散；设置茶底、小料等载体，引导学生聚焦于生活中具有积极意义的事件，并帮助学生回忆、描述生活中的积极事件；提供上架品类，暗示学生积极事件可能发生的情境，引导学生从实现自己的梦想、师生温暖的情谊、亲子相处的时光、朋友相处的乐趣、拥有的兴趣爱好等各个角度挖掘身边的积极事件；增设"创意特调专区"，允许学生有课堂举例之外的想象和创意；提供教师制作的参考作品，向学生强调"制作茶饮"的操作方法和要求，引导学生在制作茶饮的过程中对积极事件加以描述，避免脱离事件只关注"吃喝"的情况发生。

【教学反思】

本节课通过两次分享活动，有效地整合了积极心理学的 PERMA 模型，让学生在实践中体验积极情绪、投入、关系、意义和成就带来的幸福感。这种整合有助于学生在个人层面和社交层面的自我提升，同时也强化了他们的幸福感和对生活的满意度。

通过让学生分享自己的积极生活事件并基于此制作茶饮，能够促进学生体验和表达积极情绪。通过课程活动，学生不仅制作了个性化的茶饮，还成功地将它们与生活中的积极事件联系起来，并在班级中获得同伴的认可。这种认可和成就感是积极心理学中提升个人幸福感的关键要素。这种教学设计不仅推动了学生情感和社交技能的发展，也促使学生获得了成就感，帮助学生构建生命的意义。

本节课中学生的体验深度有待进一步加强。首先，虽然在课堂上教师鼓励学生可以进行创造性和个性化表达，但教师还需要提供更多的策略，让学生对制作茶饮与生命成长之间的联系有更深刻的理解和体验。其次，学生在课堂上的情感表达需要得到进一步的支持，尤其那些不太愿意分享和表达的学生，需要教师给予更多的引导和鼓励。最后，授课时需要关注理论与实践的融合。虽然本节课将积极心理学的 PERMA 模型作为理论框架，但对理论的运用方式比较单一，后续课程可以对此部分继续优化。

【专家点评】

本节课从积极心理学的角度出发，强调个人成长、幸福感和自我实现的重要性，促进学生进行自我探索和情感表达。

在制作茶饮的过程中，学生结合个人的经历，将每一次的选择和创新都视作生命旅程中的成长，这体现了积极心理学中的成就和意义要素。通过分享自制茶饮的故事，学生不仅展现了自己的创意，也展现了自己与他人的"关系"建立的过程；通过团队合作与交流，学生加深了对投入要素的体验，并在积极的情绪中共同庆祝每个人获得的成就；通过制作茶饮的活动，学生回顾、提炼了最近生活中发生的积极事件，提升了对积极体验的感受能力。通过开展产品发布会、风味鉴赏会、项目总结会等活动，学生分享、聆听、感受他人的积极事件，掌握了感受积极情绪的策略和技巧。

本节课也是关于个人和集体成长的研讨课。制作个性化的茶饮活动不仅让学生学会了欣赏多样性和包容差异，还在班级内培养了学生的同理心和协作精神，对学生的社交技能和情感发展予以正向引导，鼓励学生成为自己生命故事的积极创作者，不断为自己的"人生茶饮铺"增添新的、丰富的"甜蜜"饮品。

（点评嘉宾：王萱，上海市金山区教育学院德研员）

该课曾获第九届上海市中小学、

中等职业学校心理健康教育活动课大赛(初中组)二等奖

【参考文献】

[1] 塞里格曼.持续的幸福[M].赵昱鲲，译.杭州：浙江人民出版社，2012.

【学案纸】

乐享茶饮铺

姓名：_____ 班级：_____ 学号：_____

茶底【　　　　　】
事件：＿＿＿＿＿＿＿

＿＿＿＿＿＿＿＿＿

＿＿＿＿＿＿＿＿＿

小料【　　　　　】
感受：＿＿＿＿＿＿＿

＿＿＿＿＿＿＿＿＿

＿＿＿＿＿＿＿＿＿

＿＿＿＿＿＿＿＿＿

产品名称

上架栏目

甜度

出品人

第八章

经验分享

本章的目标是帮助心理教师了解多种教学设计技术在心理课中的应用，进而促进心理课的创新与个性化发展。通过"心理课+X"的技术融合，心理教师可以深化对心理课教学设计的理解，并在教学实践中灵活地选择和运用艺术表达、教育戏剧、隐喻等技术，这将有助于教师设计出更加专业、生动、有趣的心理课，丰富课堂形式，提高教学效果，形成个人独特的教学风格和教学理念。

在本章，我们邀请了3位在学校心理健康教育领域深耕多年的专职心理教师或教研员进行分享，他们的教学设计与课堂授课水平在当地备受认可，并屡次斩获各级优质课、论文、课题奖项，对自身擅长的技术有独到的见解。在这里，他们从实践经验、理论分析、案例展示等多维度探讨心理课的教学设计思路，力求为读者详尽地展示某一技术与心理课教学的融合方式，创新心理课的内容和形式，使读者可以学以致用，提高自身的教学素养。

积极心理学理念是影响学校心理健康教育的重要思潮，也是未来心理课发展的趋势。然而，当前的心理课依旧存在诸多消极导向问题。《从"心理健康"到"心理发展"》一文从以学生心理发展为教育目标和评价目标两个方面论述了心理课的消极导向问题，并提出构建心理发展概念、加强心理学科支持和明确心理核心素养等建议。近年来，隐喻技术成了心理课创新的一把钥匙，并成为教师在优质心理课评比中的致胜法宝。《通过隐喻技术重构心理课》一文除了结合课堂实例讲述如何找到适合课堂的隐喻及如何运用隐喻，还列举了众多可供参考的心理课主题与相应的隐喻内容。教育戏剧是当前心理课设计的热点内容之一，它能为学生的表达提供一个更加丰富的故事形式和更加开放的表达环境。《他视角》一文结合课堂片段，从营造观点分享安全场、演绎模拟场景故事会、参与多元对话圆桌会等方面探讨了教育戏剧构建"他视角"的策略。

本章呈现了多种教学设计技术与心理课的融合方式，为心理教师提供了灵活、多彩的设计灵感，帮助心理教师丰富课堂内容与形式，让心理课更有新意。每一篇经验分享都结合了所在学段的真实课例，以展现某一技术在心理课中的实操策略与应用价值。期待读者能够教有所思、教有所长，了解并找到适合自己的技术，让心理课发光、发热。

从"心理健康"到"心理发展"
——浅谈学校心理健康教育课的问题和发展

杭州观成实验学校　吕剑晨

自林崇德教授提出"心理卫生"概念，倡导心理健康教育以来[1]，我国中小学心理健康教育开始迈入飞速发展的时期。随着教育的不断深入，我们欣喜地发现对心理健康教育课的讨论已经不再局限于"怎么上好心理课""如何选取心理课素材"等内容，更多开始涉及心理健康教育课的课程定位、内容目标、发展趋势等内容。

犹记得，笔者第一次走进初中课堂，跟同学们说今天要上一节心理健康教育课，预期中同学们激动的身影不仅没有出现，反而激起了声声质疑："老师，我们的心理很健康，不需要上心理健康教育课。"类似的情况还发生在班级心理委员的选举上，在课堂上，我们总会听到这样的推荐理由："老师，这名同学心理最不健康，他适合当心理委员。"相信心理教师对上述现象一定深有感触，然而这些问题不由得引发我们思考："学校心理健康教育到底期望给孩子们带来什么？"

近些年，笔者在一线教学工作中曾多次参与有关学校心理健康教育课具体设置的讨论。例如，"心理课是否要安排考试""心理课是否需要统一的教材""积极心理学如何在心理课中落地""心理课如何与心理学科建立联系""心理课如何与其他学科融合"，等等。教师们的每一次研讨都在推动心理健康教育课逐渐在学校场景中站稳脚跟。但在众说纷纭中，我们需要清楚，唯有探索出一条适合心理健康教育课发展的道路，才能避免心理健康教育课在学校中沦为"形式主义"和"检查主义"，避免心理教师从"专职专业"沦为"打杂干活"。

从探寻学校心理健康教育课的发展趋势中我们可知，其实早在20多年前，林崇德、俞国良等心理学专家就发文提醒[2][3]：要防止中小学心理健康教育医学化、片面化、形式化。只关注问题学生的心理健康教育课，不仅使课程的作用、效果饱受质疑，更会使课程设计流于表面形式，丧失积极发展的动力。时至今日，这些消极的价值取向依旧存在于中小学心理健康教育中，具体表现在心理健康教育课课程目标、内容、评价等方面，致使心理健康教育课的效果大打折扣。接下来，笔者从三个方面论述当前心理健康教育课的问题和发展趋势。

一、心理健康教育课应以学生心理发展为教育目标

中小学心理健康教育课目前仍存在"以问题为中心"的消极价值取向，导致在教育内容、途径、形式及教育对象上产生偏差，弱化了心理健康教育的作用[4]。当前许多学校开设的心理健康教育课，其内容大多以呈现学生的心理问题为主。心理健康教育课如果将课堂目标定位在问题取向上，就偏离了学校心理健康教育"以预防为主，面向全体学生，注重潜能开发和心理素质培养"的一级目标。

例如，有新手教师曾求助："因为班级出现打架的现象，班主任找到我，希望我能设计一堂针对打架的心理课，请问该怎么做？"针对这一问题，先不论学生打架现象可以归属到心理健康教育课的哪一个主题。在面对这个请求时，作为心理教师，我们首先需要自我澄清：学生打架是个别现象吗？如果是，那么个别问题应该个别辅导；如果学生打架是普遍现象，那么更不能将心理健康教育课视为解决问题的唯一对策，而应综合多方面因素处理班级的打架事件。因此，学校对学生心理问题的处理可以侧重于个别辅导和团体辅导，而心理健康教育课的定位则是面向全体学生，重在问题预防。

学校心理健康教育是复杂教育系统的一部分，诸多教育因素彼此联系、相互影响[5]。而以"问题导向"为目标的心理健康教育课，只会使心理教师成为学校工作的"救火员"，从而忽略个体发展中更重要、更美好和更积极的方面，忽略学生积极的心理体验和积极心理潜能的开发[4]。正因为如此，目前许多地区和学校开始推进构建"积极心理品质"导向下的心理健康教育课程体系，如北京市早在"十二五"规划中就将积极心理学取向的高中心理健康教育课纳入研究，并提炼出"营造积极氛围""选取积极内容""培养积极品质""触发积极体验"四项设计原则[6]。

二、心理健康教育课应以学生心理发展为评价目标

学校心理健康教育课面临的另一个问题是缺乏科学的效果评价工具。心理健康教育课不像语文、数学、英语等科目，可以考查学生的知识点掌握或方法应用情况；也

不像音乐、体育、美术等科目，可以考查学生的专业能力或实操技能。简而言之，心理健康教育课的授课效果缺乏一定的评价标准。

在《浙江省中小学心理健康教育课程标准》的第一版中，将心理健康教育课的评价标准定为"考查学生心理健康水平"，而在2021年的修订版中则删去了这一论述，并替换成"中小学心理健康教育课的评价标准是考查学生心理发展状况"[7]。这一变化对学校心理健康教育课的评价体系意义深远。如果心理健康教育课的评价标准是学生心理健康水平，那么就会出现本文开头描述的情况：学生会觉得自己心理健康，因此不需要上心理健康教育课。我们想象这样一个场景：假如一所学校开设了心理健康教育课，但调查发现学生的整体心理健康水平较低，那么该校到底应该以心理健康教育课无用为由取消课程开设，还是应该以学生心理健康水平较低为由而增加课程开设？由此看来，心理健康教育课的评价标准甚至决定该课程开设必要与否。事实上，在各地的学生心理健康调查中，学生的心理健康水平都不容乐观。一项使用中学生心理健康诊断测验（MHT）对某市1480名中小学生的调查研究显示，分量表有一项或一项以上存在问题的学生总检出率为71%[8]。当全市超过七成的学生都可能存在心理问题时，此时若把心理健康教育课视为救命良方，那么显然学校心理健康教育将寸步难行。

学生的心理发展才是心理健康教育课的评价目标。《浙江省中小学心理健康教育课程标准（2021年版）》明确提出[7]，应加强中小学心理健康教育课建设，有效发挥中小学心理健康教育课的发展性和预防性功能，全面提升学生心理素质。判断学生心理素质是否健康有两个指标，一个是适应性指标，另一个是发展性指标。前者指学生可能面临的自卑、孤僻、焦虑、社交困难等适应性问题，后者指学生尚未得到发展而又可以发展的问题[2]。林崇德指出，发展性指标是分析学生心理健康教育的根本性指标，正因为有了发展性指标，学校心理健康教育的重点应放在学生心理素质的发展上[2]。但是，由于学生心理发展具有长期性、滞后性、波动性等特点，目前对心理健康教育课的评价大多停留在教师授课的过程性评价或形成性评价。例如，钟志农在《中小学心理辅导活动课形成性评价表》一文[9]中提出，可以从辅导理念、活动设计、活动过程、辅导技巧和辅导效果五个方面评价心理健康教育课，这为心理健康教育课的实施提供了一种评价思路。

三、心理健康教育课应以学生心理发展为深化目标

著名心理学家艾宾浩斯曾说过这样一句话：心理学有一个漫长的过去，却只有短暂的历史。这句话放在学校心理健康教育课中同样适用。尽管心理健康的教学理念自古就在学校教育的方方面面中都有体现，但它真正以一门课出现在学校课表里的时间很短。如果用"百年树人"作为指标来衡量，那么心理健康教育课可能仅仅处在幼苗阶段，需要大家不断地施加养料，推动其发展。展望心理健康教育课未来的发展趋势，笔者提出以下三点建议。

1. 构建心理发展概念，培养学生的心理能力意识

由于我国的学校心理健康教育起步较晚，学生从小缺乏相应的知识，加之社会对心理问题的刻板印象，使学生戴着有色眼镜看待"心理健康"这个词语。这一现象并不能在短时间内得到扭转，因此学校心理健康教育除了要加强对学生心理健康知识的普及外，更应该给学生构建心理发展的概念，让学生了解自身需要发展的心理能力，如记忆力、创造力、自控力、领导力、同理心等，学生在成长过程中可以通过学习、训练的方式促进自身能力的发展。笔者自第一次听到学生"不需要上心理健康课"的言论后深有感触，后来索性报备学校领导，将课表上的"心理健康课"更改为"心理发展课"，以期心理课能够给学生一个更直观、更易被接受的第一印象。在后续多年的教学实践中，笔者发现这一举措的效果较好，学生在上第一节心理课时表现出的阻抗明显减少。课堂中给学生构建心理发展的概念并不是说不再提心理健康，而是当学生在清楚自己心理需要发展的前提下再去讲心理健康，这样学生更容易接受、更容易认可心理健康的重要性，促进学生主动学习心理保健技能，提升心理能力。

2. 加强心理学科支持，促进研究成果向教学落地

俞国良教授在接受《中小学心理健康教育》期刊的访谈中多次提到，学校心理健康教育需要心理学学科的支持。相较于其他科目来说，学校心理健康教育课的其中一个优势就是学科底蕴建构可以直接连通心理学科研成果。然而近30年来，尽管国内外有关发展心理学、应用心理学等学科的科研成果硕果累累，却很少见到科研成果在教学一线中落地。例如，成长型思维、成就目标、自我效能感等作为发展心理学与教育心理学中热点的学术研究话题，在网上能够搜到大量的相关研究成果，同时这些话题也是学校心理健康教育课的热点，如"如何培养学生的自信心（自我效能）""如何培

养学生的成长型思维"等。但是当前在学校心理健康教育课的建设中很少见到前沿学术研究支持的身影。区域心理健康教研员可以在教学研究中与高校心理学院或心理系开展合作，让心理教师加入高校心理课题组，了解该领域的前沿研究内容，将课题组研究成果转化为教学理论。推动科研成果向一线教学落地，这为学校心理健康教育课的发展提供更多来自科学研究的养分，使心理健康教育课有理有据，洋溢着勃勃生机。

3. 明确心理核心素养，推动教学技能的提升

心理健康教育课面临"上什么""怎么评"的难题，其问题在于心理健康教育课缺乏明确的学科核心素养。《义务教育课程标准（2022 年版）》指出了各学科应培育的学生核心素养，如语文课应培育学生的文化自信、语言运用、思维能力、审美创造，体育课应培育学生的运动能力、健康行为和体育品德。但是，学校心理健康教育课在新课标中并没有作为独立的学科出现，更不用谈哪些是应该培育的学生核心素养。《浙江省中小学心理健康教育课程标准（2021 年版）》提出，本标准的课程内容立足于核心素养的三大方面之自主发展的学会学习和健康生活两大素养。结合课程标准对核心素养的解读及《中小学心理健康教育指导纲要（2012 年修订）》对心理健康教育课的内容要求，心理教师便可以更清楚地理解学校心理健康教育课的课程范围。例如，前文中新手教师求助的针对"打架"的心理课设计，此时就可以从"打架事件"中梳理出学生人际关系矛盾处理或消极情绪控制的心理课主题（健康生活）。因此，明确学校心理健康教育课要培育的学生核心素养，是推动心理教师提升自身心理课设计能力的重要保障，笔者期待未来有更多关于核心素养的讨论。

四、总结

当前学校心理健康教育课具有因地制宜的特色，使各地区各学校心理健康教育呈百花齐放的态势。2024 年 3 月，教育部将当年定为"学生身心健康促进年"，要着力解决学生心理健康突出等问题，这意味着学校心理健康教育将进入持续发展阶段。但是在一片欣欣向荣的背后，"个性化"的心理健康教育也暴露出不规范、形式化等问题，诸多"奇招""怪课"甚至引发了社会舆论。本文论述了当前学校心理健康教育课存在的以问题为中心和缺乏有效的评价标准问题，并建议给学生构建"心理发展"的概念，加强心理学科研成果的支持，以及明确心理核心素养。

【参考文献】

［1］俞国良，琚运婷.我国心理健康教育政策的历史进程分析与启示［J］.中国教育学刊，2018（10）：9.

［2］林崇德.积极而科学地开展心理健康教育［J］.中小学心理健康教育，2002（1）：4-7.

［3］俞国良.我国中小学心理健康教育的现状与发展［J］.教育科学研究，2001（7）：5.

［4］曹新美，刘翔平.学校心理健康教育模式的反思与积极心理学取向［J］.教师教育研究，2006，18（3）：5.

［5］张大均.青少年心理健康与心理素质培养的整合研究［J］.心理科学，2012，35（3）：7.

［6］白晔.积极心理学取向的高中心理健康教育活动课设计与实施研究［J］.基础教育研究，2016，（19）：66-70.

［7］浙江省中小学心理健康教育指导中心.浙江省中小学心理健康教育课程标准［M］.杭州：浙江教育出版社，2019.

［8］卫萍，许成武，刘燕，等.中小学生心理健康状况的调查分析与教育策略［J］.教育研究与实验，2017（2）：6.

［9］钟志农.心理辅导活动课操作实务［M］.宁波：宁波出版社，2007.

通过隐喻技术重构心理课

广东省深圳市龙岗区龙城高级中学　张鹏

《中小学心理健康教育指导纲要（2012年修订）》对中小学心理健康教育不同阶段的具体教育内容做出了指导，这一界定范围一直以来也是大部分心理教师在设计心理课时的主要参考。然而，随着时代的发展、学生情况的变化，越来越多的心理教师开始希望将"老课题"讲出新花样。例如，关于认识情绪这一主题，之前最常见的课程形式就是通过电影《头脑特工队》引入情绪分类，然后由教师讲解情绪ABC理论。但近年来，笔者看到不少心理课跳出了这样的常规形式，一类是借助调色盘、彩泥等，将情绪比作不同色彩的介质，深入探索情绪的复杂构成和情绪颗粒度概念；一类是将坏情绪的出现比作一个"循环"加工过程，引导学生看到情绪的触发、循环过程及引发的结果。这两类有新意、表达更形象的课程设计，其实都借助了隐喻技术。

近几年，笔者在设计课程及观摩优质课程的过程中发现，隐喻技术已经悄悄成为课程创新的一把钥匙。无论设计者是否意识到自己采用了隐喻技术，但以实物来暗喻心理概念已然成为这些课程呈现新意的关键。在心理课上，教师往往会讲一些抽象的心理学概念，而隐喻技术恰好可以把抽象、平面化的概念变得更加活泼生动，如"希望感""心理韧性"等。隐喻也可以让心理课更有创意和活力。在设计心理课时，找到合适的隐喻可以让人眼前一亮，也为心理课的素材选取提供了更多可能性。

一、隐喻技术的内涵与优势

隐喻是比喻的一种，本体和喻体（常见的物体和概念）之间常用"是"来连接。隐喻技术是心理咨询中的一种常见技术。心理咨询师通过将一些抽象的心理学概念（如情绪、关系、想法等）比作生活中常见的意象、物件或事件（如风暴、拔河、爬山）等，帮助来访者将内在的心理过程逐渐外化，从而得以更好地自我觉察。例如，在接纳承诺疗法中有一个经典的"流沙"隐喻——个体在面对问题或负面情绪时，就像身处流沙，越挣扎越难以逃脱。在心理辅导中，根据本体的类型，可以将隐喻类型分为对问题的隐喻、对关系的隐喻、对个性的隐喻、对角色的隐喻、对家庭的隐喻等[1]。

隐喻技术在心理咨询中可以将抽象概念具体化，将理论变成更贴近来访者的故事。当隐喻技术迁移到心理课堂上时，可以使古板的、偏重理论讲解的心理课，转化为更趣味化、生活化的形式与活动。隐喻富有故事性和情境性，能够温和而巧妙地降低学生的阻抗[2]。例如，在讲亲子关系时，可以让学生选择用不同动物之间的关系比喻不同家庭成员之间的关系。与直接讲家庭关系相比，这样的设计减少了部分学生因自我暴露而产生的不安，也让原本不愿意参与课堂互动的学生积极参与其中。隐喻技术通过以"常见意象"来比喻"抽象概念"，让概念更加清晰，便于理解。例如，在讲解微习惯的运用时，将大脑比作使用已久的计算机，微小的程序更容易启动，所以要让一个习惯微小到容易启动。隐喻也为课堂素材的选取提供了更多创意，如将人际边界比作花园的栅栏，教师可以通过呈现不同类别的花园，利用绘画、小型沙盘等材料，引导学生觉察自己的人际关系。在使用隐喻时，对意象的选取也蕴含着丰富的哲学意味。例如，通过展示绘本《失落的一角》，将人生的遗憾比作一个缺失了一角的圆，学生可以进行深入的思考，如"人生是否一定要追求完美""缺失的一角可以用什么填补"等。

在课堂导入环节，隐喻技术可以快速让学生进入情境。例如，在主题为生命教育的心理课上，如果在导入环节将生命比作河流、树木，学生会快速地将"生命"这一抽象的概念在脑海中具象化，并且联想到河流、树木的哪些具体特点与生命有关。在转化、深入环节，隐喻可以拉近课上问题与现实生活的距离，让概念更为具体、可视，让改变触手可及。例如，将缺点比作人生的小黑点，使学生更直观地感知缺点对自己的影响，以及自己有能力改正缺点。在结束环节，通过一个巧妙的隐喻，教师可以进一步巩固学生在本节课中所学到的知识，加深学生对所学内容的印象。

二、隐喻技术的使用方式

从使用的程度来看，可以将使用隐喻技术的课程分为两种。

一种是整体使用，即隐喻是针对课程的核心概念，并且这个概念贯穿课程的始终。这种整体隐喻的方式会让整个课程呈现出一种流畅感，各环节衔接紧密且逐渐深入。例如，常见的价值观主题课程都会采用"拍卖会"的活动形式，将价值观这个核心的抽象概念比作需要取舍的拍卖品。笔者在设计生涯价值观课程《称量人生》时，进一步使用了整体隐喻，将人生选择比作天平，将职业价值观比作人生天平上的砝码，整节课以如何选择砝码、如何为砝码赋予重量（价值观的排序）及如何拿放新砝码（价值观的流动）串成一条层层递进的线。在下面的教学片段中，笔者用砝码重量引导学生初探生涯价值观的内涵。

老师：砝码的一个重要属性就是有不同的重量。这是某人的 4 个砝码（经济收入、助人、生活平衡、安全稳定），其重量是 100、80、50、10（数值越大代表对这个人的职业选择越重要），请你猜一猜每个砝码对应的重量。

学生：100 对应着经济收入，10 对应着助人。

老师：接下来，我们将披露这个人物的信息，呈现每条信息后，大家的猜测可以发生变化。

①他没有很强的物质需求，不追求名牌，满足基本生活就可以。

②他喜欢经常换工作地点。

③他有很多兴趣爱好，下班后的生活很丰富。

④帮助他人会给他带来很强的意义感。

揭晓谜底：他是一名高中心理老师，他的砝码是助人 100、生活平衡 80、经济收入 50、安全稳定 10。

教师小结：砝码背后是不同的人生经历与需求，需求不同，每个砝码的重量也不同。

另一种是部分使用，即只在深入转化环节使用隐喻，通常是针对课堂的重点或难点概念进行突破。例如，在讲授心理韧性这一主题时，教师常用弹力球、弹簧来比喻每个人的心理韧性。

是整体使用隐喻还是部分使用隐喻、在哪个环节使用隐喻，需要考虑教师希望将课程的"重心"放在哪里。例如，在讲授生涯决策这一主题时，如果以"寻找宝箱的冒险之旅"来比喻生涯选择，既可以用在开头让学生分析不同的冒险者有什么样的决策风格；又可以用在深入环节，引导学生小组合作分析"如果要找到宝箱，冒险者通常需要考虑哪些因素""在冒险之旅中会有哪些不确定的因素""如果错失宝箱，冒险者还可以怎么做"。如果在课堂中从头到尾使用这个隐喻，固然会让整节课更加流畅，但有的教师喜欢只在一个环节使用隐喻，而把更多时间用在探索现实的选科、选专业的决策上。只要教师明晰自己的设计意图，选择哪种用法并无优劣之分。

三、隐喻的来源

找到一个恰到好处的喻体，需要设计课程的教师具备三种能力。

一是需要教师对所要讲授的主题有深入的理解，能从学生需求的角度精准把握本节课核心概念的主要特点。例如，本书中的《生活飞行棋》一课，这节课关注的是如何帮助学生面对入学新环境，提高适应能力。新环境适应这一主题涉及很多方面和相关理论。在本节课，教师只选择了其中一个点，就是学生对新环境的担忧是来自学生不确定在这里会发什么。因此，教师用飞行棋来比喻新入学这一生活事件，因为游戏棋局本身充满了不确定性，并且有输有赢，更能让学生体验到人生的起伏。这种对主题的了解，除了需要教师本身的专业能力，也需要教师在日常咨询辅导中的灵感。

二是对同类课程能做到广泛了解。创新的基础是教师有大量的积累，已足够熟悉这一主题下的常规课程。只有多看、多听，教师才能发现并提取课程的核心，进而围绕这一核心让本体与喻体之间不断产生联系。笔者总结了一些常见心理课主题与对应的隐喻（见下表）。

表 8.1　常见心理课主题与对应的隐喻

主题	常见隐喻	围绕隐喻的使用说明和优化建议
希望感	种子、花、树	可以将"养料""工具"等概念和"3I"理论等结合起来，引导学生进一步了解相关概念
不确定性	盲盒、骰子、桌游（飞行棋等）	在桌游中，玩家会因为掷出的骰子而失败或倒退，但有的游戏会有免疫或减轻这一损失的道具。可以将道具与应对挫折的方法联系在一起
心理韧性	弹簧、弹力球、防护盾	这一主题可以通过实体道具进一步演示
价值观	拍卖品、天平砝码	如重点探讨价值观的流动，可以设置如拍卖品赎回与转卖等环节
情绪认知	调味料、果汁	可以结合"情绪颗粒度"，着重探讨每个人的配方差异，深入讨论情绪的复杂性
优势	星星、光环	可以结合理论将星星划分为不同星群
目标设置	航行、飞行	可以结合科幻素材，隐喻为宇宙航行，既可以讨论飞船的准备，也可以讨论在宇宙中飞行可能面临的危险

（续表）

主题	常见隐喻	围绕隐喻的使用说明和优化建议
人际关系	圈子、房间、岛屿	这些喻体通常用来探讨关系中不同的心理距离和不同圈层。围绕同一喻体可以设计两节课，第一节课感知关系中的远近和边界，第二节课关注关系的动态变化，如新朋友登岛、旧朋友离岛等

三是老师要善于观察生活、体验生活，对其他领域的知识持开放态度。精妙的隐喻往往来源于对现实生活的洞见。笔者曾经在设计一节关于高中生学业倦怠与焦虑的课程时，结合自己学车的经历，使用了"高速公路"的隐喻——人人都在高速公路上行驶，担心自己的速度过慢会造成不良后果，但一直保持高速行驶又会让驾驶者精疲力尽，需要及时驶入服务区休息。虽然学生没有驾驶汽车的体验，但却有作为乘客的经历，因此他们很容易就理解了这一隐喻。此外，隐喻还可以来自课程中引用的关键素材，如视频、绘本、文本等，这也需要教师对不同领域的影视剧和书籍有所涉猎。

四、结语

隐喻只是一种便于学生将抽象概念具象化的工具，虽然它能让课程有新意、充满趣味，但教师要避免出现本末倒置的情况，强行为了创新而隐喻。一方面，如果某一主题相对复杂，很难找到合适的喻体，或者很难通过隐喻展现某一主要特点，使用隐喻就容易让学生陷入迷茫的状态，难以理解两者的关联，最终出现难以达成教学目标的情况——学生要么整节课游离在外，要么上完课后只是觉得好玩，难以和自己的生活建立联系。另一方面，如果某一主题十分简单，教师也未挖掘出可深入探讨的关键点，那么使用隐喻会让课程显得冗杂，使课程重点和难点不突出、课堂效率低下。并非只有使用新形式、新比喻的课才是有意思的课。课程创新的关键仍在于我们给学生呈现的东西是否激发了他们的新体验。

【参考文献】

［1］李哲.隐喻技术在学校心理辅导中的应用［J］.中小学心理健康教育，2023（33）：47-49.

［2］李立标.隐喻在中学生心理咨询中的实践探索［J］.大众心理学，2018（12）：41-42.

他视角：整合教育戏剧的心理课探索

杭州市拱墅区教育研究院　郑懿茜

心理健康教育的目标之一是培养学生的健全人格，个性和社会性是人格发展的一体两面[1]。集体生活能够帮助个体构建良好的人际支持系统，促进学生的社会性发展（如合作、利他等）。但部分共识性的"标准"，可能会在一定程度上消解个体的独特性，使得处于快速社会化过程中的学生产生诸多困惑："他们都……那我……""如果我……在别人眼里会是什么样"等。这些困惑都表现出对"他视角"的特别关注，而戏剧中天然存在着"他视角"。不同于传统戏剧教育的演出目标，教育戏剧能够在学生的个性和社会性发展间搭建起一座桥梁，合理引导出在社会化过程中被压抑的内在情绪和行为，使其在安全的空间场域中被看见和被接纳，帮助学生链接过去、当下、未来的自己与他人，看见各种发展的可能性。

一、应用教育戏剧构建"他视角"的价值

（一）现象：发展性辅导中的"他视角"需要

发展性辅导中的"他视角"在笔者的咨询工作中呈现出两种现象：一是学生因重要他者注视产生压力[2]，如家长的"怀疑"、教师的"关注"、同学的"讨论"等，让学生产生烦躁、委屈、不安等负性情绪；二是对同龄他者观点的主动获取，笔者经常遇到咨询人际交往的学生"结伴"而来，来访学生会申请同伴能够在咨询中留下来陪伴自己，或者主动表示大家有同类问题，希望能够获得团体辅导等。

随着学生对心理健康的认识加强，对自身心理健康关注度的提升，越来越多的学生希望在心理课中找到能够解决自身问题的操作建议，这对心理课的操作和实施提出了更高的要求。心理教师会面临以下几项挑战。

一是如何在教室营造一个安全的环境，让学生愿意主动呈现心中的困惑，从而吸引学生将探讨的问题与自身的心理发展建立更强的联结；二是如何更加直观、准确地

呈现、展示学生的困惑和成长，避免草率地评判或归类；三是如何让学生的个人智慧成为全班同学共同的经验，让学生看到应对同一困惑的更多可能性，通过"他助－互助－自助"的过程将经验内化为自己的技能，愿意并尝试在生活中实践从而达成自我完善和发展。

（二）他者：教育戏剧在心理课中的价值

教育戏剧并不追求表演的技巧，也不要求学生完成一个剧本或演绎一部完整的剧，只是借用戏剧这种表达方式，作为理解自己和他人的认识、情感、行为的载体。教育戏剧作为一种教学方式被应用于心理课时，丰富的戏剧习式（即具有戏剧功能和明确使用规则、步骤的结构化活动单元）可以在有边界的教室里解放空间、时间，解放师生的记忆、想象，增进个人和集体的体察、审思。

融合教育戏剧来构建心理课的"他视角"包含两重含义：一是真正的"他证者"，即课堂故事的"观察者"，也是生活故事的"外部见证者"[3]，在教师精心组织的提问、任务中，开展外部见证者的重述，提供自己应对困惑的经历，同时也丰富自己的应对技能；二是故事叙述者能在故事呈现过程中以他者身份入戏，成为独特的"自证者"，从他人的角度看待自己的认识、情感、行为与环境、人物之间产生的互动，突破自我中心。

二、应用教育戏剧构建"他视角"的原则

心理课面向的是全体学生，而非服务少数人。应用教育戏剧构建"他视角"时，考虑"他者"的主体定位、来源选择、有效应用，在设计和组织心理课的过程中运用应坚持以下原则。

（一）构建故事叙述者和"他视角"多重体验

在设计心理课时，如果仅仅以一名学生的故事叙述为中心，会削弱"他者"群体在课堂中的获得感，甚至导致他们产生半游离的状态。教育戏剧的加入可以帮助教师在开展心理课时，更加灵活地调动教室里的所有人，在故事叙述者和"他者"的角色里不停地转换，让更多学生能够投入故事中，让一个人的故事变成大家共同的当下。

（二）选择引发矛盾的"他"和代表权威的"他"

对于"他视角"的选择，并非故事中的任何一个角色或物品都可以，因为这个特

别的视角将在接下来的课堂里发挥重要的作用，即能够用高度唤起故事叙述者共鸣的方式重新表述他们最重视的人、事、物[4]。其中，最重要的两类"他视角"分别是引发矛盾的"他"（对立面）和代表权威的"他"（利益无关者）。

（三）平衡来自外部的"他"和来自内部的"他"

心理辅导的"他助"最终要走向"自助"。在心理课中，能够科学采纳外部"他人"的观点和有能力及时觉察内部"他人"的话语都很重要，两者共同影响学生在日常生活中的自我评价。在心理课中，除了使用人物扮演的方式模拟不同的"他视角"，还可以借用道具、玩偶等进行投射式扮演，作为"内心声音"的外化对象。两类"他视角"同样可以运用想象的行为和语言来模拟真实生活，并与学生行为选择背后的动机和需要相呼应。

三、应用教育戏剧构建"他视角"的策略

教育戏剧丰富的习式为构建心理课中不同功能的"他视角"提供了充足的选择空间，下面笔者以异性交往辅导为例，选择不同的戏剧习式来引入"他视角"，帮助学生开展观点分享、促进情绪体验、理解行动选择。

（一）设置情境：营造观点分享安全场，澄清多维认识

教育戏剧营造虚拟"剧场"环境，通过模拟情境的创设、设计模拟任务、选择模拟人物等，让学生安全、自在地进入故事，呈现自己的选择过程，且充分表达自己在选择过程中的价值观，从而实现第三方观点的呈现，拥有"他视角"的反思，成为自己生活选择的主角。

【课例片段】"墙上的角色"在观点分享中的应用

"男生和女生究竟欣赏什么样的异性？"针对这一问题，学生对同性和异性的答案都非常好奇。选用教育戏剧的"墙上的角色"[5]，在一张人形画像上，请学生自行添加形容词，可以让学生无负担地呈现价值选择的全过程。具体操作如下。

假设你去参加一个活动，这个活动要求你必须找一名异性同学组队，你希望对方拥有哪些特质？为什么？每名同学需要认真考虑后写下自己最看重的3个特质，并在"搭档照片"上写下这些特质。接下来，请大家在组内交流自己最看重的3个特质，并且说说理由。最后，全班的男生和女生分别在两张大型"搭档照片"上呈现自己最看

重的特质，相同的特质可以进行合并，并将最终形成的真人等高版"搭档照片"贴到黑板上进行展示。男生呈现的高频词通常是真诚、善良和漂亮；女生呈现的高频词通常是责任感、善解人意和细心。

在观点呈现活动中，选用教育戏剧中"墙上的角色"习式，让学生通过主动选取和自主澄清，了解自己最欣赏的异性特质，看到这些特质存在于自己、同伴身上，同时在观点分享的过程中收获共鸣或引发思考。学生在分享过程中既是讲述者，也互相提供"他视角"。

（二）创设故事：演绎模拟场景故事会，探索和挖掘情绪

教育戏剧可以被用来回顾生活故事，如教师可以邀请学生以生活经历、公众事件、普遍了解的儿童故事等为蓝本，定格人物矛盾或冲突最激烈的瞬间，即兴展示这一瞬间之前或之后发生的故事。参与演绎的学生有机会站在不同的人物视角对事件进行解构和重构，在演绎不同人物的过程中对他们的内心动态进行具身体验。

【课例片段】"定格"在体验情绪中的应用

学生进入青春期后，亲子之间的摩擦、冲突可能会增多。通过教育戏剧的"定格"，学生可以复现常见亲子冲突的场景，通过角色身份的对白听见不同人物的想法和感受。具体操作如下。

妈妈怀疑女儿和隔壁班某男生之间的关系，在校门口恰巧遇见女儿和这名男同学打打闹闹一起走出校门，妈妈上前断然喝止两人，并且强硬将女儿带回了家。"他们是不是在谈恋爱？"走出校门那一刻的定格画面引发了学生的热烈讨论，同学的讽刺、好友的维护、母亲的担心、老师的紧张、女儿的委屈，学生站在各个角色的视角上发表自己的观点。

异性交往要保持什么样的距离？究竟什么是恋爱？什么样的爱才经得起考验？学生结合日常生活经验来回应这些问题时，总能带来令人惊喜的回答。这中间既包括来自"他视角"所提供的观点，同样包括故事讲述者自己的审思。选用合适的教育戏剧习式，可以将"他视角"还给学生，深入体验他人的情绪、情感，有助于培养学生的同理心和共情能力。

（三）拓展场景：参与多元对话圆桌会，激发担当选择

教育戏剧所呈现的立体画面给学生带来身临其境的直观感受，跳脱时间的束缚，

将尚待解决的重要问题拿到课堂上来不断进行演绎，来自"他视角"的观点在被改写的不同故事中将会被重新赋权。学生根据与异性交往的实际困惑，可以在演绎故事的过程中加入不同的"变量"，进而做出新的判断和选择。

【课例片段】"回音巷"在行为选择实验中的应用

学生对"两个人没有在谈恋爱却引发误会"开启了关于异性交往距离的探讨，聚焦交往的范围、场合和态度，提出有效的建议。选用教育戏剧的"回音巷"，学生可以用自己的真实身份，也可以扮演故事叙述者生活中的其他重要角色。

针对"我的朋友在谈恋爱，我要不要也谈恋爱？"这个问题，老师可以让学生排列在一个通道的两侧，形成"人巷"，故事叙述者在巷子里行走时，两边的学生站在不同的"他视角"给出反馈。例如，"和喜欢的异性同学约定了要一起努力"（好朋友），"谈恋爱要花费时间和精力，影响学习怎么办"（家长），"恋爱就是找个异性好友一起度过寂寞的中学生活"（同桌），"恋爱让我经历了很多伤心时刻"（姐姐）等。故事叙述者将不同角色的回音进行重述，形成对恋爱的新理解。例如，"恋爱对当下的我来说不一定是好事或坏事，但不应该出于'好玩'而谈恋爱，这是责任感缺失的表现。"

除了"回音巷"外，"论坛剧场""焦点人物"等也能够帮助学生之间相互看见，诸如"有人向我表白了，我该不该接受""我知道他们在交往，好朋友向我证实但我不知道怎么办""我并没有谈恋爱，但是总被同学起哄，好心烦"等问题。学生通过重新梳理当下生活中的价值与目标，从观察他人的行为中进行学习，丰富自己的选择路径，落实自己的行为选择。

四、应用教育戏剧构建心理课的展望

在心理课中应用教育戏剧，能够通过"他视角"的构建和灵活调度，切实提高学生的核心素养。由教育戏剧构建的"他视角"并不是固定的，而是意味着不同的生活经验在不断交织，学生可以和不同的同伴互相学习，在不同的团队中发挥自己的作用和功能，借用"他视角"体验角色的生活和审视自己的行为，提升学生的同理心和批判性思维水平。当学生尝试把戏剧体验中获得的新领悟迁移至实际生活中时，意味着学生当下生活的重点被重新梳理，"他视角"的人生经历被重新组织为自身经验，达成了个体经历和感受成为集体的共同经验和财富这一目标，从而达成个性和社会性发展的辩证统一。

参考文献

［1］马利文.运用教育戏剧促进学生心理健康发展［J］.中国德育，2018，15：44-47.

［2］杨润东，刘鹏.反观以成人：教育戏剧中的"他者眼光"［J］.陕西学前师范学院学报，2022，2：1-8.

［3］怀特.叙事疗法实践地图［M］.重庆：重庆大学出版社，2019.

［4］严孟帅，乔治·贝利尔.具身认知理论中的教育戏剧：身体现象学视角［J］.理论月刊，2021，6：154-160.

［5］赫戈斯塔特.通往教育戏剧的7条路径［M］.王玛雅，王治，译.上海：华东师范大学出版社，2019.